本书为 2019 年江苏省社科基金后期资助项目"会计研究主题图谱可视化研究（19HQ003）"阶段性研究成果。

当代会计主题图谱可视化研究

夏仕亮　著

中国社会科学出版社

图书在版编目（CIP）数据

当代会计主题图谱可视化研究／夏仕亮著 . —北京：中国社会
科学出版社，2020.7
ISBN 978 - 7 - 5203 - 6601 - 4

Ⅰ.①当… Ⅱ.①夏… Ⅲ.①财务软件—可视化软件
Ⅳ.①F232

中国版本图书馆 CIP 数据核字（2020）第 093185 号

出 版 人	赵剑英
责任编辑	王 衡
责任校对	王 森
责任印制	王 超

出　　　版	中国社会科学出版社
社　　　址	北京鼓楼西大街甲 158 号
邮　　　编	100720
网　　　址	http://www.csspw.cn
发 行 部	010 - 84083685
门 市 部	010 - 84029450
经　　　销	新华书店及其他书店

印　　　刷	北京明恒达印务有限公司
装　　　订	廊坊市广阳区广增装订厂
版　　　次	2020 年 7 月第 1 版
印　　　次	2020 年 7 月第 1 次印刷

开　　　本	710 × 1000　1/16
印　　　张	16.25
插　　　页	2
字　　　数	258 千字
定　　　价	95.00 元

凡购买中国社会科学出版社图书，如有质量问题请与本社营销中心联系调换
电话：010 - 84083683

前　言

　　2018 年 9 月 22 日在中国科学院大学建校 40 周年学术座谈会上，诺贝尔物理学奖获得者杨振宁发言，"我一直觉得 20 世纪、21 世纪科学的发展实在是太快了，各个领域发展空前活跃，而且改变了整个人类的命运。但是国内对于这方面的各种分析、介绍和记载工作做得非常、非常之不够。尤其对于中国科学家贡献的记载分析工作，不是做得不够，而是根本做得一塌糊涂"。在这里，我们可以认为，科学家不仅包括自然科学家，还应该包括社会科学家。那么会计学家们的研究贡献记录的如何呢？这里面隐含存在着两个问题：一是会计学家的贡献要不要记录呢？二是选择何种方法记录和反映是较科学、有效的？

　　从会计学科发展来看，会计作为经济管理类学科重要分支，按照《中国图书馆分类法》（2010 年第 5 版），会计学科分类号为 F23，下辖会计学 F230、会计簿记方法 F231、会计设备 F232、会计工作组织与制度 F233、各种会计和簿记 F234、各部门会计和簿记 F235；从学科发展来看，会计与企业财务管理（F275）、审计（F239）在理论研究与会计实务应用中联系密切。中华人民共和国成立以来，特别是改革开放以来，会计科学领域也产生了一大批"会计名家"，涌现出许多有关会计学科研究的高质量成果。在这里有两件会计研究领域的大事需要交代：一是被财政部称为"国宝"的 8 位会计博士生导师，中国 1981 年第一批授予的会计学博士生导师：葛家澍、娄尔行、杨纪琬、余绪缨；第二批会计学博士生导师：杨时展、李宝震、徐政旦、阎达五。二是《会计研究》专业杂志于 1980 年正式创刊，从此会计学科有了自己的专业刊物，有了会计研究成果展示的媒介。

　　笔者通过梳理 8 位会计博士生导师的生平简介，发现葛家澍（1921—

2013 年，享年 93 岁），娄尔行（1915—2000 年，享年 86 岁）、杨纪琬（1917—1999 年，享年 83 岁）、余绪缨（1922—2007 年，享年 86 岁）、杨时展（1913—1997 年，享年 85 岁）、李宝震（1916—1993 年，享年 78 岁）、徐政旦（1921—2013 年，享年 93 岁）、阎达五（1929—2003 年，享年 75 岁）。《庄子·知北游》中有言，"人生天地之间，若白驹之过郤（隙），忽然而已"。作为海内外知名的会计学家，他们曾经璀璨的学术贡献如果缺乏科学的整理，会计后来之人如何知晓并传承？如果任由早期经典会计研究束之高阁，则后来之人既无脉络可循，也无根基可依，实为憾事之一。忘记历史意味着一种背叛，会计学家贡献的记录无疑是一件具有重要意义的研究工作。

依据"中国知网"数据库，《会计研究》作为经济与管理学科专业刊物，由中国会计学会主办，创刊于 1980 年，截至 2019 年 8 月 30 日出版文献数量为 5845 篇，总下载次数为 10171672 次，总被引次数 383521 次，复合影响因子（2018 年版）为 7.490，综合影响因子（2018 年版）为 3.562，是学术界公认的会计学权威期刊。多年来《会计研究》围绕中国社会经济发展的实践，突出其会计现实针对性与学术前瞻性，推动国内会计科学的发展与繁荣，关注于财务会计、管理会计等多个学科分支，刊登了一批会计学科的高质量研究成果，应该说会计研究上发表的期刊论文成果凝结着国内一大批会计理论研究人员和实务研究者的心血和结晶，对 1980—2018 年的国内会计研究成果如果不能进行科学的梳理，那么后来的会计研究者不能对这近 40 年的研究热点问题和趋势有所把握，对过去的会计研究历史缺乏整体性把握，如果重复研究或者盲目研究，很可能会造成研究资源和精力的浪费，实为憾事之二。

基于以上两点考虑，本书的主要研究内容如下：第一，基于《会计研究》1980—2018 年的 5000 余篇文献进行梳理，整理基于关键词演进的知识图谱，具体展示国内会计研究近 40 年的演进趋势；第二，分析基于突现点关键词的其他重要核心期刊文献，整理中国财务会计研究知识图谱，选择会计准则等重要主题进行单项可视化图谱分析，揭示最新的研究趋势；第三，基于关键词聚类、研究作者与机构网络，分析整理中国管理会计研究知识图谱，选择公司治理等重要主题进行科学图谱分析，揭示它们的最新研究动态；第四，基于国内关键作者（或者会计名家），选择有影响力的作者及研究机构，梳理其研究贡献；第五，基于中国会计研究的图谱现状分析，提出改进会计研究的对策与建议。

　　会计研究脉络与重要会计学者研究贡献的梳理对于会计科学研究的历史传承具有重要意义，随着科学图谱工具不断发展与成熟，会计研究脉络整理具备了可行的技术条件，希望本书会计研究的图谱可视化分析为中国会计财务界后来人提供些许研究路标。

目　　录

第一章

绪　　论

第一节　研究背景与意义

在学术研究中，梳理演进脉络及总结研究成果是重要环节，会计研究也一样适用。1978 年，党的十一届三中全会的召开，意味着中国迈入改革开放的发展新时期。在 40 年时间的发展进程中，结合具体国情，并解放思想，中国取得了众多的突破，也使得中国会计研究获得长足的进步，迈入新的发展阶段。20 世纪 80 年代，国内会计界发生了两件影响深远的大事。第一，中国会计学会成立。中国会计学会是会计实务界、理论界人士及全国会计领域各类专业组织自愿组成的专业性、学术性、非营利性社会组织，是会计领域人士围绕财务会计的实践与改革进行深度交流的高水平平台，也是工商界、政府机构、学术界进行交互的纽带与桥梁，归属财政部管辖。第二，《会计研究》创刊。《会计研究》是中国高质量会计研究成果全面汇聚的平台，覆盖管理会计、财务会计、审计、财务管理、公司治理等诸多方面。选用 1980—2009 年《会计研究》刊载的财务理论为对象，王化成从发展历程、发展趋势、发展特点等方面对中国财务管理理论研究作了系统、全面的研究，并结合研究对未来时期的发展走向进行展望并提出相关建议①，为对国内会计研究有更为深入、全面的认识提供了理论支持。现阶段，国内会计研究主要涉及以下方面。

①　王化成等：《中国财务管理理论研究的历史沿革与未来展望——会计研究三十年中刊载的财务理论文献述评》，《会计研究》2010 年第 2 期。

（一）会计职能等基本问题研究

20 世纪 90 年代，国内会计学界更多是以会计的职能、本质、属性等基本问题为对象进行分析与研究。在此时期，虽然会计研究更多显现出纯理论性、务虚性的特征，然而经围绕会计基本问题进行探讨、推理并进行归纳，为会计研究的深入奠定了坚实基础，并对后续研究的进行提供深刻的启迪，为中国会计研究获得长足发展提供了有力支撑。在此阶段取得的成果更多反映为"信息系统论"与"管理活动论"及相关的各类学术观点。

"管理活动论"，是由阎达五、杨纪琬率先提出的。他们的观点是，不管是从实践层面看，或者是从理论视角看，会计有着管理的内在职能，不只是经济管理的工具之一，而是一种管理活动。在本质上，管理活动论更多以会计具有的监督与控制职能为重心；随后，会计学界进行全面、广泛地讨论，形成了会计管理的概念，并逐步向决策、反映、预测等方面延伸。"信息系统论"是以西方会计研究为基础并经国内学者的发展而得出的，主张会计更多是进行财务信息的输出、建立起的适用微观范围的经济信息系统，突出会计信息具有的决策支持效果。在国内，葛家澍、余绪缨是对此理论观点率先给予支持的学者。

实质上，因会计与经济环境之间具有的反作用关系，使得不管是形成信息系统论，或者是形成会计管理活动论，立论基础均是会计信息使用群体的识别及中国宏观经济环境，两者的不同更多反映为对会计信息的效用有着不同的侧重。在改革开放初期，会计信息具有的效用更多是在计划经济模式下对政府计划配置的科学实施及有效控制有着积极效果，从企业视角看，会计信息的效用是经营责任观的表征，具体反映在企业内部经管的考评等方面。在改革开放不断深化的大背景下，加之资本市场发展及逐步建立并完善的市场经济体制的影响，使得会计更多是以提供外部投资者需要的有用决策信息为目标，推动资本市场更好地发挥出自身的资源配置功能，特别是上市公司，也就是更多突出会计决策有用观。所以，从会计信息有用性的视角看，不管是信息系统论，还是管理活动论，均有一致性，至少两者不存在矛盾与冲突。

（二）会计准则与国际化

会计信息有用性，更多由会计系统自身具有的有效性与规范性决定，也就是健全的会计准则体系或会计制度。在会计准则上，国内的研究起步自 20 世纪 80 年代中期。经统计《会计研究》刊载的众多研究文献，自创刊起至 1995 年，与会计准则相关的各类研究文献更多是介绍性的，且部分学术讨论也以"标准""原则""准则"等若干抽象术语的定义为重点，此类研究文献与会计准则的具体事项相关的极少①。围绕会计信息质量影响因素，刘峰等建立了分析框架，并经进行实证检验得出，改进会计准则无法在会计信息质量方面得到有效的体现，之所以如此，较大程度是国内资本市场法律风险缺失的影响②。但是，现行会计准则仍旧面临着某些不足，例如，对会计目标，会计准则的制定未能够处理好两者间的关系；未建立起有效的会计信息分析体系；某些准则有着消极的经济后果等③。面对以上问题，部分学者围绕在全球范围内建立起高质量的、统一的会计准则的现实性作了深入探讨，并对中国会计准则的制定进行了全面分析，提出部分有效的建议与对策④。需要认识到，围绕中国会计准则进行的长期研究中，国内学界始终保持着开放态度，不仅有对国际会计准则的发展保持足够的关注，也有对国内制度环境及经济发展的状况作充分考量。一方面，积极梳理各类研究成果，建立起理论框架与体系，并对形成会计准则的机制加以分析；另一方面，对中国会计准则在与国际趋同或者是接轨的过程中的实施及产生的经济后果作密切的观察。需要认识到的是，此种研究是有着突出成效的。

（三）会计信息质量

利用一定程序，企业提供信息使用者需要的会计信息，需要满足某些质量要求或者是具备一定质量特征，具有越高的信息质量，那么会计信息有着更高的有用性。除会计准则外，会计信息质量也有着其他众多的影响因素。在此，笔者仅对涉及会计信息质量特征的部分研究进行梳理与分析，主要涵盖会计政策选择、会计计量、会计差错与舞弊、会计信息披露、盈余管理等。依研究发展的差异，张祖国等划分对信息质量特征的研

---

① 葛家澍等：《新中国会计理论研究 50 年回顾》，《会计研究》1999 年第 10 期。

② 刘峰等：《会计准则能提高会计信息质量吗——来自中国股市的初步证据》，《会计研究》2004 年第 5 期。

③ 张新民：《关于企业会计准则改革的若干思考》，《北京工商大学学报》2019 年第 1 期。

④ 袁红等：《会计准则制订程序研究——兼论会计准则的性质与国际化》，《会计研究》2019 年第 5 期。

究为两种观点，投资者保护观和用户需求观①。其中投资者保护观认为，信息质量取决于公允且充分的披露特征，更多注重会计信息具有的准确性、充分性、稳健性与公允性，研究主要涉及会计舞弊与盈余管理；用户需求观认为，信息的有用性对信息质量有决定性影响，更多注重会计信息具有的可靠性与相关性。

　　从信息质量与会计计量属性的影响关系看，公允价值有着更高的相关性，而历史成本有着更高可靠性，两者间是相制衡的。在现有的会计研究中，更多是以对历史成本计量进行比较的方式，对公允价值对会计信息的解释力或者是相关性的提升是否具有正向影响进行验证，实证结果也更多反映出公允价值信息的揭示对会计信息有用性的提升有着积极的效果。邓传洲研究了 B 股公司按照国际会计准则（IAS39）披露的公允价值信息对会计信息价值相关性的影响②。研究发现，对国际会计准则的遵循，使得每股收益对市场收益率、股价有更高的解释力，也就是公允价值信息的揭示可使得会计盈余具有更为提升的价值相关性。在企业会计制度施行的宏观环境下，王跃堂等对长期资产价值中公允价值的反映与运用进行了分析。发现公允价值计量是对经济实质的表现，会计更稳健，那么也就会有更高的会计信息质量③。于李胜经进行深入分析后发现，公允价值计量受应用新会计准则的影响，使得可提供涉及增量价值的信息④。在等级上，公允价值计量也具有不同的可能性，因而需要进行区分⑤。

　　会计信息质量投资者保护观，在受到盈余管理影响的同时，会计舞弊也是重要的影响因素之一。在围绕琼民源的会计舞弊深入分析与研究后，陈汉文等认为对上市公司会计舞弊行为，国内现有的企业治理结构无法发挥有效制约效果，要实现会计信息质量的提升，需要更多地提升审计独立性，并关注会计准则的制定⑥。以红光实业为对象，刘峰进行了深入研究，发现对高质量的会计信息，中国现有制度有排斥的内在影响，并对会计信

————————

　　① 王跃堂等：《财务报告质量评价观及信息披露监管》，《会计研究》2001 年第 10 期。
　　② 邓传洲：《公允价值的价值相关性：B 股公司的证据》，《会计研究》2005 年第 10 期。
　　③ 王跃堂等：《长期资产减值：公允价值的体现还是盈余管理行为》，《会计研究》2005 年第 8 期。
　　④ 于李胜：《盈余管理动机、信息质量与政府监管》，《会计研究》2007 年第 9 期。
　　⑤ 杨书怀：《公允价值分层计量、环境不确定性与审计质量》，《审计研究》2018 年第 3 期。
　　⑥ 陈汉文等：《公司治理结构与会计信息质量——由"琼民源"引发的思考》，《会计研究》1999 年第 5 期。

息违法性失真有诱发效果①。以部分上市公司会计舞弊事件为对象，杜莹等以实证方式对会计信息质量受公司治理结构的影响进行了检验，最终发现会计舞弊的发生与董事会结构、公司所有权存在某种关联②。此外，在现有经典博弈论研究的基础上，王鲁平等突破前者得出的完全理性假设，认为不管是外部审计群体，还是上市公司管理层，两者均是有限理性博弈方，在对上市公司舞弊行为进行的研究与分析中，充分运用演化博弈论，并建立模型及进行求解，由理论层面对在四种不同环境下博弈过程与演化趋势进行了解析③。

（四）会计信息的决策有用性

在中国资本市场发展程度不断提升的背景下，加上扩张的上市公司规模的影响，使得会计信息作用不断增强，在抑制信息不对称、资源优化配置等方面，会计信息具有更加重要的影响。21 世纪以来，契约有用观与决策有用观也成为国内学者主要的研究方向。会计信息决策有用性研究有两部分组成：价值相关性研究、信息含量研究。第一，在价值相关性研究上，陆宇峰经分析与研究后，发现与每股净资产相比较，在股价变动上，会计盈余有着更高的相关性，且对股价有着更强的解释力④。孙铮等以不同的收益指标为对象，对前者的价值相关性进行了比对，最终发现与当期营业观的收益指标相比较，损益满计观的收益指标有着更高的价值相关性；此外，与经营活动产生的会计收益、现金流量等会计收益指标相比较，经济附加值、剩余收益等经济收益指标有着更高的价值相关性⑤。陈信元等进行分析与研究后认为，无论是风险收益指标，或者是会计收益、净资产指标，均存在着价值相关性，然而与收益的定价乘数相比较，市场对剩余收益有着更低的定价乘数，且从分年度的检验结果看，在解释力上，会计信息有着阶段性特征⑥。孟焰等分析得出，与盈利公司相比较，

① 刘峰：《制度安排与会计信息质量：红光实业的案例分析》，《会计研究》2001 年第 7 期。
② 刘立国等：《公司治理与会计信息质量关系的实证研究》，《会计研究》2003 年第 2 期。
③ 王鲁平：《管理舞弊的形成机理及治理对策研究》，《管理工程学报》2018 年第 1 期。
④ 陆宇峰：《净资产倍率和市盈率的投资决策有用性》，博士学位论文，上海财经大学，1999 年。
⑤ 孙铮等：《收益指标价值相关性实证研究》，《中国会计与财务研究》2001 年第 2 期。
⑥ 陈信元等：《净资产、剩余收益与市场定价：会计信息的价值相关性》，《金融研究》2002 年第 4 期。

不管是在净资产，或者是会计盈余上，亏损上市公司均显现出更低的价值相关性[1]。赵春光以实证方式进行研究与分析得出，现金流量也存在着价值相关性，然而与会计盈余相比较，价值相关性更低。但是，从长期视角看，与会计盈余相比较，经营活动现金流量的价值相关性呈增量状态[2]。第二，在信息含量研究上，更多是以事件研究法的方式对市场在会计盈余公告期间的反应进行检验，具体有交易量反应、股价反应等，或者是检验股票非政策报酬率与未预期盈余间具有的影响关系。例如，吴世农等经过实证研究，发现市场股价在上市公司盈利公告期内有着显著变动，反映出会计盈余存在着信息含量，然而股市效率较低[3]。以沪市上市公司为样本，赵宇龙对股票非正常报酬率与会计盈余数据之间的关系进行了实证，并发现会计盈余的披露也存在着显著的市场效应及信息含量[4]。陈晓等从不同的视角进行实证分析，发现在中国新兴资本市场上 A 股盈余报告存在决策有用性[5]。柳木华以业绩快报为对象进行了实证分析，得出结果显示业绩快报的披露可使得会计信息具有更高质量，并且对盈余公告的有用性不具有消极影响[6]。围绕非国有股东参与国有企业治理对会计信息质量的改善是否具有效果进行了实证研究，得出结果显示国有企业的会计信息质量与非国有股东的持股占比之间不具有显著关系，且经深入分析发现，内控水平较低与外部审计相对欠缺的国有企业，非国有股东对提升企业会计信息质量有着更显著的效果[7]。田峰等围绕会计信息相关性问题，运用多种方法进行了广泛研究[8]。

（五）会计信息在其他方面的作用

由其他方面看，会计信息的作用主要反映为盈利预测、绩效评价、财

① 孟焰等：《亏损上市公司会计盈余价值相关性实证研究》，《会计研究》2005 年第 5 期。
② 赵春光：《现金流量价值相关性的实证研究》，《会计研究》2004 年第 2 期。
③ 吴世农等：《上市公司盈利信息报告、股价变动与股市效率的实证研究》，《会计研究》1997 年第 4 期。
④ 赵宇龙：《会计盈余披露的信息含量——来自上海股市的经验证据》，《经济研究》1998 年第 7 期。
⑤ 陈晓等：《A 股盈余报告的有用性研究》，《经济研究》1999 年第 6 期。
⑥ 柳木华：《业绩快报的信息含量：经验证据与政策含义》，《会计研究》2005 年第 7 期。
⑦ 曾诗韵等：《非国有股东能改善会计信息质量吗?》，《会计与经济研究》2017 年第 7 期。
⑧ 田峰等：《第三层次公允价值计量异质性与会计信息相关性》，《经济问题》2018 年第 8 期。

务分析师行为、财务困境预测等。对公司绩效评价，以会计信息为基础的财务业绩是进行衡量的最重要标准，也是国内研究的核心。因管理者的机会主义行为能够较多地影响到财务业绩指标，部分学者在公司绩效评价的研究中，对平衡记分卡、经济附加值、市场价值指标的作用进行了分析[①]。对公司绩效与信息披露质量的关系，张宗新等以实证方式进行了验证，最终得出两者间存在显著关联，公司具有较高信息披露质量的，那么也会有更高的财务绩效与更好的市场表现[②]。

在财务困境预测方面，国内学者进行的分析与研究较少。以 ST 为财务困境的反映，陈静对中国市场上国外预测模型具有的有用性作了实证分析，发现与其他模型相比较，在预测能力方面，主要运用流动比率、资产负债比等的单变量模型有着更突出表现[③]。同样的，对中国上市公司财务困境问题，陈治鸿等以多元回归模型为工具作了预测，最终得出在财务困境的出现上，不管是主营业务利润占总资产比、负债权益比，或者是留存收益占总资产比、应收账款周转率等，均有着显著的预示性[④]。吴世农等经对研究及样本选择应用的方法进行改进，建立起有应用更多财务指标的财务困境预测模型，并经实际应用，得出此模型的准确性较高[⑤]。陈艺云等对正常企业与财务困境企业显现出的特征进行了提取，并作了比较分析[⑥]。

在盈利预测方面，围绕盈利预测的可靠性，徐宗宇进行了深入分析，最终发现上市公司大多有着"稳健性"的特征，也就是与预测值相比较，上市公司大都有着更高的实际盈利数，但是此种"稳健性"呈逐步下降的趋势[⑦]。同时，IPO 发行价、公司规模对盈利预测的可靠性有正向影响，利润总额中主营业务利润的占比有负向影响。围绕盈余预测的精确性问题，陈工孟等经对本地股与港市的红筹股、H 股的盈利预测状况作深入地比

① 刘运国等：《BSC 与 EVA 相结合的企业绩效评价研究》，《会计研究》2007 年第 5 期。
② 张宗新等：《上市公司信息披露质量提升能否改进公司绩效》，《会计研究》2007 年第 10 期。
③ 陈静：《上市公司财务恶化预测的实证分析》，《会计研究》1999 年第 4 期。
④ 陈晓等：《中国上市公司的财务困境预测》，《中国会计与财务研究》2000 年第 3 期。
⑤ 吴世农等：《我国上市公司财务困境的预测模型研究》，《经济研究》2001 年第 6 期。
⑥ 陈艺云等：《基于中文年报管理层讨论与分析文本特征的上市公司财务困境预测研究》，《预测》2018 年第 7 期。
⑦ 徐宗宇：《上市公司盈利预测可靠性的实证研究》，上海三联书店 2000 年版。

对，发现后者有着更小的盈利预测偏差，且受到规模的影响，能够更多地减小盈利预测的偏差①。围绕盈利预测的价值相关性，于鹏进行了深入分析与研究，发现在 IPO 时国内上市公司作出的盈利预测存在价值相关性，且受公司规模、预测准确性、股权流动性、披露方式等因素的影响②。此外，进行以成本粘性为基础的盈利预测后，苏文兵等与各公司在年度内的实际利润进行了比对，发现在盈利预测上以成本粘性为基础的模型有着更突出能力，与其他常用预测模型相比较，具有明显更高的预测精度，反映出在财务会计研究领域应用会计管理工具能够起到重要影响，且可使得会计信息具有更高的决策相关性③。针对分析师的盈利预测偏差，伍燕然等结合前者受深交所主板市场数据的影响，在对不完全理性与理性因素作充分考量的情形下进行了分析。最终得出：对分析师盈利预测偏差，信息披露质量、投资者情绪、公司治理水平等有显著影响④。张志红等经研究后发现，对投资者的信息搜集、处理与分析等，信息披露频率有重要影响⑤。

在财务分析师行为方面，结合财务分析师的各类研报，胡奕明等对信息解读方面财务分析师具有的能力进行了调研⑥。总体上看，在年报信息的使用上，财务分析师越来越重视对年报会计信息有较高的使用率，特别是盈利能力。围绕资本市场运行效率与证券分析师之间的影响关系，朱红军等进行了调研，发现后者的信息搜寻活动可使得股价具有更高的信息含量，让股价具有的同步性降低，由此使得在资源配置方面价格能够更多地发挥出引导功能，让资本市场有着更高的运行效率⑦。由信息治理观的视角，李祎对机构投资者、财务分析师在新会计准则实施前后对权益资本成本具有

①　魏刚等：《IPO 公司盈余预测精确性之实证研究》，《财经研究》2001 年第 3 期。

②　于鹏：《IPO 公司预测盈利的价值相关性》，《会计研究》2007 年第 6 期。

③　苏文兵等：《基于成本粘性的盈利预测及其精度检验》，《数理统计与管理》2012 年第 9 期。

④　伍燕然等：《公司治理、信息披露、投资者情绪与分析师盈利预测偏差》，《审计与经济研究》2016 年第 4 期。

⑤　张志红等：《信息披露频率对非专业投资者盈利预测影响的实验研究》，《会计研究》2018 年第 2 期。

⑥　胡奕明等：《证券分析师的信息解读能力调查》，《会计研究》2003 年第 11 期。

⑦　朱红军等：《中国的证券分析师能够提高资本市场的效率吗?》，《金融研究》2007 年第 2 期。

的不同影响作了分析与探究，最终发现上市公司在新会计准则实施后有着更高的权益资本成本，然而因前两者的信息治理功能影响，会使得上市公司具有更低的权益资本成本[①]。运用融资融券制度，黄俊等对分析师盈余预测治理受卖空制度的影响进行了全面的考察与分析，发现引入卖空机制能够使得负面消息与股价形成更紧密关联，且能够对管理者存在的机会主义行为施加约束，由此使得公司具有更高的信息透明度，进而使得分析时的盈余预测有更高准确性，降低偏差[②]。谢获宝等运用深交所的信息披露质量考核数据，对分析师盈余预测质量受企业战略差异的影响进行了分析，结果显示：第一，对分析师的盈余预测，企业战略差异有着消极影响，具有越大的战略差异度，那么相应会有着更高的盈余预测误差，以及更大的分歧度；第二，信息透明度较高，可使得分析师的预测误差与分歧度受战略差异的消极影响得到有效抑制[③]。

需要说明的是，在过去 40 年里，虽然中国会计研究涉及的内容极其丰富，但要详尽地阐述研究的各个方面，也是不现实的，难免挂一漏万。信息文献计量学是应用数学、统计学、计算机科学对科学活动中的信息过程、现象和规律进行描述和研究的一门学科。借助于数据库分析技术，以 CiteSpace、Vosviewer 为代表的可视化分析工具能够实现分析结果的直观图像展示，从而有助于对某一学科或者领域有更深入的理解。正确系统地分析中国会计研究的发展脉络与重要主题具有重要的学术价值和意义。本书运用知识图谱构建分析工具对国内会计学科期刊数据库进行数据挖掘和探索，把文献计量学的最新研究方法应用到会计研究中，尝试总结重要会计研究主题的历史趋势、研究视角、聚类分布等，以实证量化与可视化的形式建构分析我国会计学科研究的知识图谱，能够较清晰地梳理会计研究主题、研究脉络，同时也拓宽了科学图谱分析技术在经济管理学科中应用。

---

① 李祎等：《IFRS、财务分析师、机构投资者和权益资本成本》，《会计研究》2016 年第 6 期。

② 黄俊等：《卖空机制提高了分析师盈余预测质量吗?》，《南开管理评论》2018 年第 4 期。

③ 谢获宝等：《战略差异、信息透明度与财务分析师盈余预测质量》，《南京审计大学学报》2018 年第 7 期。

第二节　研究框架与内容

　　基于 CiteSpace 可视化软件的功能原理，梳理会计重要主题知识图谱，研究技术路线如图 1-1，本书的研究内容主要包括以下部分。

　　第一章绪论，主要交代本研究的背景与意义，阐述现有会计研究的现状，分析科学图谱工具的应用价值。

　　第二章文献计量学图谱分析技术概述，对现有图谱分析工具的实现原理与功能进行分析，同时对已有会计研究成果图谱化分析进行文献简述，给出本书进一步研究的方向和切入点。

　　第三章主要利用权威刊物《会计研究》1980—2018 年刊发的 5000 余篇期刊，按照时间顺序进行文献聚类分析、研究作者网络、突现词演进分析，最后结合 CiteSpace 工具的中心度和轮廓值选择重要的会计研究主题进行可视化分析，筛选出财务会计与管理会计重要会计研究主题。

　　第四章承接第三章选择 1980—2018 年重要的会计研究主题进行研究，其中财务会计主题包括会计准则、公允价值、环境会计、会计信息质量、会计政策、会计制度等主题聚类，分别进行研究文献的梳理，按照 CiteSpace 主要功能进行关键词聚类分析，共被引网络分析等，结合"中国知网"核心期刊数据库，揭示它们的科学图谱。

　　第五章管理会计主题包括公司治理、盈余管理、独立董事、审计质量、内部控制、风险管理六项主题聚类，利用图谱计量工具，分析研究趋势，绘制共被引作者与机构图谱，揭示相关研究主题的现状，并结合重要权威文献进行脉络梳理。

　　第六章利用文献图谱中心度、轮廓值参数等，得出会计研究的高被引作者，并结合财政部"会计名家"培养工程名单，选择 5 位高被引会计学者，整理出他们个人的研究贡献图谱。同时结合突现词理论，梳理重要会计学者的关键文献价值和研究贡献。

　　第七章结合前述各章研究，总结中国 1980—2018 年基于科学图谱研究的会计学科演进现状及趋势，并结合财务与管理会计主题聚类，提出改革开放以来中国会计研究图谱的重要发现，并针对图谱工具应用中存在的主

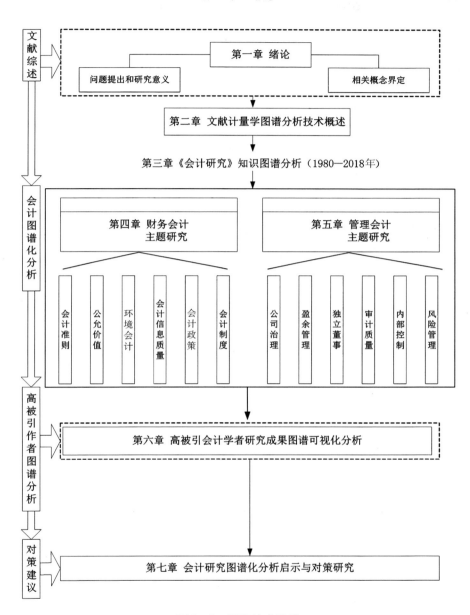

图1-1　研究技术路线

要问题，提出未来研究展望。

第三节 研究贡献与创新

本书研究的学术创新：基于引文空间分析原理，将科学图谱分析技术应用到中国会计研究历史文献的梳理与当代会计著名学者研究贡献的整理之中，目前在众多学术专著中算是一次有意义的尝试，充分体现了学科交叉带来的研究机会和实践价值。本书主要基于 CiteSpace 分析工具通过对会计权威研究刊物 1980—2018 年的研究机构分析、关键词聚类分析、重要突现词分析按照时间节点分析近 40 年来中国会计研究脉络，特别是得出重要会计主题类别，并将他们划分为财务会计与管理会计两大类别，进行主题科学图谱分析。文献计量分析工具的使用确保了研究的科学性和客观性，书中大量的数据和图谱也集中展示出近 40 年来众多会计学者的不同主题下的研究成果和智慧，也充分体现出人文科学独特的图谱科学之美。

第二章

文献计量学图谱分析技术概述

第一节　文献计量学发展概述

早在 20 世纪初期的目录学研究中就已开始有了文献计量学，而最早关于文献计量的应用，是伊尔斯与科尔在 1917 年时所做的解剖学研究中使用到的定量统计分析，1969 年普里查德在其著作中首次将"统计书目学"以"文献计量学"作了替代，至此其开始作为正式的专业术语被应用，在普里查德看来，文献计量学指的是图书与其他通信媒介中关于统计与数学方法的应用。该术语的提出意味着文献计量学的真正出现，此后研究人员开始立足学科视角对文献计量有关的问题展开探讨①。历经近百年的发展，目前文献计量学方面已取得了许多有益的研究成果，其中影响最为深远、广泛的要属三大定律的创建（齐普夫、布拉德福与洛特卡定律），从理论方面为文献计量分析法的出现及发展打下了良好基础。与此同时，文献计量分析法（又被称为方法论）作为文献计量学当中的一大基本的研究领域，也获得了较大的发展，大致构建起涵盖数学模型分析、统计分析、共现分析、引文分析等内容的方法体系，并广泛应用于学科文献信息资源的定量研究上，而且伴随该方法应用范围的拓展，信息计量法、科学计量法、网络计量法也随之出现并发展②。特别是加菲尔德在 20 世纪中期开始

---

① 邱均平等：《我国文献计量学发展的回顾与展望》，《科学学研究》2003 年第 2 期。
② 王曰芬：《文献计量法与内容分析法的综合研究》，博士学位论文，南京理工大学，2007 年。

探索科学引证索引，其以计算机为借助，对将近 90 万篇论文涉及的 130 万条参考文献作了罗列，并将其中 20% 精选出来，汇编而成《一九六一年遗传学引证索引》，这即目前国际方面知名度非常高的《科学引文索引》（英文缩写 SCI）的前身①。SCI 创刊于 1963 年，其的出现不仅为深入进行引文分析奠定了夯实的数据基础，还为文献计量法的应用及发展创造了有利条件。

第二节　现有文献计量图谱分析工具的功能分析

由于文献计量学具有量化研究学科属性，这必然决定其研究方法以统计学、数学等定量研究方法为主，而具体应用中，定性研究方法，如抽象、比较、归纳、分类等也发挥着重要作用。文献计量分析法从某种角度而言，就是基于以上两类研究方法在图书情报领域的综合应用而发展起来的，但对文献计量分析法的兴起及发展起到支撑作用的主导力量必然是统计学方法与数学工具。除此之外，文献计量学涉及的重要经验定律，也均为学者基于科学文献的统计而提出的用于对其规律予以反映的数学公式或模型，这进一步说明文献计量分析法的方法论基础必须是统计学和数学方法。文献计量学现有的研究方法主要包括下述几种类型。

（一）文献特征统计方法

科技文献与其他事物一样，均有着能够对其本质属性予以反映的特征。而文献特征按照和所反映主题的关系的强弱进行划分，可细分成内容特征与外部特征两种。前者指的是密切联系文献主题的文献特征，如关键词、文献的标题、学科分类号等；后者指的是和文献主题内容无较大联系或直接无联系的文献信息，如文献出处、作者、国家、作者单位、年代等。统计分析是构成文献计量方法体系的要素之一，由此延伸出的文献特征统计也已发展成为最常用的一种科技监测手段，换言之，对文献特征值，如关键词、题名、作者等进行结果分析、频次统计，能够宏观地从空间、时间等角度对学科领域的演化与总体发展情况作出解释。其中的词频

①　罗式胜：《文献计量学引论》，书目文献出版社 1987 年版。

分析是最具代表性的，该分析通常用于对某一学科领域的发展动向与研究热点进行确定，根据为：一篇科技文献的核心内容可通过主题词或关键词提炼出来。所以，学科领域的文献中若是反复出现某一主题词或是关键词，这说明这一主题词或关键词表征的研究主题即这一学科领域所研究的热点话题①。词频分析涉及的词通常是由文献摘要、标题或是整篇文章中摘取的主题词或关键词。一般出现频率比给定阀值更高的主题词或关键词被叫作高频词，这种词能够对某一学科领域学者的关注热点进行反映，能够对研究焦点予以很好的揭示，而低频词因在对应的领域未能得到较多的关注，所以一般认为其内容不是研究热点。另外，对各个时间段高频词的分布规律的统计分析可以得知关于学科领域在时间上的研究主题的发展趋势与分布变化。

　　虽然该方法具有简单易行的优势，但也存在较大的不足，如缺乏词频阀值时有着较大的主观性，不具有科学统一的标准，并且将那些有可能代表新研究方向、研究热点或是具有一定集合意义的低频词汇剔除了分析范围，这必将影响科技监测结果。

　　（二）引证关系分析方法

　　由于科研成果、学术思想的传递所需，科研人员在科研活动中创造出许多论文、报告、专著等文献，而科学研究所具有的系统性与延续性决定了后续研究要以前人研究作为基础，所以说科技成果（如科技报告、论文等）相互之间是紧密联系，而不是孤立的，而这种联系主要通过文献引证关系予以表现②。

　　引证关系是借鉴、交流科学思想的传播轨迹，是驻留在科技发展史上的足印，也是传播、传承科学知识的无形媒介。而将科技文献相互间具有的引证关系作为对象，便应运而生文献计量分析法的另一构成——引文分析法。引文分析指的是通过对比较、图论、抽象、模糊集合、概括、数理统计等研究方法的综合运用，全面分析各类分析对象（包括科学论文、期刊与著作等）被引用以及引用情况，由此使得其内在规律、数量特征、发展趋势得以揭示③。引文分析最先是由加菲尔德提出的，时间为 20 世纪中

---

①　杨国立等：《科学知识图谱——科学计量学的新领域》，《科普研究》2010 年第 4 期。

②　邱均平：《文献信息引证规律和引文分析法》，《情报理论与实践》2001 年第 3 期。

③　耿海英等：《国外共引分析研究进展及发展趋势》，《情报杂志》2006 年 12 期。

期，当时主要用于对科学文献的思想进行分析①。加菲尔德和普赖斯针对引文分析作出许多开创性的研究。到七八十年代，引文分析进入高速发展时期，其整个理论与方法都获得了巨大的丰富，这一时期还形成了著名的共引分析，其中贡献最大的学者当属麦克罗伯特、斯莫尔。进入 90 年代之后，因信息可视化技术的兴起及发展，整个研究方向开始朝着基于共引理论的科学知识图谱研究发展，代表学者包括 McCain、White、陈超美等。

引文分析按照分析对象可细分成三类：第一类为由引文数量进行切入展开的分析；第二类为由引文间的链状关系或是网状关系作为切入展开的分析；第三类为由引文反映出的主体相关性进行切入展开的分析。而以引用关系类型为参照又可将引文分析细分成共引分析、直引分析与文献耦合分析三种，其中最具影响力的分析方法为共引分析法。就应用目的而言，引文分析现已在科研人才与成果的评价、科学结构发展历程的描述、学科发展趋势的追踪等方面得到了较为广泛的应用②。

（三）共引分析

从 1973 年 Small（美籍情报学家）第一次阐述"共引"一词起，作为引文分析方法中的一种重要方法——共引分析，便开始在实践和理论中得到广泛应用。共引又可称为"同被引"或是"共被引"，其含义指的是在后续的同一文献中对两篇文献共同进行引用的现象。一般情况下，两篇文献若具有共引关系，那么他们在主题内容方面往往是有一定差异的。其中共引强度（指的是两篇文献相互之间的共引关系的强度）可通过其共被引次数 N（指的是同一时间对这两篇文献进行引用的总文献数量）予以表示，N 越大，意味着具有越强的共引强度，即代表两篇文献具有越密切的关系或是具有越高的主题相似性。由此可知，共引分析指的是将富有代表性的学科研究成果作为对象，通过电子计算机与多元统计分析法（如多维标度、聚类分析等），将若干分析对象相互间具有的复杂共引网状关系向较为简单的类群间的关系转化，再予以直观显示，让分析对象呈现出更为清晰、可辨的关系，最后以此为基础对分析对象的结构、所属学科、特点

---

① Garfield, E., "Citation Indexes for Science: A New Dimension in Documentation through Association of Ideas", *Science*, 1955, 122 (3): 108 – 111.

② 杨微微等：《基于文献计量学的科技监测理论研究》，《情报杂志》2011 年第 10 期。

等进行探讨①。共引分析按照研究分支与发展历程可细分为两大主要系列，其一为作者共引分析（代表为 White），其二为文献共引分析（代表为 Small），另外，在其他和文献有关的特征对象上也对共引分析作了进一步拓展，得出了主题共引、期刊共引等。

1. 文献共引分析

这是一种传统的共引分析形式，其分析对象为科技文献相互间存在的共被引关系。由于两篇文献相互间存在的共引关系能够对他们主题内容所具有的相似性予以反映，1973 年，Small 基于测度共引关系能够对学科领域的科学结构进行有效揭示的假设，阐述了共引理论。另外，Small 还提到学科领域被引频率较高的文献一般指的是这一领域的重大发现，重要技术、方法，或得到被引文献认可的概念与观点。所以，必须对高被引文献相互间存在的强供应链关系给予高度重视。1974 年，Griffith 与 Small 进行的科学结构图研究是最初关于文献共引分析的研究，他们基于 4 个月的 SCI 文献，企图以文献共引分析法在一个图中将整个科学的结构予以显示出来。其中最为重要的是，如何做好高被引文献在不同科学的取样工作，并保证取样的均匀性，如果取样标准只有一个阀值，那么其科学性必然遭受质疑，原因在于，不同的学科由于具有不同的属性，所以在引文率、引文数量等方面也是截然不同的。鉴于此，Small 在文献的选择时对聚类方法与指标分数引文量作了改进，最后通过多维尺度技术得出一个能够对科学结构予以反映的二维映射图。另外，Small 还针对文献共引的应用工具与系统，研制出单机系统，用于对科学文献相互间所呈现出的变化、结构进行描绘，并对科学研究趋势作了分析②。

2. 作者共引分析

作者共引分析指的是将文献的作者作为分析对象，对不同作者相互间所具有的共被引关系进行分析，该分析方法最初出现时间是 20 世纪 80 年代，反映的是某一文献同时对不同两位作者的文献进行引用的情况。作者共引分析就本质而言，是由文献共引分析发展而来的，原因在于作者的思

① 赵党志：《共引分析——研究学科及其文献结构和特点的一种有效方法》，《情报杂志》1993 年第 2 期。

② Small H.，"A SCI – MAP Case Study：Building a Map of AIDS Research"，*Seientometrics*，1994，30（1）：229 – 241.

想观念和其所作文献的主题内容存在着一致性，也就是说在结构方面，作者共引分析和文献共引分析是大致相同的。和文献共被引一样，ACA 假设两位作者相互间具有共引关系存在，则意味着他们俩在研究方向、领域等有着一定的联系，且该联系的强度和他们共被引的次数呈正比例关系。1981 年，White 为对学科结构进行描述，首次作出了关于作者共引分析的探究，并在《作者共引：科学结构的文献测量方法》一文中正式阐述了作者共引分析的概念①，由此作者共引分析的序幕得以拉开。McCain 在其研究中，将 ACA 程序描述成几大具体步骤，分别为作者选择、共引频次检索、供应矩阵生成、Pearson 相关系数矩阵的转化、多元分析、结果解释等②，这就是传统的 ACA 模式。2003 年，White 出于这一模式涉及大量计算与绘图的考量，对网络寻址定位技术（PFNETs）进行了运用，结果不仅使得计算强度得到较大减弱，还使得分析结果所具有的可信度得到有效提升。ACA 除了在作者影响力的揭示、学科内部知识结构的分析、学科范式的研究等方面得到较为广泛的应用以外，在信息检索方面也得到较多应用。White 认为可借助作者共引分析法对检索策略进行改进，并以此来对联机检索予以辅助，从而使检索效率得以提升。为此，White 还研制出了作者关联检索系统，并作了应用尝试。

3. 期刊共引分析

目前，除以上共引分析之外，期刊共引分析也获得了较多的关注。所谓期刊共引指的是某一期刊论文同时对另外不同的两种期刊进行引用，其目的是对学科期刊集合所具有的内部结构关系进行揭示，其应用主要表现在交叉性、综合性学科期刊的识别以及学科领域核心期刊的确定等方面③。历经学者们 40 多年的努力，目前关于共引分析的方法及理论都得到了进一步发展，分析结果也更系统、更客观。但作为引文分析法之一的共引分析，不仅有着引文分析固有的一些不足，还有其自身缺陷，格式转换与数据收集主要依靠手工方式进行，效率低，强度大；关于如何进行相似性计算并未得出统一的方法；仅面向文献第一作者的传统共引分析会导致分析

---

① White, H. D., Griffith, B. C., "Author Co-citation: A literature Measure of Intellectual Structure", *Journal of the American Society for Information Science*, 1981, 32 (3): 163 – 171.

② McCain, K. W., "Mapping Authors in Intellectual Space: A Technical Overview", *Journal of the American Society for Information Science*, 1990, 41 (6): 433 – 443.

③ 王玲玉：《国内共引研究的现状分析》，《情报杂志》2011 年第 8 期。

结果出现一定的失真；由于新文献、新研究主题被引数量较少，导致以共引分析对学科领域的热点与发展趋势进行分析的过程中有可能得出不够全面的结果。

（四）共词分析

共词分析又称之为词共现分析，正式提出时间为 20 世纪 70 年代，其之所以出现主要归功于共现理论和共引分析思想的有机融合，但其和共引分析又有着不同之处，前者是以文献当中词汇之前所具有的共现现象（即同一文献中同时出现两个专业术语的现象）为研究对象的；而后者研究对象为作者或是文献相互间的共被引关系。在论文撰写过程中，作者一般不会随意地对词汇进行选择，而是通过反复推敲、仔细考量之后再作选择的，特别是在选择可以对主题内容予以反映的主题词或是关键词时会格外谨慎。所以，如果两个主题词或关键词等专业词汇有共现情况存在，便可判断他们在语义方面存在关联性，并且共现频率越高，说明他们间的这种关联就越紧密[①]。

共词分析的原理，即对某一文献中一组词同时出现的次数进行统计，再对他们展开聚类分析，由此得出他们相互间的关联性，接着对这组词反映的主题的结构变化与所属学科进行分析[②]，得出不同学科相互间以及学科内部结构的关系，并揭示学科在不同时期的发展趋势。共词分析一般是以能够对学科领域的研究方向或主题予以反映的文献主题词或关键词作为对象的，分析的首要步骤即找出文献中的高频词，并建立目标词集。之后，对高频词在同一文献中同时出现的次数进行统计，完成共词矩阵的构建。最后，分析所构建的共词矩阵[③]。换句话讲，共词分析主要步骤如下：第一步，研究目的的确定；第二步，分析单元的明确；第三步，选定高频词；第四步，建立共词矩阵；第五步，选择多元统计方法；第六步，分析结果。

传统的图书情报领域是文献计量分析法重要应用场合，研究建立文献信息检索系统、测定学科领域的核心期刊等方面都有该方法的应用。伴随

---

① 张勤等：《国外知识管理研究范式——以共词分析为方法》，《管理科学学报》2007 年第 6 期。

② 冯璐等：《共词分析方法理论进展》，《中国图书馆学报》2006 年第 2 期。

③ 肖伟等：《学术论文共词分析系统的设计与实现》，《情报理论与实践》2009 年第 3 期。

该方法的不断发展，其应用范围也日渐扩大，逐步涉及管理、科技评价等领域。另外，文献计量分析法作为构成战略情报研究方法体系的重要元素，对于前瞻预测研究、趋势分析也具有重大意义①。

第三节　已有会计研究成果图谱化分析文献简述

针对《会计研究》期刊进行的文献计量性成果主要包括管理会计、财务管理、反倾销会计、环境会计、公允价值与会计教育等领域。葛燕针对国内外管理会计方面的研究，主要利用1991—2000年《会计研究》《财经研究》《财会通讯》《上海会计》以及《人大复印资料——财务与会计》所刊发的论文为分析对象，系统回顾分析了中国管理会计的发展现状和演进趋势，并结合中国发展实际提出未来发展的建议②。潘飞以《会计研究》和英文刊物《管理会计研究》1996—2006年的刊文为研究对象，通过国内外研究对象及方法的比较和统计分析，提出了我国管理会计研究国际化的建议③。张爱民等针对《会计研究》2001—2007年发表的论文进行了研究方法与研究主体的文献统计分析，集中探讨了中国管理会计的发展现状与过程④。

针对财务管理理论与实践方面的研究，乔欢以2004—2008年《会计研究》期刊上发表的财务管理主题的研究论文为分析对象，总结了中国财务管理研究与实践方面的趋势⑤。刘艳华等以1995—2009年中国学术期刊网刊发的高校财务管理领域的研究论文为分析对象，分别从发文数量、期刊来源分布、研究方法与技术、关注的主题等多个方面揭示中国高校财务

---

① 孙志茹等：《文献计量法在战略情报研究中的应用分析》，《情报理论与实践》2008年第5期。

② 葛燕：《管理会计研究十年回顾》，《财会通讯》2002年第7期。

③ 潘飞：《中国管理会计研究如何走向世界》，《上海立信会计学院学报》2008年第5期。

④ 张爱民等：《中国管理会计研究的统计分析：2001—2007年》，《郑州航空工业管理学院学报》2009年第2期。

⑤ 乔欢：《中国财务管理研究的发展趋势——基于2004—2008年会计研究刊载论文》，《技术与市场》2009年第7期。

管理研究领域的现状与问题①。余起莺选择了"中国知网"核心期刊文献，选择研究主题为高校财务管理的研究文献，分别从主要期刊来源、关键作者等方面对中国高校财务管理进行文献统计分析②。谭艳艳选择我国《会计研究》和英文杂志《会计评论》在 2001—2005 年发表的有关比较中外会计研究及中国会计研究国际化方面的研究论文为对象，对中美两国的会计研究现状进行了梳理③。张蕾也以 2008—2011 年美国《会计评论》和中国《会计研究》发表的论文为研究对象，分别从重要主题分布、重要作者等方面对中美会计研究脉络进行梳理④。李爽等以国内外 2000 年以来的重要中英文会计期刊论文为分析对象，重点分析了中国会计理论的国际化问题⑤。

针对会计教育研究主题，方拥军以《会计研究》等国内 6 个核心期刊上在 1993—2002 年发表的会计教育方面的论文文献为分析对象，系统分析了我国会计教育的发展现状与趋势，并针对现实中存在的问题提出了相应的意见⑥。陈俊弛等选择了 1989—2011 年中国期刊网核心期刊论文为研究对象，针对中国成人教育财务管理研究进行梳理，研究发现存在研究深度不够，研究方法较为单一，合作研究较为薄弱等问题⑦。韩少真等以1995—2012 年 10 种会计类核心期刊发表的关于会计信息方面研究的论文为研究对象，系统梳理了会计信息研究成果的总体特征与演变趋势，并针对演化趋势揭示了产生差异的主要原因⑧。

①　刘艳华等：《我国高校财务管理研究的文献计量学分析》，《河北工业大学学报》2011 年第 3 期。

②　余起莺：《基于文献计量的高校财务管理研究论文分析》，《技术与创新管理》2011 年第 5 期。

③　谭艳艳：《中美会计研究方向的差异分析：来自两国权威期刊的数据》，《财会通讯》2006 年第 2 期。

④　张蕾：《中美会计研究热点的比较分析——基于 2008—2011 年两大权威期刊的文献计量》，《中南财经政法大学研究生学报》2015 年第 5 期。

⑤　李爽等：《中国会计理论研究的国际化：基于国际会计与财务学术期刊的初步分析》，《会计研究》2017 年第 12 期。

⑥　方拥军：《我国会计教育问题研究的轨迹与展望——近十年研究述评》，《财会通讯》2005 年第 4 期。

⑦　陈俊弛等：《利用文献计量法分析国内成人教育财务管理研究》，《成人教育》2013 年第 7 期。

⑧　韩少真等：《中国会计信息研究文献统计及演进分析——基于我国经济管理类权威核心期刊文献数据》，《未来与发展》2018 年第 6 期。

有关会计准则研究方面，王萌选择了 2007—2012 年 10 余种会计核心期刊发表的有关会计准则实施方面的文献进行了梳理，剖析了中国会计准则执行过程中的特点与难点，指出会计准则在执行过程中的失灵问题，并结合未来会计准则的进一步优化制度设计进行了展望[①]。

针对公允价值计量属性研究方面，李辽宁等选择了 1997—2009 年 13 种会计核心刊物刊发的有关公允价值研究的文献，分别从研究对象、研究方法、研究机构、研究类型等方面进行统计分析，总结了中国公允价值研究的演进特征，揭示公允价值研究方面存在的缺陷和不足，从而有助于推动中国公允价值的进一步深入研究[②]。针对反倾销会计方面的研究，李睿瑶等以文献统计计量分析了 2001—2006 年 27 种经济与管理学科中研究主题涉及反倾销会计的专业论文文献，分别从研究文献类型、研究主题内容以及被引文献情况等方面进行了系统地整理，结合多时期发文特点总结我国反倾销及反倾销会计研究发展脉络与研究前沿情况[③]。

针对环境会计研究方面，李艳平以 2000—2005 年 17 种中文会计类核心期刊刊发的环境会计相关主题文献为对象，并结合文献统计方法对我国环境会计研究进行了回顾与展望[④]。谭浩娟利用文献计量分析工具对 76 种中国社会科学引文所有中的 2004—2008 年的会计经济类文献运用文献计量学方法，分别从论文产出的机构分布、作者分布、合著论文分布以及基金资助论文分布等方面进行了定量分析，重点关注于文献的外部特征，并未涉及具体的研究内容[⑤]。万红波等采用词频分析法，对 2004—2008 年在会计类核心期刊发表的论文进行关键词统计分析，揭示了会计学研究主题的发展方向与脉络，剖析了会计研究热点与研究趋势[⑥]。王君等选择了

---

① 王萌：《我国会计准则执行的文献回顾与述评——基于 2007 年到 2012 年国内会计学术界主要十种核心期刊的分析》，《中国证券期货》2013 年第 5 期。

② 李辽宁等：《我国公允价值研究的演进特征分析——基于会计类核心期刊 1997—2009 年的文献统计数据》，《生产力研究》2012 年第 8 期。

③ 李睿瑶等：《反倾销会计研究文献的统计与分析综述》，《会计之友》2009 年第 8 期。

④ 李艳平：《环境会计研究述评——基于对国内 17 种会计类核心期刊近六年载文的分析》，《常熟理工学院学报》2006 年第 5 期。

⑤ 谭浩娟：《我国会计研究学术论文产出现状与思考》，《科技情报开发与经济》2010 年第 9 期。

⑥ 万红波等：《浅析我国会计学术研究热点——基于核心学术期刊论文关键词的词频分析》，《财会通讯》2010 年第 4 期。

2005—2009 年中国社会科学引文索引中的会计核心期刊，对关键词采用词频分析，同时结合共词分析对中国会计研究热点进行了图谱可视化分析，从而揭示我国会计热点研究方法和研究主题，并给出了新会计准则、会计政策和形式、会计信息质量 3 个知识群八大研究热点[①]。邵瑞庆等选择了2001—2008 年主要的会计类核心期刊所发表的专业论文，分别从文献所采用的研究方法、研究方向、研究领域、研究侧重、作者单位、作者合作方式 6 个方面进行文献计量分析，系统探讨了进入 21 世纪以来会计理论研究主题的演进特征，指出中国会计研究存在的问题，并提出未来中国会计研究国际化的建议[②]。高婷利用关键词统计分析，选择了 2006—2009 年 5 种重要会计类研究刊物，其中包括《会计研究》《经济研究》《管理世界》《审计研究》《审计与经济研究》，分别进行关键词的类型、来源、频率分布分析，梳理了国内外会计研究的热点方向与研究框架，并综合研究了国内外会计热点概况[③]。

[①]　王君等：《近 5 年我国会计学研究热点可视化分析》，《会计之友》2014 年第 10 期。

[②]　邵瑞庆等：《21 世纪以来中国会计研究的特征与启示——基于会计类核心期刊 2001—2008 年的数据》，《会计研究》2015 年第 2 期。

[③]　高婷：《财务与会计理论研究热点追踪：五种核心期刊关键词的分析》，《审计与经济研究》2018 年第 6 期。

第三章

《会计研究》知识图谱分析（1980—2018年）

1980年中国会计学会与财政部联合创建了《会计研究》这一国家级的学术期刊，该期刊不仅被国家自然科学基金委员会评为管理科学领域的A类重要期刊，还是学界广泛认可的会计学权威期刊。由于该期刊在学术方面有着深远影响，引起了许多学者对其进行研究。最初关于《会计研究》的探讨主要集中在刊载论文的分类上，之后逐步开始运用知识图谱法、引文分析法等研究方法对其本身与其所形成的学术影响进行较为系统的探讨，并对会计学研究目前的热点话题与其未来的发展趋势作了进一步揭示。

《会计研究》中涉及大量关于会计类文献计量学研究。以胡伟为代表的研究人员，基于对《会计研究》创刊以来刊文的仔细分析，并对比最近5年 Accounting Review 的刊文，得出了近30年来国内在会计理论研究方面的特征变化，以及其和美国的不同[①]。王益兵系统分析了1998—2002年《会计研究》所载的引文、论文情况，并借助刊自引率、引文量、引文年代、引文类型、普赖斯指数、引文语种等指标，对国内会计学科的现状进行了综合反映[②]。吴溪等在充分引用中文社会科学引文索引的文献数据的基础上，对《会计研究》在1998—2007年的被引情况，包括影响因子、被引频率等进行了研究[③]。张俊瑞等将"中国知网"引证文献相关的统计分析作为基础，并以1980—2009年《会计研究》所载论文为对象，较为

---

① 胡伟等：《中国会计理论研究特征透析》，《中南财经政法大学学报》2010年第5期。
② 王益兵：《会计研究1998—2002年引文统计分析》，《教育财会研究》2003年第5期。
③ 吴溪等：《会计研究的学术影响：基于中文社会科学引文索引的引用分析》，《会计研究》2010年第1期。

全面地分析了其被引情况，不仅对期间论文被引情况在各时期的变化情况、总体被引状况的分布进行了描述；还借助对被引论文的频率排名与统计分析，得出了这一期刊活跃作者、优秀论文以及这些作者的单位等情况；另外通过分析研究论文作者所处单位，得出了这一期刊论文作者分布符合洛特卡分布规律①。沈国军运用引文分析法对《会计研究》在 2000—2011 年所发刊的文章展开了计量分析，并借助 UCINET 软件——知识图谱绘制工具，可视化展示了分析结果，结果显示了《会计研究》在 21 世纪的核心研究机构与核心作者，并梳理总结了目前的研究热点②。李亚琴在以《会计研究》为代表的 12 个核心期刊的基础上，由"一带一路"建设进行切入，对中国会计研究的发展情况以及热点问题作了重要探讨，不仅对会计更好地为"一带一路"建设提供服务具有现实意义，对今后相关研究的开展也具有借鉴作用；经文献计量分析，对"一带一路"涉及的会计研究趋势与热点作了总结，具体包括会计准则国际趋同等效、会计转型和变革、国际会计人才培育、会计专业服务等③。

第一节 关键词聚类分析

利用 VOSviewer 工具，将关键词阈值选择为 15，以发生频次为权重参数，其中连线为 9887 条，总的连线强度值为 5873，共获得 10 个关键词聚类。1980—2018 年《会计研究》发表论文的聚类结果显示，形成的 10 个聚类分别为会计信息与价值、会计准则与要素、管理会计与决策、会计事业发展、人力资源会计、会计模式与利益相关者、会计假设与目标、会计信息化、会计准则与社会制度、会计主体与信息。

第一关键词聚类主要包括产权性质、代理成本、代理理论、价值创造、企业价值、价值链、企业社会责任、会计信息披露、会计信息质量等

---

① 张俊瑞等：《会计研究三十年论文质量评价——基于中国知网引证文献的统计分析》，《会计与经济研究》2012 年第 1 期。

② 沈国军：《新世纪会计研究趋势思考——基于会计研究的文献计量和知识图谱分析》，《会计之友》2013 年第 1 期。

③ 李亚琴：《"一带一路"倡议下的中国会计研究主题热点述评》，《商业会计》2019 年第 2 期。

96 项。第二关键词聚类主要包括企业会计准则、准则国际趋同、会计原则、会计国际协调、会计处理方法、会计核算方法、会计要素、公允价值等 74 项。第三关键词聚类主要包括产品成本、产量、价值运动、企业管理、会计控制、会计管理、作业成本法、决策分析、变动成本、企业财务状况等 65 项。第四关键词聚类主要包括会计法、会计事业、会计专业、会计人才、会计专业、会计学科、会计实务、会计工作、会计师等 60 项。第五关键词聚类主要包括人力资本、人力资源、人力资源会计、会计对象、劳动计量、劳动者、复式簿记、所有者权益、可靠性、会计核算等 36 项。第六关键词聚类主要包括会计模式、会计职能、历史成本、商业会计、实证研究、所有者、投资者、折旧基金、物价变动会计、股价、证券等 23 项。第七关键词聚类主要包括会计假设、会计准则体系、会计制度、会计国际化、会计基础、会计实践、会计本质、会计目标、会计规范、政府会计、政府财务报告、权责发生制等 20 项。第八关键词聚类主要包括账户、账簿、计算机、财务报告、财务电算化、财务软件、会计凭证、会计电算化、会计信息化等 13 项。第九关键词聚类主要包括企业会计准则、商品经济、市场经济、法务会计、经济体制、资本主义、社会主义、思想体系 8 个项目。第十关键词聚类主要包括会计主体、会计信息失真、会计实体、会计行为、经济信息 5 个项目。结合关键词频次、中心性值以及核心库文献数量，本书拟选择会计准则等 12 个会计研究主题进行可视化分析。

第二节　重要会计学者合作网络图分析

　　会计研究文献重要作者网络参数选择如下：共有 4110 名作者，满足发文量 5 篇以上的共有 296 人。其中发文量达到 25 篇以上的国内会计重要学者有葛家澍（55 篇）、余绪缨（42 篇）、刘玉廷（40 篇）、杨纪琬（37 篇）、杨雄胜（35 篇）、阎达五（31 篇）、谢志华（29 篇）、刘峰（29 篇）、潘晓江（26 篇）、谢德仁（25 篇）。发文量能反映作者的研究能力和学术影响力。从论文高产量作者方面对融资约束主题研究的高影响力作者可视化图谱进行分析，在一定程度上能大体掌握融资约束研究领域的高影响力作者、论文发表篇数及主要研究的作者和机构。其中从贡献网络节点强度来看，杨纪琬、潘晓江、阎达五、葛家澍、刘峰贡献值分别为 7、4、3、2、2，在所有学者中影响力较大。

从研究机构聚类结果来看，1980—2018 年发文 5 篇以上的 296 位作者共形成了 36 个有效聚类。其中厦门大学有 4 个聚类，以葛家澍、刘峰、杜兴强、张国清为代表；南京大学有 3 个聚类，以杨雄胜、王跃堂、陈冬华为代表；中国人民大学有 2 个聚类，以王化成、阎达五为代表；中国财政科学研究院有 2 个聚类，以徐玉德、周守华、杨周南、吴沁红等为代表；东北财经大学有 2 个聚类，以方红星、刘永泽、刘明辉、张先治等为代表；西南财经大学有 2 个聚类，以赵德武、马永强、毛洪涛为代表；清华大学有 1 个聚类，以夏冬林、马贤明为代表；北京大学有 1 个聚类，以陆正飞、姜国华为代表；上海财经大学有 1 个聚类，以娄尔行、陈信元、张卫国等为代表；对外经贸大学有 1 个聚类，以汤谷良、张新民、祝继高等为代表；北京工商大学有 1 个聚类，以谢志华、杨有红为代表；天津财经大学有 1 个聚类，以李宝震、叶建明为代表；武汉大学有 1 个聚类，以唐建新、张龙平为代表；南京理工大学有 1 个聚类，以徐光华、袁广达为代表；中国海洋大学有 1 个聚类，以孙莹、王竹泉为代表；湖南大学有 1 个聚类，以伍中信等为代表；中南财经政法大学有 1 个聚类，以唐国平、刘贵生为代表；西安交通大学有 1 个聚类，以杨淑娥、张天西为代表；中南大学有 1 个聚类，以李世辉、肖序为代表，此外署名财政部的有 3 个聚类，以刘玉廷、陈毓圭、冯淑萍等为代表。

第三节 关键词突现分析

关键词的突现分析在文献计量中具有重要指示价值，高突现性表示那些被引频次在时间维度出现突增的特征，包括两个维度：突现值和突现时间。突现性高的节点意味着这些文献在相应的时间区内受到格外的关注，一定程度上代表了该学科在相应时间区间的研究热点与研究前沿[1]。

从突现度值来看（见表 3 - 1），1980—1989 年突现值达到 4 以上的主

---

① 陈悦等：《引文空间分析原理》，科学出版社 2018 年版。

题关键词有经济效益（中心度值为 9.9896）、思想体系、财务报表、马克思、经济效果、《会计法》、经济体制改革、经济改革等。从 20 世纪 80 年代到 90 年代，中国会计学的发展经过 10 年的深入推进，取得了一些成就，也积极迈入繁荣发展的阶段。

表 3 - 1　　　　　**1980—1989 年《会计研究》研究主题突现词**

关键词	年份	突现值	开始年份	结束年份	1980—1989 年
综合经济	1980	3.2412	1980	1984	
会计科学	1980	3.0919	1980	1983	
国民经济	1980	3.2412	1980	1984	
资本主义	1980	2.7346	1980	1982	
社会主义	1980	3.5203	1980	1982	
利润	1980	3.0194	1980	1982	
思想体系	1980	4.8905	1980	1982	
经济效果	1980	5.3255	1981	1983	
生产方式	1980	3.2993	1981	1985	
财务报表	1980	4.7212	1981	1983	
销售成本	1980	2.6042	1981	1982	
成本核算	1980	3.2914	1982	1983	
马克思	1980	4.3029	1982	1984	
经济效益	1980	9.9896	1983	1985	
企业生产经营	1980	2.6195	1983	1984	
财会工作	1980	2.4642	1983	1984	
商品	1980	3.0417	1984	1985	
生产关系	1980	2.4588	1984	1985	
生产力	1980	3.6059	1984	1985	
财会部门	1980	2.9294	1984	1985	
《会计法》	1980	7.7906	1985	1986	
经济改革	1980	5.3078	1985	1989	
经济体制改革	1980	6.8626	1985	1989	

关键词	年份	突现值	开始年份	结束年份	1998—2018 年
会计人员	1980	2.9757	1985	1986	———————————
经济体制	1980	2.8225	1985	1987	———————————

中国从党的十一届三中全会开始，正式做出改革开放的决定，提出要把工作重心不断转移，开始进行社会主义现代化建设。从 1979 年开始，对国民经济又开始实行全新的方针，对其加以"调整、改革、整顿、提高"，正因如此，使得会计工作在进行社会主义现代化建设的过程中影响与地位不断的增强。在 1982 年党的十二大上，指出要在 1981 年到 20 世纪结束的 20 年间，国家经济发展总的目标是在逐渐增强经济成效的基础上，争取让国内工农业总产值增加两倍。经过长时间的发展，会计工作越来越成为达到其预期目标和会计理论研究与发展的关键所在，1985 年颁布《中华人民共和国会计法》，这意味着国内的会计工作开始步入新的台阶，针对提升国内的会计工作水平与会计学的发展产生了极为关键的影响。1987 年 10 月，党的十三大在北京举行，指出社会主义初级阶段的理论与党在社会主义初级阶段的基本路线，这对于会计工作发展产生了较为关键的作用。在这期间，不同地域与部门的会计学逐渐发展起来，各式各样的刊物如雨后春笋般问世，各种会议开始不断举行，会计理论生机勃勃。会计理论的探索关系到多个领域与学科，与此对应的会计学原理、专业会计学、成本会计学等也开始不断发展起来。

在 20 个世纪结束前的 20 年间，会计学发展的特征为：首先，西方有关会计学研究的知名教材与理论开始流入中国。某些出版社一整套的引入美国与其他国家的原版（部分为翻译本）会计著名教材与有关著作，这在很大程度上推进了国内会计学的不断进步。其次，会计基础理论的持续研究。在会计学领域，针对会计实质、会计范围与会计规范等基础性理论问题加以持续的研究。再次，大会计学不断进步。在企业会计学科的前提下开始兴起的计量会计学科，不仅如此，和这一学科相融而进步的有关非计量会计学科也不断发展。最后，打造具有鲜明自己领域内部特征的会计学科体系。会计理论在研究与发展的过程中逐渐获得更多的提升，并不断积累了许多实际经验，参考世界范围内其他国家会计学发展的成就，打造体现我国特色的"双层"会计学科体系。

从突现度值来看，1990—1999 年突现度值较高的主题关键词有财务会计准则、财政金融、会计标准、会计原则、会计师事务所等（见表 3 - 2）。1990 年年底，国务院出台了《总会计师条例》，对会计师的职责与地位加以界定，在强化经济监管与增强经济水平中彰显自身的作用。1982 年 10 月，党的十四大上，为经济体制改革制定了目标，并明确目标就是建立社会主义市场经济体制，正因如此，推动会计工作在国家宏观政策的背景下，围绕着市场经济建设开始蓬勃发展，迈入了新的发展阶段。1992 年 11 月底，财政部印发了《企业会计准则》推动国内会计工作能够在更大程度上与市场经济发展需求相融合，并和世界范围内会计准则加以适应。在 1993 年党的第十四届三中全会指出要打造现代企业制度。这样做是由推进社会生产的发展与市场经济建设决定的，为国内国有企业的改革与发展指明了前行的方向。国有企业开始进行公司制改革，这是国有企业发展的必然要求，也开始不断探索的步伐。将发展与完善现代企业制度、进行公司制改革为关键，能够极大程度的推动会计理论的不断发展。

表 3 - 2　　　　　　**1990—1999 年《会计研究》研究主题突现词**

关键词	年份	突现值	开始年份	结束年份	1990—1999 年
财务会计准则	1990	4.1656	1990	1991	
美利坚合众国	1990	3.0027	1990	1994	
北美洲	1990	3.2672	1990	1994	
资本	1990	2.5471	1990	1992	
承包制	1990	2.5471	1990	1992	
折旧基金	1990	3.122	1990	1991	
会计实践	1990	2.7205	1990	1993	
财政金融	1990	4.6879	1990	1991	
会计标准	1990	4.1656	1990	1991	
承包经营责任制	1990	2.5471	1990	1992	
会计法规	1990	2.7523	1990	1993	

续表

关键词	年份	突现值	开始年份	结束年份	1990—1999 年
收入	1990	2.9039	1991	1992	
财政部	1990	2.7102	1991	1992	
会计师	1990	2.5797	1991	1992	
会议	1990	3.0967	1991	1992	
会计国际化	1990	3.4857	1991	1993	
会计原则	1990	6.8929	1991	1992	
权责发生制	1990	2.5797	1991	1992	
利润	1990	3.5053	1991	1993	
代表	1990	4.1478	1992	1993	
事业	1990	4.2607	1993	1994	
定义	1990	2.8518	1993	1997	
会计师事务所	1990	4.795	1993	1994	
现金流量表	1990	2.7857	1993	1996	
《企业会计准则》	1990	2.6601	1993	1994	

　　1993 年 12 月底，完善后的《中华人民共和国会计法》开始落地实施。此次完善重点关注法律对社会公民利益的保护作用，并使得其使用的范围逐渐由国营企事业单位开始不断发展到所有的企事业单位。1995 年 10 月，全国会计会议召开，在这次会议上，深入的分析与归纳了在这期间会计工作取得的成效，并在这个基础之上，为今后 15 年的会计改革和发展的目标与角度指明了道路。1997 年 9 月，党的十五大召开，对会计领域的发展提出了新的要求，对一些具体的领域与细节进行了一些约束与规范，这样一来就使得发展中国特色社会主义的前进方向更加明确。为实现完善会计行径的目的，确保会计资料能够更加翔实有效，强化经济监管与财务监管，改善经济成效，推动社会主义市场经济可以长期向好发展。1999 年全国人大审议通过《中华人民共和国会计法》，这加速了会计法完善的步伐，推动会计工作与理论迈入了新的发展时期。

从突现度值来看，2000—2009 年间突现度值较高的主题关键词有企业管理、企业、会计准则趋同、内部控制、美国等（见表 3-3）。21 世纪以来，经济全球化的程度不断加深知识经济获得较大的进步与提升。在新世纪新的条件与背景之下，会计学获得相应的发展成效，进步势头较为明显，会计学科不断发展与完备，新学科开始不断涌现出来。2001 年中国加入世界贸易组织（WTO），这样一来就要遵守 WTO 有关的各项规定，进而不断开始国内会计国际化的脚步。2002 年 11 月召开的党的十六大中提到，要全面建设小康社会，不断开辟中国特色社会主义事业的新格局，提出社会的长期向好发展是我们党要不断努力的方向，要不断进行奋斗。和谐是中华文化的精髓所在，和谐是人类社会前行进步的必然需要。打造和谐社会就对和谐会计提出了一定的要求，产生了相应建设的需要。为使得企业会计确定、计量和报告行径更加的完备，能够充分保证会计信息水平，财政部于 2006 年 2 月出台会计准则及 38 个相应的企业会计准则，从 2007 年年初开始，在上市企业的范围中开始推行，激励有关企业开始落实。此会在一定程度上推动会计工作与理论发展步入的全新时期。2007 年 10 月 15 日，党的十七大指明要继续解放思想，坚持改革开放，推动科学发展，促进社会和谐，为夺取全面建设小康社会新胜利而奋斗。这给今后的会计工作进步确定了前行的目标。

表 3-3　　　　　　**2000—2009 年《会计研究》研究主题突现词**

关键词	年份	突现值	开始年份	结束年份	2000—2009 年
企业管理	2000	7.6502	2000	2002	
企业	2000	7.9367	2000	2002	
会计标准	2000	2.5572	2001	2005	
美利坚合众国	2000	3.1516	2001	2002	
北美洲	2000	3.1516	2001	2002	
美国	2000	4.2073	2001	2002	
会计信息披露	2000	3.0209	2001	2004	
会计监管	2000	3.2484	2002	2004	
国际会计标准	2000	3.6728	2002	2004	

续表

关键词	年份	突现值	开始年份	结束年份	2000—2009 年
会计国际化	2000	2.6698	2002	2003	
环境会计	2000	2.9483	2002	2004	
现金流量	2000	2.5663	2003	2005	
财务报表	2000	2.5663	200	2005	
近期动态	2000	5.5139	2005	2006	
美国财务会计准则委员会	2000	3.1043	2005	2009	
IASB	2000	3.1284	2005	2009	
国际会计准则理事会	2000	4.7485	2005	2006	
会计国际趋同	2000	4.2099	2005	2006	
审计质量	2000	3.143	2006	2009	
新会计准则	2000	2.523	2006	2009	
FASB	2000	3.4815	2007	2009	
公允价值	2000	3.1978	2007	2009	
内部控制	2000	7.0208	2007	2009	

21 世纪以来，大会计学的两个关键构成要素，也获得了较大的提升，展现出较为良好的发展势头。在会计学进步的各个流程中，为全面深入地解析大会计学的含义，也根据广义会计学进行解析，广义会计学的持续发展，是 21 世纪开始以来国内会计学前进的关键特征。广义会计学仅是内容较会计学内容更加宽泛的会计学。广义会计学是在较为宽泛领域分析会计范围各样会计工作与历史规律性的知识系统在这个进程中的会计工作表示的是会计范围里面的每个各不相同的工作，主要涵盖会计实务、会计思想与教育等有关的工作。这和大会计学中所涵盖的内容存在较为相似的地方。广义会计学事实上即会计学。广义会计学仍然包含两个部类会计学科，在计量会计学科在获得逐渐发展的进程中，非计量会计学部类学科当中的交叉学科同样取得了较为迅猛的发展，呈现出一片新的发展景象。21世纪至今，科学交叉发展的势头更加突出。科学的不断发展给科学交叉提供了更加优越的物质基础，科学探索、经济进步与管理需要给科学交叉赋

予了更多的内涵。由于科技的不断进步，不只是自然科学，人文社会科学的发展势头也较为良好，获得了极大的进步。多个学科的交叉发展在一定程度上推动了会计学的不断进步，为其打下了坚实的基础。会计学科交叉也正在不断地成为会计学发展必经道路。会计交叉学科是把其中两个或两个以上学科的理论、方式与会计学科的理论、方式加以融合加以分析，让其彼此影响、结合而产生的全新会计学科。会计交叉学科并非多个学科单纯的累加和拼凑而形成的一个学科，它通过两个或以上的学科之间的内在有机联系而形成，彼此融合、彼此包含，从而能够打造出全新的理论、方式与学科。交叉化势头给会计学的持续发展带来了更大的冲击，使其面临着严峻的挑战，也推动会计科学的不断进步，让之前的会计学科不断完备，此外还打造起全新的会计学科。会计交叉学的不断提升给会计学的前行提供了强大的动力，推动其不断进步与提升。会计交叉学科拥有跨越式、单一性、复杂性等相应的特征。会计交叉学科的进步是这一领域的全新标志。由于经济、政治文化等各个领域不断取得新的成效，在科学发展观的指引下，要敢于寻找全新的发展途径，不断发展与完善全新的领域，让这个学科的进步能够更加异彩纷呈，也会推动会计学取得更加长足的进步①。

从突现度值来看，2010—2018 年突现度值达到 3 以上的主题关键词有财务报告、公允价值、股权激励、产权性质、管理会计、机构投资者等（见表 3-4）。随着国内经济的加速发展和资本市场的进步，世界范围内学术沟通不断增加，学科的交叉分析更加多样，财务会计研究内容更加丰富，相关企业治理和资本市场领域的分析达到顶峰，缩短了和世界范围内最高水平的差距，也对世界范围内会计分析的空白之处加以填补。

表 3-4　　　　　　**2010—2018 年《会计研究》研究主题突现词**

关键词	年份	突现值	开始年份	结束年份	2010—2018 年
公允价值计量	2010	2.6504	2010	2011	▰▰▬▬▬▬
财务报告	2010	3.6418	2010	2011	▰▰▬▬▬▬
公允价值	2010	3.3165	2010	2013	▰▰▰▬▬▬

―――――――――

① 于玉林：《会计学发展 60 年的回顾与展望》，《会计之友》2009 年第 10 期。

续表

关键词	年份	突现值	开始年份	结束年份	2010—2018 年
概念框架	2010	2.8813	2010	2011	
国际会计准则理事会	2010	2.405	2011	2012	
股权激励	2010	3.5083	2012	2014	
价值相关性	2010	2.502	2012	2014	
应计盈余管理	2010	2.5481	2013	2014	
真实盈余管理	2010	2.8964	2013	2016	
过度投资	2010	3.1911	2013	2015	
盈余质量	2010	2.4587	2013	2014	
创新	2010	2.3714	2014	2015	
产权性质	2010	3.8804	2014	2018	
管理会计	2010	3.6257	2014	2015	
机构投资者	2010	4.3476	2015	2018	
信息不对称	2010	2.9613	2015	2016	
审计收费	2010	2.328	2015	2018	

现阶段，国有企业混合所有制改革不断推进，宏观、金融与财税体制正在面对这转型发展的实际需要。面临许多传统领域产能过剩、不少僵尸企业还在领域中存在、新兴领域供需不平衡、产业结构调整乏力等状况①。经济结构的改善能够充分解决产能过剩的困难，推动产业结构不断优化，减少企业投入，在持续促进经济发展的过程中具有关键的影响②。现阶段，经济结构调整一定会对于企业的财务战略、资本构成、研制创新和相关企业财务风险发生作用，不仅如此，微观企业角度形成相应的战略调整、风险应对、价值链使用、研制创新与资本构成完善等领域都产生了新举措，如何处理企业领域的现实难题值得我们关注。不仅如此，中国和其他国家的多领域协作是互利共赢的关键措施，这为促进彼此的合作沟通和共同发

---

① 周开国等：《供给侧结构性改革下企业的退出与进入：政府与市场的作用》，《经济研究》2018 年第 11 期。

② 干春晖等：《中国产业结构变迁对经济增长和波动的影响》，《经济研究》2011 年第 5 期。

展带来了机遇，由此也产生出相关的新话题，在学术范围内要加以重视。由于我国不断推进与其他国家之间的合作交流，使得我国对相关国家与地区的直接投资不断增加，促进研发创新，推动产业发展①。所以，今后要研究企业合作中确保会计标准趋同，从跨国并购、跨境投资、风险管控等领域研究现阶段条件下的新状况。此外，国有企业在不断实现市场化之时，一定会面对薪酬结构与激励体制的完善，怎样打造风险管控体制，怎样完备治理体制，怎样充分的提升企业的内外部活力与增强企业全部运行水平，都是迫切需要处理的状况。今后研究能够不断探索国有企业的市场化脚步，能够给企业的投资融资行动、运营绩效、市场竞争环境还有内部治理等领域产生怎样的作用。不仅如此，下阶段人们对环境状况和空气状况等外部生活状况的需求逐渐加大，绿色发展变成必由之路②。由于排污权交易试点的推广，它成为一个市场型环境权益的交易政策，在极大程度上推动了绿色创新活动沿着可持续发展的道路稳步前行。不仅如此，绿色信贷、绿色治理等一些领域的财务会计探索正不断受到学者的关注，成为理论和实务界的研究焦点。

①　王桂军等：《"一带一路"倡议与中国企业省级》，《中国工业经济》2019 年第 3 期。
②　许宪春等：《大数据与绿色发展》，《中国工业经济》2019 年第 4 期。

第四章

财务会计重要主题可视化分析

第一节　会计准则图谱化研究

一　研究背景概述

会计准则体系的建立是以提高会计信息质量为前提，以满足投资者、债权人、政府和企业管理层等有关方面对会计信息的要求，进一步规范了会计行为和会计工作秩序，维护社会公众利益为目的。中国会计制度、会计准则的颁布与实施是治理企业利润操纵行为之急需，将对真实反映企业经营状况产生深远影响。当前世界经济全球化趋势加强，国际会计准则理事会的推动，以及中国加入世界贸易组织后对外贸易的新需求，成为中国企业会计准则不断更新的时代背景，企业会计准则在会计要素确认、会计计量技术和会计报告内容等方面，建立了完善的标准体系，这有利于增加我国企业财务信息的透明度和可靠性，中国上市公司的资产和交易得到更为公允地反映，遏制了企业利润操纵行为的可能性，新企业会计准则强调了资金的时间价值，这对上市公司的资产负债结构比例和企业产品赊销政策的优化提出了新的要求，对会计准则的研究具有重要的现实意义。

当前中国就会计准则已发表的代表性期刊论文有：曹伟等《现行会计准则及概念框架在计量属性运用中的矛盾与问题》、容欣等《美国会计准则与国际财务报告准则协调进展及对我国的启示》、郭弘毅等《中美会计高等教育的定位差异——基于会计准则导向的思考》、徐鑫《新收入准则——对企业所得税处理的影响与思考》和王艳等《其他综合收益披露会抑制上市公司的盈余管理吗？——基于会计准则变迁的视角》。这些文献分别从不同角度来研究会计准则，有助于了解会计准则近年来的变迁。曹伟等、徐鑫及王艳等从计量属性运用、所得税处理和其他综合收益披露方面阐述了会计准则变迁的原因及意义[①]。容欣等认为中国会计准则的创新发展离不开有效地外部借鉴，美国会计准则和国际财务报告准则（IFRS）则是重要的借鉴对象[②]。郭弘毅等阐明中国会计准则导向与美国会计准则导向之间的差异，因此差异导致两国会计人才需求的差异[③]。会计准则体系的完善使得企业经济业务的确认、计量和报告有据可依，有章可循，将会提升会计信息的可靠性、相关性等，对满足利益相关者会计信息的需求具有重要现实意义。CiteSpace 软件作为一种新型可视化分析软件因其完善的图表展示功能和轻松易学的操作流程得到许多研究者的关注。本书采用CiteSpace 图谱分析软件对"中国知网"1998—2018 年会计准则的相关期刊进行可视化分析。CiteSpace 知识图谱工具可以进行期刊文献作者分析、关键词分析、突现词分析等，通过分析会计准则的研究状况、研究热点以及研究趋势及演进发展，掌握会计准则全面的知识图谱。通过生成的知识图谱来研究其现状，分析会计准则研究中的不足之处，并结合现有研究进行合理的展望。

二 研究方法和数据来源

　　CiteSpace 工具是目前应用最广的知识图谱分析软件，目前已经更新到第 5 代。本节将运用 CiteSpace 软件进行图谱分析以达到研究目的。要使用CiteSpace 进行图谱分析，首先将 926 篇文献导入该软件。在 CiteSpace 软件界面上，选择时间节点为 1998—2018 年，时间切片为 1 年，节点类可以根据需要进行不同的选择，如关键词、作者、机构等。本书通过对期刊文献

---

　　① 曹伟等：《现行会计准则及概念框架在计量属性运用中的矛盾与问题》，《甘肃社会科学》2016 年第 2 期；徐鑫：《新收入准则对企业所得税处理的影响与思考》，《税务研究》2018 年第 4 期；王艳等：《其他综合收益披露会抑制上市公司的盈余管理吗？——基于会计准则变迁的视角》，《广东财经大学学报》2018 年第 5 期。
　　② 容欣等：《美国会计准则与国际财务报告准则协调进展及对我国的启示》，《财务与会计》2016 年第 10 期。
　　③ 郭弘毅等：《中美会计高等教育定位差异——基于会计准则导向的思考》，《会计与经济研究》2017 年第 6 期。

作者分布、期刊文献机构分布以及文献发表数量统计来了解会计准则的研究概况，再根据关键词以及关键词聚类的分析图谱来探讨关于会计准则的热点，最后利用突现值、时区图、时线图来探索会计准则的研究发展趋势。本节选择中国知网数据库，选择期刊进行高级检索，在关键词一栏输入"会计准则"，时间节点选择 1998—2018 年。在初步对比核心期刊数据库后，基于图谱效果差异，在来源类别中选择"CSSCI"项，得到 952 条文献记录。

三　知识图谱的可视化分析

（一）会计准则的作者分析

进入 CiteSpace 系统完成基础设置后，可以在节点类别（Node Types）里选择作者（Author），并将时间设置为 1998—2018 年，同时在年份切片（Years Per Slice）中设置为 1，即此时时间间隔为 1 年。在修剪（Pruning）窗口下不用选择任何内容，因为此时是否勾选修剪（Pruning）选项对于生成的知识图谱并无太大影响，而且如果不选会节省图谱生成的时间。设置完参数后，软件将会对 926 篇文献进行分析便可得到作者合作网络知识图谱。

由图谱结果可以得到 45 个节点、9 条连接线，连接线的形状也因联系对象个数不同而存在差异。当较少作者间（两个）有联系时，连接线呈现线段的形式；当多于两个作者之间存在联系时，连接线则一般呈环形。节点的大小则是反映了对应作者出现的频次，节点的大小和作者出现的频次成正相关，即节点越大频次越高，节点越小频次越低。连接线表示各个作者之间的联系，连接线较少，由此可以推断会计准则的文献作者之间的联系相对较少。连线主要存在于刘永祥和林钟高，孙铮和刘浩，万继峰和李静，周华、刘俊海以及戴德明，苏新龙、谢丽英以及傅彩芬，陈少华、赵文超以及张俊生之间。

表 4-1　　　　　　　　作者共现知识图谱分析

数量（次）	年份	作者
7	1998	林钟高
5	2008	戴德明

数量（次）	年份	作者
4	2013	苏新龙
4	2013	傅彩芬
3	2005	万继峰
3	2009	刘俊海
3	2008	方拥军
3	2005	李静

结合表 4-1 可得到频率较高作者的相关信息，包括作者的姓名、相关年份以及作者名字出现的次数。林钟高以出现次数 7 次排在首位，戴德明以出现次数 5 次排在第二位，苏新龙和傅彩芬分别以出现次数 4 次排在第三、第四位，万继峰、刘俊海、方拥军和李静分别出现 3 次，排在第五位至第八位。观察表 4-1 也可看出高频率的作者写作年份均是在 2013 年之前，而 2013 年以后没有作者出现在表格中，由此可以判断在近年来没有较为具有代表性研究成果的作者出现。

（二）会计准则的机构分析

对会计准则研究机构进行图谱分析，其方法与作者图谱分析基本原理相似，主要操作差异就是在"节点类别"（Node Types）下方选择"机构"（Institution）。在软件对 926 篇会计准则相关文献进行分析后，得到研究机构知识图谱，共有 21 个节点、8 条连接线。此处节点大小与机构出现频率成正比，即节点越大机构出现的频率越高，节点越小则机构出现的频率越低。连接线代表着机构与机构之间的联系强度，研究机构之间的合作研究程度较低。

根据节点的大小可以看出机构出现频率较高有厦门大学会计系、中南财经政法大学会计学院、中国人民大学商学院、东北财经大学会计学院、上海财经大学会计学院。根据连接线可以发现东北财经大学会计学院与清华大学经济管理学院有联系、厦门大学管理学院商学院与中南财经政法大学会计学院有一定的研究合作联系。

由表 4-2 可知，在 926 篇文献中厦门大学会计系出现的次数是 21 次，中南财经政法大学会计学院出现的次数是 20 次，中国人民大学商学院、东北财经大学会计学院出现的次数均是 16 次，上海财经大学会计学院出现的次数是 11 次，财政部会计司出现的次数是 9 次。通过观察表 4 - 2 中的年份，可以发现会计准则研究的相关机构主要产生于 2008 年之前；近年来会计准则的机构出现频率未出现在前五位，由此可以推断会计准则在近年来的关注度有减弱趋势。

表 4 - 2　　　　　　　　　　　**机构共现知识图谱分析**

数量（次）	年份	机构名称
21	1998	厦门大学会计系
20	2001	中南财经政法大学会计学院
16	2008	中国人民大学商学院
16	2000	东北财经大学会计学院
11	1998	上海财经大学会计学院
9	2001	财政部会计司

（三）关键词图谱分析

在分析会计准则热点时，首先对于会计准则的关键词进行分析，因为关键词的图谱反映当前对于会计准则研究的热点。从表 4 - 3 可以发现节点最大的是会计准则，这代表着会计准则出现的频率最高，其次就是公允价值。可以看出会计信息、企业管理、国际趋同、国际化、信息披露、盈余管理、财务制度、企业、财政管理、会计、上市公司等频率也较高。

表 4 - 3　　　　　　　　　　**会计准则关键词共现图谱分析**

数量（次）	年份	关键词
647	1998	会计准则
76	2004	公允价值
49	1998	会计制度
48	1998	会计信息
42	1998	会计

数量（次）	年份	关键词
34	2004	国际趋同
31	1998	企业
31	1998	企业管理
29	1998	财政管理
28	1998	财务报告

表 4 - 3 可以反映关键词出现的数量和年份情况。会计准则关键词出现频率排在前 10 位的有会计准则、公允价值、会计制度、会计信息、会计、国际趋同、企业、企业管理、财政管理和财务报告。会计准则、会计制度、会计信息、会计、企业、企业管理、财政管理和财务报告出现的年份是 1998 年，公允价值、国际趋同出现的年份是 2004 年。从高频关键词可以看出，在 1998 年国家财政部会计准则专题研究课题组刚成立的那年关键词数量最多，其次在 2004 年也较多，之后的年份当中，关键词数量呈现出一定的下降趋势，由此可以推断会计准则研究关注度有所减弱。

（四）关键词聚类图谱分析

对于会计准则热点的研究还可以采用聚类分析，聚类分析即关键词聚类图谱分析，它是在会计准则关键词图谱的基础上进行的。

CiteSpace 软件在关键词聚类方面可以通过分析模块性（Modularity，常用 Q 值表示）和平均轮廓（Mean Silhouette，常用 S 表示）的值来判断聚类水平。通过对 CiteSpace 软件的了解与学习，一般当 Q 值在 0.3 之上时，则说明此聚类的模块化情况比较良好；当 S 的取值在 0.5 之上时，则表明此聚类效果是较好的。基于这些了解，本聚类 Q 值为 0.6825 以及 S 值为 0.7334 从而判断出聚类模块化较好并且其效果显著。经过 CiteSpace 软件的聚类分析可以得到 11 个聚类，分别为评价方法、美国、企业、财政管理、概念结构、会计制度、会计改革、公允价值、国际趋同、相关性和原则导向。选择聚类下拉菜单中的 "Cluster Explorer"，便可得到研究热点与关键词分析结果，在此基础上统计整理得到表 4 - 4。

表 4 - 4　　　　　　　**会计准则研究热点和出现次数较多的关键词**

研究热点	出现次数较多的关键词
评价方法	评价方法、评价客体、评价主体、评价机制、流动性风险、规则基础、原则基础、退保率、金融工具、会计准则
美国	美国、北美洲、会计规则、资本、监管体制、英国、审计行业、会计队伍、"安然"事件
企业	企业、企业管理、所得税会计、内部核算、应税收益、会计核算、经济核算、会计制度改革、会计利润、财务状况、会计主体、会计规范体系
财政管理	财政管理、会计、职业判断、会计人员、会计选择、经济、公认会计原则、案例分析、国际会计准则委员会、会计处理方法、财务报告
概念结构	概念结构、会计基本准则、会计行为规范、会计职业道德、《企业财务通则》、美国财务会计准则委员会
会计制度	会计制度、财务制度、盈余管理、法律制度、金融分析、资本市场、资产减值、会计计提、企业所得税法、实体经济、利益相关者
会计改革	会计改革、经济体制改革、中国会计学会、杨纪琬、会计理论、会计监管、企业管理、会计思想、国际化、会计法规制度、会计史学、会计本质
公允价值	公允价值、公允价值会计、金融危机、计量属性、会计计量、内部控制、概念框架、次贷危机、商业银行
国际趋同	国际趋同、计量模式、国际财务报告准则、注册会计师、欧盟、会计国际化、盈余质量、保险合同、顺周期效应、保险契约、制定机构
相关性	相关性、会计信息、经济后果、价值相关性、会计信息披露、会计信息质量、质量特征、质量特性、财务会计概念公告、决策
原则导向	原则导向、信息披露、规则导向、审计、关联交易、公司治理、上市公司、执行、风险管理、税务会计、财务会计制度

1. 聚类#0

会计准则体系的构建是一项复杂工程，其中包括建设机制和评价机制的完善。李静等认为目前中国的会计准则评价机制还不够完善，但不可否认的是其在会计准则体系中属于不可缺少的成分①。评价机制包含三方面的内容，分别是评价主体、客体以及方法，每个方面又可以进一步细分。倘若再进一步细分，便可看出制定机制及其内容是评价客体的组成部分。对于制定机构的探索可以有效促进中国会计准则的实施和改良。王文华认为同美国制定机制相比，虽然中国会计准则制定主体、程序和方法都与其不同，但是我们能够从这些差异中得到启示并且使得中国的会计准则能够得到完善②。借鉴其他国家的会计准则研究成果对于中国会计准则的研究是必要的，但是要考虑到社会制度和历史文化的差异，因此也需要我们做出合理的区分。林钟高等认为同美国会计准则规则导向不同的是我国会计准则采用的是原则导向，由于两国所采用的导向不同，两国的会计准则在应用与规范方面都有所差异③。由此看来，中国对于评价机制已经着手分析，对评价方法也有了一定的了解，并且能够从其他国家得到一些启示。但是，中国对于会计准则评价方法的研究还不够深入，没能在观察判断、调查分析和实践检验方面有更多的创新突破。虽然知道与其他国家存在差异，却没能针对差异根源提出妥善的解决方法。

2. 聚类#1

美国是世界上当今发达资本主义国家之一，其会计准则制定与完善方面有许多值得我们借鉴。葛家澍认为会计准则和概念框架同属于经济中的制度安排。会计准则起因于财务报告的编报者与其使用者之间的信息不对称。建立会计概念框架的主要用途是为国际会计准则理事会和财务会计委员会评估和发展会计准则提供指南。美国会计概念框架是当前世界上最全面、最细致的会计概念框架④。鉴于其中程序的公平性与规范性，我们在会计准则方面也总是借鉴它。吴杰等认为由于石油天然气工业生产过程的独特性，决定了其会计核算方法与一般工业有所不同。在美国和其他一些西方国家普遍采用以历史成本为基础的成果法或全部成本法。但是，对这

---

① 李静等：《我国会计准则评价机制初探》，《当代财经》2005 年第 8 期。

② 王文华：《中美会计准则制定机制比较研究》，《上海大学学报》2003 年第 4 期。

③ 林钟高等：《会计准则制定模式：原则导向抑或规则导向》，《财经理论与实践》2003 年第 5 期。

④ 葛家澍：《论美国的会计概念框架与我国的基本会计准则》，《厦门大学学报》2006 年第 4 期。

两种方法的优劣一直争论不休。美国在激烈的争论之后产生了值得我们借鉴的油气会计准则①。庞碧霞认为安然事件的发生诱发了美国由谁制定、以何为基础制定和用哪种程序制定会计准则的争论②。由此看来，中国在会计准则的制定上很大程度上借鉴了美国。

3. 聚类#2

会计准则是博弈的产物，并且博弈次数与准则完善程度是正相关的。会计准则产于企业，同时也用于企业，但是其留给企业过多的选择空间。李莎认为制定机构会为了维护自身的相关利益不得不给予会计处理一些选择空间③。国家利益高于集体利益用于会计准则也是恰当的。王跃堂认为经济后果对会计准则的制定理论提出了挑战，美国会计准则的制定过程实质上已演化为政治过程④。经济后果对会计准则制定理论的影响进行了阐述，对中国会计政策是否也存在经济后果，中国准则制定机构如何适应市场经济的环境，应对经济后果的挑战进行了探讨。由此看来会计准则与企业密不可分，但是对于在不同的经济模式之下我国要如何调控利益纠纷以及如何进行有效的企业管制还缺乏深入研究。

4. 聚类#3

财政管理与会计人员关系密切，会计人员的职业判断在现实业务处理过程中发挥着重要作用。胡运会认为会计准则要求作为首先接触会计信息的会计人员做出职业判断来掌握会计信息的真实性⑤。国际会计准则委员会（IASC）在国际会计中扮演着重要的角色，在会计准则中更是如此。王松年认为在经济全球化的时代会计准则的协调离不开 IASC⑥。由此看来，财政管理同会计准则是密切相关的，财政管理的完善对于会计准则的制定有着重要意义。但学者们只提到会计准则要求会计人员运用职业判断，却没有强调应采取何种措施能够缩小职业判断的差距。

---

① 吴杰等：《美国石油天然气会计准则的发展历史及启示》，《会计研究》2000 年第 7 期。

② 庞碧霞：《会计准则制定模式三要素在我国的现实选择》，《求索》2005 年第 6 期。

③ 李莎：《企业会计的政策选择》，《企业管理》2001 年第 15 期。

④ 王跃堂：《经济后果学说对会计准则制定理论的影响》，《财经研究》2000 年第 8 期。

⑤ 胡运会：《从会计人员角度探讨会计信息的真实性》，《商业研究》1999 年第 210 期。

⑥ 王松年：《协调会计准则满足国际证券市场需要——国际会计准则委员会核心准则的完成》，《上海财经大学》1999 年第 6 期。

5. 聚类#4

会计信息质量结构的研究具有重要现实意义。朱元午认为由会计概念结构便能联系到会计要素以及其信息质量,从而明确会计信息质量的重要性[①]。若要运用并且受益于会计准则,必须要对会计准则有整体性理解和把握。薛云奎认为以美国为代表的西方统一会计准则的制定,产生于会计惯例的过剩。准则制定者的任务就是从过剩的会计惯例中过滤出最佳会计惯例,剔除可疑会计惯例,建立具有权威性的公认会计原则[②]。由此看来,概念结构对于会计准则不是可有可无的元素,它具有重要价值。但学者们就概念结构对于会计准则重要程度的探讨有待加强,同时也没能具体说明如何消除过剩会计惯例。

6. 聚类#5

中国经济的蓬勃发展离不开会计制度,这也足以见证会计制度的重要程度。唐国平等认为会计制度对于中国的发展的影响是不容忽视的[③]。会计准则与会计制度一直是众多学者关注的主题,它们的共存方式目前还存在争议。王君彩认为虽说从长远角度来看会计准则是趋势,但是目前会计制度和会计准则还处于共存时期是毋庸置疑的[④]。无论外界如何争论它们的取舍,会计准则与会计制度始终是存在联系的。成圣树等认为会计制度是依赖于会计准则的,因为前者的制定是要建立在后者的基础上[⑤]。由此看来,中国现在处于会计准则与制度共存的时期,即两者是相辅相成的。

7. 聚类#6

会计准则与会计改革关系密切,因为时代总是在向前发展,会计准则为了能适应新的经济时代从而进行相应的改革。王德礼认为会计准则的产生是由于会计信息失真所导致的会计改革[⑥]。会计准则的产生是会计改革的必然趋势。张俊瑞等认为中国在第三次会计改革之后真正迈向了会计准

---

① 朱元午:《会计信息质量:相关性和可靠性的两难选择——兼论我国现行财务报告的改进》,《会计研究》1999 年第 8 期。

② 薛云奎:《论会计准则的统一性》,《上海财经大学》1998 年第 2 期。

③ 唐国平等:《会计·企业·市场经济:会计信息失真的广角透视与思考》,《会计研究》2001 年第 5 期。

④ 王君彩:《论我国会计准则和会计制度的关系》,《中央财经大学学报》2001 年第 8 期。

⑤ 成圣树等:《我国社会保障会计理论问题探讨》,《当代财经》2001 年第 6 期。

⑥ 王德礼:《会计信息失真的利益机制分析》,《经济问题探索》2001 年第 9 期。

则时代，这在很大程度上要感谢杨纪琬先生[1]。会计改革最终迈向会计准则一定是有其原因的。由此看来，会计改革是经济发展、时代变化的必然趋势，新的会计准则的产生也是大致趋势。虽然学者们强调了会计改革对于会计准则的重要性，但是没能清晰揭示会计制度改革与会计准则相互影响的途径与机理。

8. 聚类#7

公允价值的出现得益于财务会计准则委员会（FASB）和国际会计准则委员会（IASB）。它与会计准则也息息相关，公允价值会计能够有利于会计准则的质量。贺建刚等认为当前文献对公允价值会计的责难可能有失偏颇，忽视了契约导向研究，公允价值计量对会计信息有用性的影响在决策和契约两个层面存在替代效应，且与市场治理环境和上市公司内控制度的完备程度密切相关[2]。牛华勇等认为2008年"次贷"危机的发生使得人们对于公允价值有了更高层次的认识[3]。公允价值应用中主要存在着将公允价值与市价和评估值相混淆的问题。虽然在次贷危机中公允价值的应用受到一些质疑，但从长期来看公允价值更符合经济发展的要求。熊玉莲认为作为反映经济资源实际价值变化的计量属性，公允价值正逐步成为会计计量的主要模式。公允价值确定本身的复杂性对会计司法鉴定人员提出了更高的要求，而相关制度不完善及标准的缺失，又增加了会计司法鉴定证据收集以及鉴定意见审查的难度，加大了鉴定风险[4]。由此看来，公允价值计量作为计量属性有其存在的客观条件。

9. 聚类#8

会计学术界就会计准则国际趋同逐渐达成共识。梁爽认为关于会计准则的国际化，目前理论上已有较为系统的研究，在实践中国际会计准则委员会（IASC）和各国会计准则制定和证券监管机构进行了多方面的有益尝试，越来越多的跨国公司和国际资本市场也采用了国际会计准则。

---

① 张俊瑞等：《转型经济背景下杨纪琬先生中国会计改革思想：继承与发展》，《会计研究》2017年第7期。

② 贺建刚等：《计量观、准则质量与信息有用性：公允价值论争之解释》，《华东经济管理》2013年第3期。

③ 牛华勇等：《次贷危机后再谈公允价值在我国会计准则中的应用》，《经济经纬》2009年第3期。

④ 熊玉莲：《基于公允价值计量视角的会计司法鉴定质量提升策略》，《企业经济》2018年第3期。

然而国际会计准则只是为达到会计准则国际化目标的一个必要制度保障，至于能否达到目标，还要看国际会计准则的执行效果①。陶宝山等认为会计准则国际化对企业乃至政府都有或大或小的好处②。国际趋同是趋势，但是趋同不是完全相同，仍然要在意各自的社会大环境。朱国宪认为即使是同一个国家但只要是两个不同的社会环境，那两者的会计准则定要有所区别③。由此看来，学者们对于会计准则国际趋同这个问题上都是持积极态度。

10. 聚类#9

相关性在会计中是经常出现的词汇，那么何为相关性呢？朱元午认为相关性就是普通的一般相关，将企业某些信息的变动看作是与使用者做出决策相关④。会计准则与证券市场可以相挂钩。周龙等认为会计准则因服务于证券市场，从而可以得出它们具有一定的相关性⑤。相关性在一定程度上不利于会计准则成本的降低。雷光勇等认为会计惯例、习俗影响正规会计规则发生作用，从而不利于会计准则变化所产生成本的降低⑥。由此看来，相关性的存在有利于使用者进行经济决策，同时也会影响会计准则的相关成本，故此有利有弊。

11. 聚类#10

会计准则的导向众所周知的分为两类，分别是原则导向和规则导向，导向的不同会引起人才需求以及教育定位的区别。郭弘毅等认为中美在人才需求和教育定位上的差异来自于它们不同的会计准则导向⑦。原则导向现在正在成为国际趋势。王怀伟认为自"安然"事件后国际趋势紧跟美国步伐向着原则导向转变⑧。由此看来，原则导向是当代的发展趋势，但是

---

① 梁爽：《从具体准则看我国会计准则的国际化协调》，《财经问题研究》2001 年第 2 期。
② 陶宝山等：《会计准则国际化：基于制度经济学的解释》，《生产力研究》2005 年第 10 期。
③ 朱国宪：《浅谈内地和香港会计准则的差异》，《中央财经大学学报》1999 年第 12 期。
④ 朱元午：《会计信息质量：相关性和可靠性的两难选择》，《会计研究》1999 年第 5 期。
⑤ 周龙等：《中、美证监会的会计角色比较》，《当代经济科学》2001 年第 4 期。
⑥ 雷光勇等：《交易费用、纳什均衡与会计准则》，《经济科学》1999 年第 4 期。
⑦ 郭弘毅等：《中美会计高等教育定位差异：基于会计准则导向的思考》，《会计与经济研究》2017 年第 6 期。
⑧ 王怀伟：《对后安然时代我国会计准则制定模式的探讨》，《生产力研究》2005 年第 93 期。

对于原则导向和规则导向相结合的会计准则是如何跨入到原则导向的会计准则没有给出清晰说明。

四　会计准则的历史演进分析

（一）会计准则研究文献概况

本节选择 1998—2018 年的 926 篇论文作为研究对象，利用 Excel 表格处理数据后得到会计准则研究论文发表数量统计图，如图 4 - 1 所示。对于会计准则的研究不够稳定，在这探究的 20 年中论文数量此起彼伏。不难看出较为明显的峰点有三个，分别是 1999 年的 63 篇，2005 年的 72 篇以及 2009 年的 76 篇。三个峰点的出现分别可能源于第四次理事会会议的举行（1998）、中国财务会计概念框架及会计准则专题研讨会的举办（2005）以及第十五届学术年会的召开（2008）。2009—2018 年，会计准则研究的论文数量整体呈下降趋势，会计准则的研究关注度有所降低。

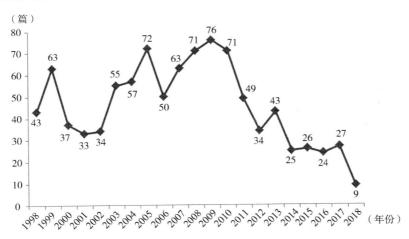

图 4 - 1　会计准则研究论文发表数量

（二）会计准则研究热点迁移的可视化展现

若是要对会计准则的发展态势进行研究，时区图是个关键。它不仅在视觉上给人一种清晰的感觉，在实际意义上也是符合对未来趋势的探索。时区图的形成是建立在关键词的基础之上的，运用 CiteSpace 软件对会计准则的 926 篇文献进行相应操作，便可得到会计准则时区图。鉴于某些原因仅凭时区图不够清晰，此时可以结合时线图，综合反映会计准则研究结果，如图 4 - 2 所示。

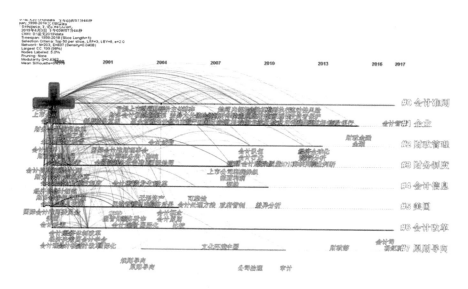

图 4 - 2　会计准则关键词时间轴

分析可知，1998 年开始对于会计准则的研究已经聚集很多方面，包括会计选择、财务会计、财务制度、会计报告、会计信息、信息披露、会计实务等。随着时间的推移，会计准则的关键词越来越少，明显可以发觉相关研究在减少。2013—2017 年，有关会计准则研究的关键词数量不断减少，可以看出会计准则的研究热度急剧下降。

（三）会计准则研究发展过程

关键词突现图是在关键词知识图谱的基础上产生的，通过 CiteSpace 软件测算并经过整理则可得到突现词信息表（见表 4 - 5）。突现词可以反映特定时间区间内论文增多的那些词，增多的数量与突现度成正比，突现度越高则增多的数量越多，突现度越低则说明增多的数量越少。由表 4 - 5 可知每个突现关键词是由哪年开始突现、哪年结束突现以及其突现度。结合表 4 - 5、图 4 - 2 并且联系相关文献，可以初步将会计准则研究分为三个阶段：1998—2003 年为繁荣阶段（第一阶段）；2004—2008 年为稳定阶段（第二阶段）；2009—2018 年为衰退阶段（第三阶段）。

表 4 - 5 会计准则突现词

序号	突现词	起始时间	终止时间	突现度
1	资产负债表	1998	1999	3.2999
2	资金平衡表	1998	1999	3.2999
3	国际会计准则委员会	1998	1999	4.2795
4	经济信息	1998	2000	3.3418
5	财政管理	1998	1999	3.9779
6	会计报表	1998	2000	4.6454
7	企业管理	1998	1999	6.3658
8	企业	1998	1999	5.6553
9	财务制度	1999	2001	4.9313
10	会计改革	2000	2002	3.5222
11	会计政策	2000	2003	4.7701
12	国际化	2001	2005	5.1809
13	会计监管	2002	2004	4.2676
14	美利坚合众国	2002	2003	3.5459
15	北美洲	2002	2003	3.5359
16	美国	2002	2003	3.3257
17	会计国际化	2003	2005	4.1531
18	经济后果	2006	2011	4.1341
19	公允价值	2006	2011	16.1659
20	国际趋同	2008	2016	6.9902
21	金融危机	2009	2011	5.1554
22	盈余管理	2009	2016	3.4208
23	国际财务报告准则	2010	2013	5.2383
24	会计准则	2016	2018	6.2954

第一阶段：繁荣期。突现词在此时间段最多，此时研究重心偏重于关注会计账表功能，可由突现词资产负债表、资金平衡表、会计报表、财务制度等加以证实。突现词从 1998—2003 年从不间断，由此可以看出学界对

会计准则始终保持着一定的研究兴趣，此时的热度达到了高点。此时突现词的突现度均在 3.2999 及以上，突现度最高的企业管理，达到了 6.3658，突现度最低的是资产负载表和资金平衡表。在此期间，对于会计准则的研究更多的是从其内部结构入手，对外界影响因素的探讨相对较少。

第二阶段：稳定期。2004—2008 年会计准则的突现词较上一阶段而言，呈下降趋势，但是无论是关键词数量方面还是突现词方面看，会计准则研究都引起了学术界广泛关注。会计准则的研究从内部向外部延伸，可以从这些突现词中得到印证：会计国际化、经济后果、公允价值和国际趋同。这些突现词的突显，表明学者们不局限在会计准则内部结构分析，而是更加关注会计准则的经济后果。从表 4-5 中可以看出公允价值的突现度最高，达到 16.1659，该值明显高于其他突现词的突现度。高突现度主要由于 2006 年新会计准则体系的发布，新会计准则体系认为市场经济的发展程度与公允价值会计重要性成正比。

第三阶段：衰退期。不论是从论文发表数量还从突现词来看，2009—2018 年对于会计准则的研究明显下降。在 9 年中只有 4 个突现词出现，分别为金融危机、盈余管理、国际财务报告准则、会计准则，说明在此阶段会计准则的研究热度趋于下降。单从突现词就能观察出从 2009 年后对于会计准则的研究很少再有新的观点产生，会计准则研究处于一个瓶颈时期。从金融危机这一突现词还可以发现在这一时段内对于会计准则的研究探索处于被动阶段，直到由于出现了会计准则问题才重新得到学术界的关注，可以看出整个阶段对于会计准则的研究态势相比于 20 世纪 90 年代初期明显呈衰退趋势。

五　推进会计准则研究的对策分析

本节首先根据期刊文献作者分布、期刊文献机构分布，分析会计准则的研究概况，接着采用关键词网络图谱和关键词聚类网络图谱对会计准则进行热点分析，最后通过文献发表数量统计图、突现值、时区图和时线图分析会计准则的研究趋势。通过 CiteSpace 软件分析，能了解到会计准则对于企业乃至国家的发展都极为重要，因此对于会计准则的关注不能随时代的变迁而弱化，应该时刻保持着高敏感度。中国企业会计准则应用、发展史以及市场经济发展的时间都比较短，现阶段中国企业会计准则主要是在学习和借鉴国际财务报告准则，在坚持中国企业会计准则国际趋同方向的基础上，要保留中国会计准则的制度特色。

第二节　公允价值图谱化研究

一　研究背景概述

20 世纪 90 年代由于金融工具的兴起，传统的计量工具受到挑战，公允价值的应用范围慢慢开始扩展。1990 年美国证监会（SEC）主席理查德·布雷登在议会的发言促使公允价值会计准则的正式实施，并随之得到广泛的应用。与国外相比，国内关于公允价值的研究经历了更为曲折的历程。从 1998 年开始，在无形资产、债务重组等方面引入公允价值计量属性，但 3 年之间公允价值研究就发生了很大的变化。主要原因是国内市场不稳定，容易被关联方利用从而影响了公允价值的真实性，所以 2001 年中国取消了公允价值计量属性，然而到了 2006 年中国又重新引入公允价值计量模式。

由于公允价值对金融市场的重要性，国内学者对公允价值的研究文献相继出现并持续增长。具有代表性的研究成果如管考磊认为"可接受价格"代替"公允价值"，避免公允价值在运用中带来的弊端[①]。黄世忠认为金融资产分类高度依赖企业管理层，这样会加大操控利润的风险[②]。李超颖等认为公允价值有利于财务报告做出决策，同时也增大了利润空间[③]。随着市场正在走向世界一体化，以交易价格为基础的传统历史成本计量属性已不再是唯一可靠的信息源。公允价值会计信息由于其高度的相关性，在未来的会计计量中将显得越来越重要。

本节在选取 1998—2018 年的研究文献时，对检索出来的文献进行了筛选（剔除通告、会议和书评类文献），得到 760 篇有效文献。其中大部分文献来自《会计研究》《审计研究》和《会计与经济研究》等。同时，

---

① 管考磊：《公允价值的经济学分析》，《当代财经》2013 年第 3 期。

② 黄世忠：《后危机时代公允价值会计的改革与重塑》，《会计研究》2015 年第 6 期。

③ 李超颖等：《公允价值下的盈余管理：平稳利润下的危机——以 A 上市公司为例》，《会计与经济研究》2018 年第 4 期。

CiteSpace 软件的计量分析功能和知识图谱方法使我们能更好地把握公允价值的本质、应用和研究特征等方面。本节运用 CiteSpace 软件对文献的关键词、主题等多个方面进行可视化分析,展现出公允价值的概况、研究特征和研究趋势,来推动公允价值的理论研究和实践应用。

二 研究方法和数据来源

首先通过核心作者、关键词、范畴种类等不同维度,分析中国公允价值研究概况。其次运用"余弦值算法"将研究切片数据转换为可视化知识图谱。最后通过关键词时区图和突现词的深度分析,研究不同时期的公允价值研究变化趋势。为了对公允价值进行知识图谱研究,本节选择"中国知网"数据库中的中国社会科学引文索引收录的文献作为数据源。具体检索方法为:以"公允价值"作为关键词进行检索,来源期刊为中国社会科学引文索引,以保证所选数据具有较高的学术价值。时间节点选择1998—2018年,共检索出800篇相关文献,对于800篇文献检索剔除会议通知、启示等非学术论文,共得到760篇有效期刊论文。因此,将下载的760篇期刊作为本节 CiteSpace 分析的数据基础。然后建立一个初始文件夹,再建4个子文件夹,分别为"input,output,project,data"。最后将下载的760篇有效文献以文本格式下载到"input"文件夹。根据年份分布对760篇文献以及发文趋势进行统计分析,探究公允价值研究的发展历程。

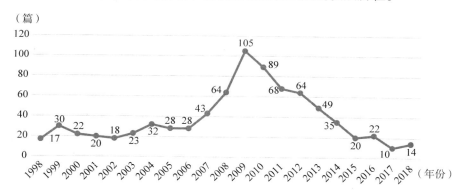

图4-3 1998—2018年以公允价值为关键词文献数量

由图4-3可知,1998—2018年公允价值研究的文献数量在2009年之前基本保持平稳增长,在2009年之后开始急剧下降。文献的被引频率与文献下载数量趋势基本保持一致。由此可见，随着社会经济发展公允价值的研究热度正在逐渐衰退，对公允价值的重视程度也在逐渐减弱。

三　知识图谱可视化分析

（一）公允价值的研究概况

1. 作者分析

在 CiteSpace 软件中完成系统操作（包括下载数据到 input 文件夹里面，更改文件名以及对 data 进行设置等），然后在时间节点上选择 1998—2018 年，同时在节点类别（Node Types）中选择国家（Country）类型，勾选网络修剪（Pruning）栏中的"寻径"和"修剪切片网络"，这样设置后会使知识图谱更加清晰。其他操作系统默认（即时间切点设置为 1，切片最多为发生项目的前 50 名），基础参数设置完毕后点击系统"开始"按钮，即可得到结果。在 CiteSpace 软件中的"Export"下拉菜单中的网格表（Network Summary Table）即可得到表 4 − 6。

表 4 − 6　　　　　　　　　　核心作者出现频率

频次	中心度	作者	年份
7	0.1	刘斌	2010
4	0	祖建新	2010
3	0	杜兴强	1999
3	0	孙宏	2011
3	0	王志亮	2011
2	0	于永生	2009
2	0.1	杨晋渝	2013
2	0	熊玉莲	2010
2	0	陈奕蔚	2012
2	0	黄世忠	2009
2	0	于富生	2013
2	0	毛志宏	2004
2	0	盖地	2009

频次	中心度	作者	年份
2	0	吴可夫	2010
2	0	韩金红	2011
2	0	董必荣	2010
2	0	刘永泽	2011
2	0	李世新	2010
2	0	任世池	2010
2	0	刘宝莹	2014
2	0	梅波	2013
2	0	刘奕含	2013
2	0	吴克平	2013
2	0	张先治	2010
2	0	胡著伟	2010

在 CiteSpace 可视化知识图谱中，每个节点代表不同的对象，节点类型代表分析目的不同，两个节点之间的连线代表相互关联。节点形状与年轮相似，含义是当节点越大、作者名字越大表明作者频率出现越高。作者之间连线代表作者之间的合作，线条越粗，代表作者之间的联系越紧密。公允价值的作者图谱一共有 25 个节点、6 条连线。由此可见，刘斌教授在公允价值研究上具有较高的影响力，祖建新教授其次。刘斌教授和杨晋渝、熊玉莲和李世新教授之间有合作，其中和杨晋渝教授之间的合作更加紧密。祖建新教授公允价值研究以个人为主，没有和其他学者有合作关系。作者之间有合作关系的还有刘宝莹和毛志宏教授、刘永泽和孙宏教授。不仅如此，在公允价值下有 13 位研究作者是独立节点，以个人研究为主。1998—2018 年公允价值研究过程中，作者之间合作次数较少，主要以个人研究为主，由此表明公允价值研究合作研究程度较弱，作者之间交流沟通少。不仅如此，即使作者之间有合作关系，但合作关系并不紧密，这不利于公允价值问题的深入研究和学术水平提高。

结合表 4 - 6 可以得知，出现频率较高的作者有刘斌、祖建新、杜兴强、王志亮。而发表时间较早的作者有杜兴强、黄世忠、刘斌、祖建新、吴可夫。同时也可以观察到出现频率较高的年份大都在 2010—2011 年，在 2015 年以后就没有较为活跃的作者。作者之间的聚集度均为 - 1，可见作者之间联系并不紧密。刘斌和杨晋渝教授的中心度为 0.1，其他作者均为 0，由此可知公允价值研究以刘斌和杨晋渝教授为主。表 4 - 6 分析结论表明，整体来看公允价值研究以独立为主，作者之间合作研究并不明显，仅有 6 个作者之间有合作关系。

2. 研究机构分析

对公允价值的研究机构进行知识图谱分析，其操作步骤与作者图谱分析基本类似，唯一的区别在于节点类别（Node Types）处选择机构（Institution）。在对 760 篇文献进行可视化分析后得出表 4 - 7。

表 4 - 7　　　　　　　　　　**机构共现知识图谱分析**

频次	中心度	年份	研究机构名称
15	0	2010	中国人民大学商学院
13	0.01	2009	中央财经大学会计学院
11	0	2010	重庆大学经济与工商管理学院
6	0	1998	西南财经大学会计学院
6	0	2010	南开大学商学院
6	0	2001	湖南大学会计学院
5	0	1999	上海财经大学
5	0	2011	东北财经大学会计学院
4	0	1998	上海财经大学会计学院
4	0.01	2011	清华大学经济与管理学院
4	0	2011	新疆财经大学会计学院

由公允价值知识图谱可以看出，机构知识图谱共有 5 条连线，中国人民大学商学院处于知识图谱中心，节点最大。这表明中国人民大学商学院与其他机构之间有着紧密的联系。不仅如此，机构合作次数较多的还有中央财经大学会计学院、新疆财经大学会计学院、北京工商大学商学院、清华大学经济管理学院、中国农业银行博士后科研站、南京审计学院会计学院和东北财经大学会计学院。其中在可视化分析中有近 25 个机构之间无合

作，在知识图谱中呈现为孤立节点。

由表4-7可知，中国人民大学商学院出现频率最高，其次是中央财经大学会计学院和重庆大学经济与工商管理学院。上海财经大学和西南财经大学会计学院引用公允价值年份最早。中心度最高的两个机构为中央财经大学会计学院和清华大学经济与管理学院，其他机构中心度均为0。公允价值知识图谱机构的共现频率均在2011年之前，近5年时间内研究机构出现频率较低，由此说明中国主要机构近7年来对公允价值进行研究关注度逐渐下降。

（二）公允价值研究热点分析

1. 关键词知识图谱分析

关键词是科技论文的文献检索标识，是表达文献主题概念的自然语言词汇，所以对公允价值相关文献的关键词进行分析，可以反映当前对公允价值研究热度和研究趋势。所以将760篇相关文献导入CiteSpace软件中，利用对关键词的路径计算法生成公允价值知识图谱来进行研究。鉴于关键词分析的重要性，所以在生成知识图谱前将修剪（Pruning）一栏中勾选修剪切片网络（Pruning sliced network），这样可以使知识图谱更加具体清晰，再通过对关键词大小、节点大小以及阈值的调节生成完整的公允价值关键词的知识图谱分析（见表4-8）。

表4-8　　　　　　　　　公允价值关键词共现图谱分析

频次	中心度	年份	研究机构名称
441	0.48	1998	公允价值
131	0.78	1998	公允市值
41	0.02	2005	会计准则
38	0.09	2009	金融危机
24	0.43	2009	计量属性
23	0.06	2010	价值相关性
21	0.95	1998	财政管理
21	0.17	2007	新会计准则
18	0.03	2009	历史成本
17	0.27	1998	企业

续表

频次	中心度	年份	研究机构名称
16	0.22	1999	会计
16	0	1998	企业管理
12	0.11	2009	计量模式
12	0.03	1998	会计处理
12	0.10	1999	企业会计准则
12	0.03	2009	会计计量
11	0	2008	会计信息
11	0.17	2009	投资性房地产

每个节点代表一个关键词，点的直径大小代表关键词的中心度，不同节点之间的连线代表它们在同一篇文献中出现过。"公允价值"和"公允市价"中心度最大，基本上与其他关键词相连。这代表着公允价值的研究是整个图谱的中心。可见中国较为关注公允价值这一领域。此外，许多涉及公允价值方面的高频词汇也出现在知识图谱中，这表明中国对公允价值的研究内容和范围较广。

根据表 4-8 所示，公允价值引用数量最多，中心度为 0.48，排名第三位，最早研究的年份在 1998 年。排名次之的是公允市价，公允市价引用数量为 131，中心度为 0.78，最早研究年份也在 1998 年。排在前十位的关键词，除了"公允价值"和"公允市价"外，还包括"会计准则""金融危机""计量属性""价值相关性""财政管理""新会计准则""历史成本"和"企业"，它们也是公允价值研究的重要元素，对其他研究有很大影响。"会计准则"虽然出现的中心度排名第三位，但百分比排名较低，说明它仅对部分关键词有影响，而不是所有关键词的研究中心。"财政管理"作为公允价值研究的主要依据，所以它对部分关键词的研究有较大影响。

2. 关键词聚类分析

聚类图谱主要针对公允价值关键词项目的分析，它是在公允价值的关键词分析的基础上进行的。

从公允价值关键词聚类图谱可以发现公允价值研究主要集中在"计量

属性""财政管理""价值相关性""公允市价""金融负债""企业""金
融危机""净资产""可辨认净资产"和"权益结合法"这9个主题热点,
再通过选择聚类菜单下的"Clusters Explorer"选项便可得到9大关键词相
关出现频率最多的关键词(见表4-9)。本节分别对9个主题热点进行分
析,探讨公允价值研究趋势。

表4-9　　　　　　　公允价值研究热点和出现次数较多的关键词

研究热点	出现次数最多的关键词
计量属性	计量属性、计量模式、会计计量、历史成本、财务报表、基于交易会计
财政管理	财政管理、金融机构、账面价值、账面净值、投资、非活跃市场
价值相关性	新会计准则、价值相关性、决策有用性、盈余管理、公允价值、计量
公允市价	公允市价、国际会计准则、公允价值准则、账面金额、经济危机
金融负债	金融负债、会计、财政金融、金融、次贷危机、财政管理、金融衍生工具
企业	人力资本、计税基础、价值评估、会计处理方法、公允市价、商誉、企业
金融危机	金融危机、公允价值、分层计量、如实反映、公司治理、金融稳定
净资产	净资产、负商誉、交易成本、交易费用、科斯定理、商誉会计、并购企业
可辨认净资产	可辨认净资产、长期股权投资、会计处理、合并财务报表、个别报表
权益结合法	权益结合法、债务重组、企业合并、购买法、资本、债务人、股票市价

(1)聚类#0:计量属性

近年来学术界对公允价值与其他几种计量属性的关系争议不断。黄
平认为,公允价值是一种独立的计量属性,是市场的脱手价(卖出价);
这意味着双方交易公平自愿,并非强迫[1]。这明确指出公允价值的性质。
而由于交易刚开始,导致公允价值参照的是现行价格并非实际价格。谢

_____

[1]　黄平:《基于"巴林银行事件"的思考》,《合作经济与科技》2008年第341期。

诗芬认为公允价值是一种全新的复合会计计量属性，并非特指一种计量属性，而可以表现为多种形式①。这与公允价值的真实性相违背。而计量属性包括历史成本、现行成本、现行市价、可变现净值和公允价值。现行成本和历史成本是入账价值，现行市价、可变现净值和公允价值是脱手价格，但以市场交易为标准的话，只有公允价值符合标准。虽然现行市价，可变现净值参照的是市场价格，但是未具体阐明经济活动和清理交易的原因。由此看来，中国学术界对计量属性已经着手分析，对计量属性也有所了解。但是学术界对计量属性的研究不够深入，止于表面，这也是学术界争议大的原因。即使计量属性存在差异，却不能提出较好的解决办法。

（2）聚类#1：财政管理

随着中国的经济水平不断地与国际接轨，金融制度不断创新，但同时也引发了中国会计准则与国际难适应的问题。于永生认为许多美国企业和金融机构为了避免损失，强烈要求公允价值不会确认永久性损失，扭曲财务报表，这一系列做法导致经济危机的爆发②。经济危机爆发后，为了恢复经济，证券交易委员会（SEC）将金融工具主要计量方式确认为历史成本。而市场回暖之后，财务会计准则委员会（FASB）要求以可交易成本与公允价值孰低法计量，但金融机构仍然以历史成本计量，进一步的暴露了历史成本应用于金融机构的局限性和缺点。由此看来，公允价值与财政管理是密不可分，相辅相成的。但对于财政管理而言，能否利用好主观判断进行会计计量，是否存在更好地计量基础和进一步改善财政管理方法仍然欠缺探讨研究。

（3）聚类#2：价值相关性

会计信息的相关性是否有助于决策者这一观点引发了很多学者的思考。杜兴强认为会计信息的相关性是会计信息本身的质量特征，是有助于决策者做决定③。而张烨等以香港上市公司为例，认为市场收益成减弱趋势会引起公允价值变动④。由此看来，公允价值相关信息具有一定的价值

———————

① 谢诗芬：《现值会计计量属性的理论基础及其启示》，《财经研究》2002 年第 4 期。

② 于永生：《金融危机背景下的公允价值》，《会计研究》2009 年第 8 期。

③ 杜兴强：《公允价值会计计量属性试探》，《河北经贸大学学报》1998 年第 3 期。

④ 张烨等：《资产公允价值的信息含量及其计量——来自香港金融类上市公司的经验数据》，《证券市场导报》2007 年第 2 期。

相关性。新会计准则引入了公允价值，提高了财务报告信息的质量，但同时也与市场事实相违背。非金融企业对公允价值的应用要薄弱很多，重视程度也不及金融企业。如何加强非金融企业对公允价值信息的重视以及利用公允价值向投资者传递高效有效的信息尤为重要。

（4）聚类#3：公允市价

葛家澍、徐跃认为公允价值是以市场估计价格为主要依据，市场价格是金融资产的最佳输出变量①。公允价值面向未来市场不稳定性，这是公允价值面对市场价格最大的优点，但是公允价格在市价上也存在局限性。王建成、胡振国认为根据市价预估价格会产生偏差，可能为了会计要求而损失公允价值的公允性②。如何创建一个有效适用公允价格运行的环境值得学者深入研究与探索。

（5）聚类#4：金融负债

公允价值会计被指责具有"顺周期效应"这一观点成为全球瞩目的焦点。在市场动荡的情况下，公允价值会计使金融机构处于不利的地位，原因是公允价值会计使金融企业确认大量负债，从而使金融企业在非活跃市场出售资产，迫使市场价格下降，甚至低于内部价格。其实，"顺周期效应"是多方面因素共同影响的结构。张荣武、伍中信认为会计稳健性削弱了公允价值的"顺周期效应"，以虚假数据代替企业真实的财务状况③。同时金融机构过分夸大公允价值会计的危害性是想用"障眼法"蒙蔽大众的眼睛。由此可见，如何让市场参与者了解本质，做市场的主人，让市场逐渐走入正轨尤其的重要。

（6）聚类#5：企业

刘永泽等认为公允价值的计量对企业有着举足轻重的作用④。采用公允价值计量方法不仅对企业财务产生影响，还会加剧利润的波动。同时，企业还要考虑不同行业和地区信息披露问题，来提高公允价值会计信息的

---

①　葛家澍、徐跃：《会计计量属性的探讨——市场价格、历史成本、现行成本与公允价值》，《会计研究》2006年第4期。

②　王建成、胡振国：《我国公允价值计量研究的现状及相关问题探析》，《会计研究》2007年第9期。

③　张荣武、伍中信：《产权保护、公允价值与会计稳健性》，《会计研究》2010年第8期。

④　刘永泽等：《我国上市公司公允价值信息的价值相关性——基于企业会计准则国际趋同背景的经验研究》，《会计研究》2011年第5期。

透明度。所以公允价值会计计量的方式和企业如何建立健全相关的内部控制和体系尤为重要。

（7）聚类#6：金融危机

当前市场处于动荡环境，交易工具交易频率较低，卖价与买价相差较大。公允价值会计面临的最主要问题是确定一个合适的市场价格。换句话说，如果市场被迫进行交易买卖，那么市场规律就不符合公允价值会计。这样下去就会导致金融危机。如何运用公允价值计量的财务报告解决金融危机成为当今研究的挑战。

（8）聚类#7：净资产

近年来中国上市企业资产重组风起云涌。很多企业为了尽快上市，迫使资产采用不恰当的计量方法，使某一会计期间内企业的净资产虚增，业绩大幅度上升。为了避免被摘牌的结果，上市企业如何进行净资产的转换和并购方式，资产评估的选择将是至关重要的。

（9）聚类#8：可辨认净资产

李玉菊等认为随着市场经济的高速发展，商誉的重要性日益凸显①。而商誉的计量方法是根据企业合并可辨认净资产的公允价值差额来衡量的。计量方法有两种，即直接计量和间接计量。王鹏指出，现阶段企业并购中确认商誉数额过大，可能由于企业在确认可辨认净资产的过程中没有一个合理的范围②。如何在一个信息不对称的市场中确认商誉减值的方法值得中国学者深思与研究。

（10）聚类#9：权益结合法

中国合并会计准则对企业合并没有按照国际标准购买法实施，而是采用购买法与权益合并法相结合的方法实施的。两种方法并存必然会带来如下问题：中国企业合并时并未区分是同一控制下的还是非同一控制下，并未从并购的实质出发，违背了实质重于形式的原则，影响了信息的可比性。企业合并选择不同的合并方法就会产生不同的合并结果，如果都采取购买法与权益合并法相结合的方法就会削弱信息的可比性。

---

① 李玉菊等：《商誉会计的困惑、思考与展望——商誉会计专题学术研讨会观点综述》，《会计研究》2010 年第 4 期。

② 王鹏：《公允价值在应用中存在的问题及对策》，《经济师》2013 年第 7 期。

四 公允价值的历史演进分析

（一）公允价值研究文献概况

本节选取 1998—2018 年的 760 篇文献作为研究对象，利用 Excel 中图表功能将 760 篇文献绘制成数量统计图。图 4-4 所示，在研究期间以公允价值为关键词的文献发表不稳定。可以看出较为明显的 3 个峰点，分别在 2004 年（32 篇）、2008 年（64 篇）、2009 年（105 篇），其中在 2009 年出现了最高值。可能出现的原因是中国会计学会第六届理事会的召开（2004 年）、金融危机和美国次贷危机的爆发（2008 年）、会计学术研讨会的召开（2009 年）。2010—2019 年，公允价值研究论文数量整体呈下降趋势，公允价值的热度在逐渐减退。

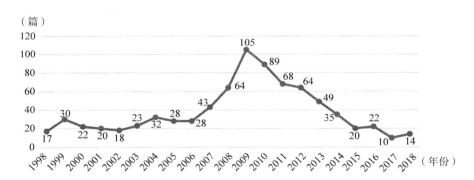

图 4-4 公允价值研究论文发表数量统计

（二）公允价值研究发展历程

对公允价值知识图谱研究也可以通过关键词突现进行体现。在 CiteSpace 软件中节点类型选择突现项目（Burst Terms），其他选项与关键词共现时同样操纵，然后进行可视化操作便可得到相关的突现词信息表，如表 4-10 和表 4-11 所示。关键词的突变可以反映关键词从何时开始突变，突现度值大小为多少。

表 4-10   **公允价值 9 个突现词分布**

关键词	年份	突现值	开始年份	结束年份	1998—2018 年
公允市价	1998	21.7592	1998	2007	▬▬▬▬▬▬▬▬▬▬‒‒‒‒‒‒‒‒‒‒

续表

关键词	年份	突现值	开始年份	结束年份	1998—2018 年
企业管理	1998	3.6244	1998	1999	▬▬-------------------------------
净资产	1998	5.318	1998	1999	▬▬-------------------------------
企业	1998	4.7696	1998	2005	▬▬▬▬▬▬▬▬-----------------------
新会计准则	1998	5.2972	2007	2009	------------------▬▬▬------------
会计计量	1998	3.7364	2009	2011	---------------------▬▬▬----------
金融危机	1998	8.5622	2009	2011	---------------------▬▬▬----------
价值相关性	1998	4.6287	2010	2014	------------------------▬▬▬▬------
公允价值	1998	8.1951	2016	2018	-------------------------------▬▬▬

从表 4 - 10 可知，公允市价的突现度最强，高达 21.7592；其次为金融危机、公允价值、企业管理的突现度最低。大部分关键词是从 1998 年开始出现的，研究截至 2018 年。会计计量、金融危机、价值相关性、公允价值是最近 9 年才开始突现的。公允市价的突现经历时间最久，新会计准则、公允价值突现经历时间最短，仅有两年时间。结合表 4 - 11 和有关文献，发现近 7 年的公允价值研究主要分为形成阶段、发展阶段、稳定阶段。

表 4 - 11　　　　　　　　　　**重要公允价值突现词**

序号	突现关键词	起始时间（年）	终止时间（年）	突现度
1	公允价值	2000	2007	0.74
2	公允市价	2000	2007	1.66
3	会计	2000	2007	0.38
4	商誉	2000	2007	0.38
5	企业	2000	2007	0.54
6	税种	2000	2007	0.03

1998—1999 年为形成阶段。从表 4 - 11 可知，2000 年的公允市价为突现度较高的主题词。结合相关文献可知，1999 年国际会计准则委员会理事会华沙会议以及伦敦会议的召开，促使该阶段研究者开始研究公允价值相

关方面问题。由此可以说明中国逐渐加强对公允价值的重视。与此同时，公允价值相关文献数量为 441 篇，正在大幅上升，这同样说明公允价值越来越受到重视。

2000—2007 年为发展阶段。由表 4 - 11 所知，对"公允价值"研究在此期间呈快速增长趋势。王建成等认为中国会计准则遇到障碍的原因是公允价值研究领域不均衡①。陈宋生认为公允价值与历史成本会计相比，公允价值能更好地反映当前经济环境②。然而由于缺乏相关公允价值理论基础支持，公允价值增长速度缓慢。

2008—2018 年为稳定期。2009 年会计理论专题学术研讨会，2010 年中国会计学会七届二次理事会和 2015 年第七届海峡两岸会计学术研究会的召开，股票捐赠相关法律的颁布，说明中国对公允价值理论基础和相关法律趋于完善，所以在 2008 年经济危机爆发后及时对公允价值进行进一步的研究，这表现在 2009 年公允价值的文献数量达到最高峰。而由表 4 - 11 所知，公允价值突现度截止时间在 2007 年。原因是一系列与公允价值相关的会议、指南的发布使公允价值相关理论基础不断变化，所以在 2015—2018 年有关公允价值相关文献数量减少。

五　推进公允价值研究主要对策分析

（一）举办公允价值学术研讨会以实现信息交流共享

从可视化分析结果看，作者之间连线少，合作主要出现在刘斌、李世新等学者之间，缺少普遍性。从机构上看，对公允价值研究机构主要是中国人民大学商学院、中央财经大学会计学院、西南财经大学会计学院等几所高校。基于上述问题，中国公允价值的研究不要仅局限于几个著名学者与高校，更应该注重学者、机构之间的交流与协作。会计学会发挥组织牵头工作，积极举办以"公允价值"为主题的研讨会，来加强学者之间的联系与沟通；不仅如此，高校之间也可以进行学术交流，积极推广公允价值研究成果，加强高校之间的沟通，实现信息共享。

---

① 王建成等：《我国公允价值计量研究的现状及相关问题探析》，《会计研究》2007 年第 6 期。

② 陈宋生：《资产减值会计准则中公允价值应用刍议》，《当代财经》2007 年第 5 期。

（二）凝聚政府企业之间发展向心力

刘爱东等认为中国资本市场属于新兴市场，与美国等发达国家相比，评估金融工具的公允价值，中国缺乏相关的专业人员与获得信息的渠道①。所以基于上述问题，中国研究机构与政府应出台一系列对公允价值的计量标准与指南。这并不意味着我们直接将美国等发达国家对公允价值计量标准生搬硬套，而是要根据国内资本市场和金融工具的实际情况借鉴，同时加大对会计人员培养，努力提升会计人员的专业素质，从而让会计人员可以准确估计进行会计计量，进一步的改善公允价值计量方法。企业更应该根据市场变化，对公允价值信息进行调整，与此同时加强企业会计人员市场敏锐性和对公允价值的重视性，培养会计人员利用公允价值向投资者传递高效有效的信息能力。

（三）结合公允价值研究国外经验加强国际交流

由于市场处于动荡环境，交易工具的交易频率较低，如果市场规律不满足公允价值计量标准，容易造成金融负债和金融危机。所以在市场不稳定的环境下，学会借鉴尤为重要。

第三节　环境会计图谱化研究

一　研究背景概述

环境会计是以环境资产、环境费用、环境效益等会计要素为核算内容的一门专业会计。环境会计核算各会计要素，都采用一定的方法折算为货币进行计量。但环境会计货币计量单位的货币含义不完全是建立在劳动价值理论基础上的。按照劳动价值理论，只有交换的商品，其价值才能以社会必要劳动时间来衡量，对于非交换、非人类劳动的物品，是不计量的，会计不需对其进行核算。然而这些非交换、非人类劳动的物品有相当部分是环境会计的核算内容，因此环境会计必须建立能够计量非交换、非劳动物品的价值理论。环境会计是在环境资源恶化和批评传统会计的基础上产生的，传统会计中，只有存在财产所有权才有价格，才能在会计报表中得

---

① 刘爱东等：《基于 CiteSpace Ⅲ 的国外管理会计研究综述》，《中南大学学报》（社会科学版）2016 年第 7 期。

以反映。而如空气、海洋、臭氧层等对人类至关重要但无所有权的事物却不能成为会计核算的内容，企业对这些事物的使用和损害并不计入经营成本，这不仅使利润虚增，更为严重的是对以牺牲环境来取得目前利益的行为的一种鼓励。21世纪后，环境问题已引起社会各界更广泛的关注。为保护自然与环境，实现社会和经济的可持续发展，环境保护支出和环境赔偿责任越来越大。对社会经济活动具有反映和控制职能的会计应该对环境方面的支出、收益进行反映和控制。环境会计通过充分强调环境资源的有限性和稀缺性，并赋以价值和价格，对其损耗予以补偿，从而使企业的责任向社会延伸，迫使企业将经济效益、社会效益和生态效益综合考虑，真正实现经济的可持续发展。

虽然中国的环境会计研究起步较晚，但国内许多学者也取得了一些研究成果。沈洪涛等研究发现生态文明制度建设彰显了会计的受托责任目标，并且这一制度凸显了会计作为一种制度安排，同时也可以推动社会变革[①]。由晓琴认为只有在低碳经济发展模式下立足于中国的基本国情，中国经济才能实现均衡发展，而对环境会计的研究更加证明了低碳经济发展模式是很有必要的，将环境会计和低碳经济相结合，并且通过深入研究，构建企业自身所独有的环境会计体系，严禁"先污染后治理"或"我污染他治理"这种现象的出现，从根本上解决高能源、高污染的资源利用问题，这是目前企业经营急需解决的问题[②]。赵海燕等针对目前中国环境会计的研究现状，提出了一些政策建议：环境排放标准和计量标准的设计要适合中国国情；联系实际建立独有的环境排放信用评级体系；控制环境会计的研究成本，降低企业的环境保护成本，加强企业的社会责任；全面考虑影响环境会计的因素，建立多领域、全方位的环境会计评价指标体系[③]。近年来 CiteSpace 图谱分析软件被运用的越来越广泛，目前已经更新到第5代。本节研究采用 CiteSpace 图谱分析软件对"中国知网"中1998—2018年环境会计的相关研究进行可视化分析，进行期刊文献作者分析、时间分析以及研究热点分析等，着重分析环境会计研究的聚类概况及演变历程。

---

① 沈洪涛等：《会计与生态文明制度建设》，《会计研究》2014年第7期。
② 由晓琴：《低碳经济视阈下企业环境会计信息披露模型设计》，《财会通讯》2018年第16期。
③ 赵海燕等：《环境会计理论发展进程与研究展望》，《财会月刊》2017年第10期。

二 数据来源和研究方法

选择"中国知网"数据库,以关键词"环境会计"进行高级检索,时间节点选择 1998—2018 年。筛选条件为"精确",在"文献来源"一栏中选择"CSSCI"和"核心期刊"这两项,保证所选数据具有全面性、代表性和说服力,最后点击检索按钮,得到 795 条文献记录,剔除会议通知、新闻报道等非学术文献和与主题不相符的文献,剩下的 702 篇。近年来运用 CiteSpace 进行知识图谱分析的新型计量方法在国内外的学术界得到了广泛认可,这种方法基于引文分析理论,利用网络算法将大量的文献数据转换为科学的知识图谱,从动态、分时、多元化的视角对信息进行横向、纵向挖掘和剖析,从而达到对研究领域演化机制和发展趋势预测的目的。本节主要通过对期刊文献作者分布、期刊文献机构分布来了解的环境会计的发展概况,再根据关键词以及关键词聚类的分析图谱来探讨环境会计的热点,最后基于时区图来分析环境会计研究演进趋势。

三 环境会计研究概况

(一)文献核心作者分析

核心作者是研究的重点之一,通过对核心作者的分析,这样得出的数据更具权威性与说服力。运用 CiteSpace 将网络节点设置为作者,将切点设置为 1 年,对 1998—2018 年的数据进行分析。在 CiteSpace 界面中节点类型选择"作者",得到 45 个节点、9 条连接线的作者图谱。发文数量在两篇以上的作者,共有 66 名。

根据表 4 - 12,得出排名前十位的作者分别是耿建新(5 篇)、冯巧跟(5 篇)、张宏亮(5 篇)、王建明(5 篇)、周一虹(4 篇)、肖淑芬(4 篇)、冯淑萍(3 篇)、龚蕾(3 篇)、徐泓(3 篇)、黄美兰(2 篇)。

表 4 - 12　　**1998—2018 年环境会计研究核心作者发文频次**

发文数量(篇)	年份	作者
5	2006	耿建新
5	2011	冯巧根
5	2006	张宏亮

续表

发文数量（篇）	年份	作者
4	2005	王建明
4	2005	周一虹
4	2004	肖淑芬
3	2002	冯淑萍
3	2010	龚蕾
3	1999	徐泓
2	2010	黄美兰

（二）研究机构分析

通过对环境会计领域研究机构分析，可以了解环境会计研究的受重视程度。20 世纪 90 年代以来，各大研究机构对环境会计的研究整体呈波动上升之势，也就说明了人们对环境会计越来越重视。研究数量排在前三位的分别是中南大学商学院（15 篇）、中南财经政法大学（15 篇）、中国人民大学商学院（10 篇），虽然研究环境会计的研究机构较多，但是单一研究主体较多，相互之间合作研究较少。

（三）环境会计研究热点分析

分析关键词可以帮助我们了解某一领域的研究热点，并且有助于清晰地理解论文的主题内容。关键词是对文献研究内容的高度概况和提炼，运用关键词共现技术，来构建中国环境会计研究的关键词共现图谱，以此来分析中国环境会计研究的热点。首先在 CiteSpace 中节点类型勾选"关键词"（Keyword）选项，时间选择为 1998—2018 年，时间片断间隔选择为1，即每隔 1 年为一个时间段对文献进行分析。网络修剪（Pruning）方式选择寻径方式（Pathfinder）得到环境会计关键词聚类图谱。

通过 CiteSpace 还得出了频次排名前十位的关键词，如表 4 - 13 所示。可知关键词环境会计在 1998 年时，频次为 130，中心性为 0.39。关键词绿色会计在 1998 年时，频次为 47，中心性为 0.46。关键词环境成本在 2005 年时，频次为 30，中心性为 0.17。关键词信息披露在 2002 年时，频次为36，中心性为 0.11。关键词会计准则在 1999 年，频次为 30，中心性为0.15。关键词财政管理在 1998 年，频次为 29，中心性为 0.26。关键词会计信息在 1998 年，频次为 28，中心性为 0.16。这些关键词的中心性都超过了 0.1，进一步说明这些节点十分关键，这些高中心性关键词对本研究具有很大的价值。

表 4 - 13　　　　　1998—2018 年环境会计研究高中心性关键词

频次	中心性	年份	关键词
130	0.39	1998	环境会计
47	0.46	1998	绿色会计
44	0.07	1998	会计
36	0.11	2002	信息披露
30	0.17	2005	环境成本
30	0.15	1999	会计准则
29	0.26	1998	财政管理
29	0.05	2003	可持续发展
28	0.16	1998	会计信息
27	0.03	1998	企业

采用关键词聚类网络对环境会计的研究热点进行聚类分析。经 CiteSpace 软件处理后得到关键词聚类网络图，选择 "Cluster" 下拉菜单中的 "Cluster Explorer"，可以得到研究热点和相关关键词的分析，如表 4 - 14。

表 4 - 14　　1998—2018 年环境会计研究热点和出现频次较多的关键词

研究热点	出现频次较多的关键词
环境成本	财政管理、用友软件、桌面财务、网络财务、企业财务管理、会计应用理论、基本概念、会计理论
日本企业	环境经营、环境管理体系、日本企业、环境管理会计协会、国际组织、利益相关者、环境管理会计、亚太地区
环境成本	环境成本、环境规制、会计内涵、环境责任、环境保护约束、产品生命周期、会计控制

研究热点	出现频次较多的关键词
审计	环境会计、绿色会计、财政管理、绿色运动、企业管理、基本理论问题
制度环境	制度环境、价值相关性、股改进程、债务契约、政治关联、会计信息、职业判断、概念框架
环境不确定性	审计质量、审计判断、跟踪审计、政策落实、强制更换、审计意见、会计信息质量、审计成本、审计费用、时近效应
会计亚文化价值观	会计规范、会计理论、经济信息、会计模式、会计发展、会计环境、财务信息、会计实务、会计报表、经济决策
会计体系	会计管理体制、行业党建、会计师事务所、注册会计师行业、会计管理部门、会计行业
会计环境	会计环境、国际会计准则委员会、会计实务、会计目标、会计理论、会计实践、齐默尔曼、决策有用观、经济信息
会计准则	会计准则、会计理论、经济信息、会计实务、会计规范、会计模式、会计发展、会计报表

1. 聚类#0：企业

企业生产经营的目的是为了追求利润，企业生产产品不仅是为了满足人和生产的需要。而企业要进行生产就必然直接或间接消耗自然资源，就必然直接或间接地污染环境。为了获得更多消费者的支持，企业必须承认和保护消费者的基本权利，为消费者提供健康、安全、高质量的产品或服务。消费者为了维护自身的利益，也一定会放弃选择危害自身健康及安全的产品或服务；消费者也一定不会从污染环境却不做任何应对的企业购买产品。这样企业就无法从消费者身上获取利益，因此企业在生产经营中一定要承担起社会责任，如此才能实现经济的可持续发展。在如今开放的市场经济中，消费者的权益意识越来越强，对于能积极履行社会责任的企业，消费者肯定愿意去购买商品，企业就能获得更多的利润，企业也会发展的越来越好，而对于不能履行社会责任的企业很可能被市场淘汰。王满等认为企业的社会责任与其在市场中消费者对其的认可有着密切的关系，企业要想取得长远的发展，就必须关注社会责任，这是企业必须承担的使命和责任①。

2. 聚类#1：会计体系

坚持建设资源节约型、环境友好型社会，这是中国经济建设的目标，同时也是一直以来经济发展的贯彻方针。"十二五"规划纲要中指出，构建我国环境会计体系要坚持科学发展观和深入贯彻节约资源和保护环境的基本国策。这就意味着我们要考虑资源环境所能承受的最大承载力，加快转变经济发展方式，节约资源保护环境。梁小红提出，环境会计体系的构建包括宏观和微观两个方面，宏观环境会计体系是从国家层面的角度去考虑经济、社会、自然等多个环境要素；微观环境会计体系是从企业的角度去研究环境会计核算问题②。因此促进经济社会与环境资源协调发展，需要企业和国家的共同努力，国家制定标准的会计体系，企业遵循这些体系发展经济。

3. 聚类#2：会计

传统意义上的会计分为财务会计和管理会计两大类，但近些年环境会计这一新理念逐渐被人关注并研究。樊燕萍等在其研究中提出环境会计会给传统会计赋予时代意义，会计的稳健性可以缓解企业的融资约束问题③。传统意义上的会计主要研究企业的经营成果，并没有考虑到环境这一因素，因此环境会计对财务会计和管理会计都会带来影响。

4. 聚类#3：审计

环境会计的审计包括以下几个方面：第一，环境资产确认与计量审计要符合审计的合理性、科学性；第二，环境成本费用支出审计要符合审计的合理性、正确性；第三，环境及环境会计法规审计要符合审计的合规合法性；第四，环境会计信息披露审计要符合审计的真实性、正确性、客观性。于军华提到虽然环境会计与环境审计之间有种种冲突，但是进行环境会计核算可以促进经济发展并且可以保护资源环境④。我们要利用独立的审计手段，使环境会计的核算、信息披露以及控制等方面达到预期效果，

---

① 王满等：《经济政策不确定性环境下企业会计稳健性与商业信用融资》，《商业研究》2017年第6期。

② 梁小红：《可持续发展战略下的环境会计体系构建》，《经济管理》2013年第190期。

③ 樊燕萍等：《环境不确定性、会计稳健性与融资约束》，《会计之友》2018年第12期。

④ 于军华：《企业绿色发展——环境会计与环境审计同进退》，《中国乡镇企业会计》2018年第7期。

充分发挥审计监督的权威作用，促进资源、环境的合理开发、利用与保护。从而使企业朝着可持续的方向实现长远发展。

5. 聚类#4：环境不确定性

由于市场供给需求状态、企业内部整合的不确定性、消费者的消费心理不够成熟等因素，导致环境具有不确定性。这些都会对企业决策和方针的制定产生影响，抑制了企业职能的发挥。由于市场竞争是动态发展，具有很强的不确定性，这种不确定性因素会冲击企业的正常经营。江天宇认为在经济社会中，环境的不确定性在一定程度上来说也逐渐朝着一个整体的方向发展，在实现一个整体的聚集之后又会表现出另一种状态的分散性①。所以，企业在面对日益激烈的市场竞争时，要更加提升企业在外部不确定性环境下的应对能力，从而能够有效做出发展决策，找到更加符合企业内部环境的发展方向。

6. 聚类#5：会计环境

一切事物的产生与发展都受环境的影响，环境会计也不例外。会计环境与环境会计的研究呈正向关系，会计环境越好越有利于环境会计的研究，会计环境越差越不利于环境会计的研究。程琳认为在研究中不能忽略环境会计和会计环境的关系，只有在会计研究中考虑到环境这一要素，才能更好地认识会计、发展会计②。

7. 聚类#6：环境成本

企业在经营中必须要考虑到环境成本这一要素，并且环境成本要有一定的规范标准。孙晶认为虽然目前国内外学者在处理环境成本的会计上没有统一的标准，但在会计实务过程中完全成本法和生命周期法使用的最多。纵然这两种方法都很重要，但是传统会计对成本的理解远远小于环境成本的范围界定③，这就意味以传统财务会计的方法来研究得出的结果并不准确。所以在进行环境会计研究时一定要考虑成本，不然得出来的结果就会不精确。

8. 聚类#7：上市公司

上市公司是经批准可以在证券交易市场上发行股票的公司。我们在众

---

① 江天宇：《基于环境不确定性的管理会计对策研究》，《会计研究》2016 年第 9 期。

② 程琳：《浅议当前我国会计环境》，《企业与经济》2008 年第 7 期。

③ 孙晶：《环境成本会计中外比较与借鉴》，《会计研究》2006 年第 11 期。

多新闻中经常看到许多上市公司都会虚报本公司的经营实力，隐瞒环境会计信息披露中的不足，以此来吸引投资，主要强调自身在环境保护中的做出一些贡献。国内许多公司只是简单的罗列一些资金流转，并没有对环境保护花费资金、运转情况详细的披露，更没有对企业环境保护总目标的阐述。崔雅文提出为了营造良好的行业氛围，就必须利用法律法规的强制性，形成统一的行业标准①。同时政府要在法律法规中制定激励优惠政策，鼓励上市公司自行披露会计信息，明确环境会计的积极作用。

9. 聚类#8：会计亚文化价值观

文化是并没有的严格定义，并且它的内涵十分丰富，不同学者、不同学科都会赋予文化不同的范畴。但是归根结底文化对环境会计的研究具有一点的影响，而且文化具有框架更有利于研究。朱琳指出国外学者关于文化对会计的影响的研究中，主要提出了三种理论框架：一是在 1980 年出现的社会文化框架；二是在 1988 年出现的会计亚文化理论框架；三是在 1994 年经修正后的会计亚文化理论框架②，其中会计亚文化是现行比较流行的一种框架，也是学者使用最多的一种。

10. 聚类#9：会计准则

会计准则是企业经营活动须遵循的基本准则，不得违反规定做出违法的行为。目前国内外学者在会计准则这一块没有统一的标准，因此统一标准是刻不容缓的事情。马永义指出在政府会计准则的第 7 号文件中，关于会计的调整已经制定出一些会计准则。会计准则一旦得到完善，那么便可以改进社会主义市场经济体制③。会计准则的目的在于把会计处理建立在公平的基础之上，这样就能实现基本公平。

11. 聚类#10：制度环境

制度环境主要是指人们在长期交往与发展过程中需要遵循的行为规范，同时也是企业在生产运营过程中，所需遵循的政治、社会和法律基本规则。制度环境主要包括企业内部制度环境、政治环境、市场环境以及法律环境等。陈佑昌认为会计准则的有效执行可以提升企业会计信息质量，

---

① 崔雅文：《我国上市公司环境会计信息披露问题及对策研究》，《财会月刊》2017 年第8 期。

② 朱琳：《文化价值观对会计职业判断的影响文献综述》，《合作经济与科技》2014 年第4 期。

③ 马永义：《政府会计准则第 7 号——会计调整解析》，《财会月刊》2018 年第 23 期。

实现企业的可持续发展。制度环境作为影响会计准则执行的主要因素，对其影响的分析至关重要[①]。制度环境是环境会计研究的保证，良好的制度环境有利于环境会计的发展。

四　我国环境会计研究演变历程

（一）研究阶段的划分

科学地划分环境会计研究阶段有助于了解其发展规律和历史本质，从而有利于我们深度研究和应用这门学科，但是目前为止国内外还没有专门的文献对此进行深刻地探讨。因此，本节首先将会利用 CiteSpace 软件绘制的时区图（Timezone）来进行分析。根据时区图可以发现 1998—2013 年，环境会计研究爆发的关键词较多，主要包括环境不确定性、会计体系、决策有用、价值相关性、会计准则、会计环境、国际财务报告准则等，通过时区分析图可以看出在 1998—2015 年环境会计研究相关的论文出版数量在不断增加，说明这个时期是环境会计研究的逐步发展阶段；2003—2015年，开始陆续出现环境会计研究的聚类，而且时间非常紧密，可以看出这个是环境会计研究的快速发展阶段；2015—2018 年关于环境会计的研究开始减少，可见我国环境会计相关的法规已基本健全，环境会计的研究倾向于信息使用者角度，这标志着环境会计研究进入成熟时期，可以预测对财务信息披露的探索研究将进入稳定、完善的阶段。

（二）研究趋势分析

根据表 4 - 15 可以看出环境成本的研究从 2005 年开始呈现爆发式增长，相关文献中有 20 篇研究此项；可持续发展是从 2012 年开始呈现爆发增长，664 篇有效文献中有 55 篇论文涉及此关键词，而且它的中心性值高达到 5.7，而环境成本的中心性最高，信息披露的中心性次之，经济的中心性值也达到了 5.6，综合上述信息，环境会计发展趋势如下。

表 4 - 15　　　　　　　**1998—2018 年环境会计突变**

关键词	年份	突现值	开始年份	结束年份	1998—2018 年
会计环境	1998	4.4273	1998	1999	▬▬▬------------------------

---

① 陈佑昌：《制度环境对会计准则执行的影响》，《财会学习》2017 年第 21 期。

续表

关键词	年份	突现值	开始年份	结束年份	1998—2018 年
经济	1998	5.671	1998	1999	▬▬ -------------------
财政管理	1998	4.3233	1998	2002	▬▬▬ ----------------
环境	1998	3.7473	2001	2005	--▬▬▬▬ --------------
会计信息	1998	4.8678	2003	2006	---▬▬▬ --------------
会计准则	1998	3.81268	2004	2005	----▬▬ --------------
可持续发展	1998	5.7522	2005	2012	-----▬▬▬▬▬▬ -------
上市公司	1998	4.0164	2005	2010	-----▬▬▬▬ ----------
环境成本	1998	6.7588	2005	2012	-----▬▬▬▬▬▬ -------
信息披露	1998	5.8534	2007	2010	-------▬▬▬ ----------
制度环境	1998	5.1475	2009	2013	--------▬▬▬▬ -------
低碳经济	1998	5.566	2010	2012	---------▬▬▬ -------
碳会计	1998	3.2344	2011	2014	----------▬▬▬ ------
会计信息质量	1998	4.0631	2012	2016	-----------▬▬▬▬ ---
管理会计	1998	3.2759	2014	2016	-------------▬▬▬ ---
自然资源资产负债表	1998	3.1244	2015	2016	--------------▬▬ ---

　　第一，环境会计与环境成本的关系。规模大的企业社会责任感更强，可以给予强大的培训投入，提供高质量的经济服务与产品；它们在发展经济的同时也注重环境保护的成本投入，一定的环境成本投入有利于企业的可持续健康发展；但是成本投入过高或过低对环境保护都不利，需要进一步研究。

　　第二，环境会计与可持续发展的关系。如果企业在平时经营中一直抓住研究环境会计，注重环境保护，那么企业才能实现更加长远的发展。可持续发展是环境会计研究的高频热点，环境会计研究体现在企业的可持续发展中，因而关于公司可持续发展的战略对环境会计的影响研究十分重要。

　　第三，环境会计与独立性的关系。独立性是审计工作的内核，是推动审计发展的动力，独立性很大程度上影响着审计人员是否能够发现并且揭露被审计单位的财务报表中存在的错误，是否存在以环境保护为名义而谋取非法利益的行为，因而提高审计的独立性会是加强环境会计研究的一个有效突破口，但是在现实生活中，这种独立本质上很难做到，因此未来的研究应重点思考。

第四，环境会计与会计信息质量的关系。企业会计实务的信息质量决定企业能否健康经营，同时也决定环境会计研究成果的质量。会计信息质量越高，环境会计的研究成果便更权威，更具说服力。会计信息越真实，那么环境会计的研究成果会有很大的可能性被运用到实际中。

在进行环境会计知识图谱研究后，可以发现目前中国环境会计研究存在以下几点问题：第一，虽然研究机构发文数量较多，但是机构间没有深度合作交流；第二，政府的政策支持力度不够；第三，国内研究软件尚有缺陷。基于以上几点问题，提出了以下几点对策。

五　推进环境会计研究的对策

（一）环境会计研究机构之间加强合作交流

由于不同的机构具有不一样的实力，研究角度也多种多样，所以机构之间可以加强合作交流，取长补短。实力较强的研究机构可以给实力较弱的机构多提供研究资源和人才，通力合作，共同研究环境会计。目前我国环境会计的研究存在地域性悬殊问题，中坚力量还是国内一流的会计院校，而且根据机构图谱发现，明显的节点非常少，很多机构在审计质量研究领域的参与度远远不够。因此，在研究资金上充分支持可以促进环境会计研究项目的繁荣，鼓励机构参与研究，同时很多网络不发达地区存在严重的信息不对称问题，无法及时对经济领域的现象进行反馈研究，充分实现资源共享，有利于解决相关知识贫瘠的问题，激励相关人才的研究。

（二）立足我国国情完善法律法规

基于国外的众多研究文献来看，政府在推动环境会计研究的发展中发挥着至关重要的作用。中国是一个人口大国，资源相对稀缺，因此更要保护环境，节约资源。有的企业会利用法律法规漏洞来谋取不法利益，所以政府要积极完善环境保护法规，而且对于企业破坏环境的行为要加大处罚力度，对于违规行为从重处理以此惩戒企业。同时对发展环保经济的企业给予政策支持和资金补助，让这些企业有动力去发展环保经济。

（三）完善环境会计理论体系

目前中国环境会计的理论体系不够完善，因此我们要基于数据分析的结果来完善理论体系中的漏洞。纵览现有文献不难看出，由于中国环境会计的理论研究起步较晚，大多学者习惯于吸收国外学者所使用的研究理论基础、设计框架、实验步骤、检验方法等，缺乏自主理论创新。在借鉴经济计量学、市场学、会计学、管理学、统计学等相关学科理论知识和方法的基础上，要寻找理论贯通点。

第四节　会计信息质量图谱化研究

一　研究背景概述

会计信息反映了企业的财务状况，是信息使用者进行决策的重要依据之一。党的十九大报告指出我国会计审计领域存在较多质量问题，并提出要加强会计精神文明建设，发挥好会计事务所对市场的监督作用，客观评价企业的会计信息，提高会计信息质量。自经济危机和几次重大会计虚假报告事件发生后，会计信息质量成为研究热点。

早期的学者认为会计人员是影响会计信息质量的主要因素，所以一直注重于通过法律法规、企业制度等规范会计人员的工作。随着研究的深入，发现仅规范会计人员的工作是远远不够的，会计信息质量与公司的规模、内部控制、高管、不同股票占比等因素存在一定的相关性，所以在公司治理方面进行了实证研究[①]。之后企业的会计制度建设得到了学者的关注和快速地发展，在制度与准则日益完善后，学者将目光放在会计信息使用者身上，主要关注使用者中会计信息不对称现象，尤其是企业与投资者之间的矛盾。一方面，由于企业需要融资，所以企业管理者在会计信息披露上会倾向于披露对自己有利的信息；另一方面，投资者在投资前会对投资项目进行全方位地了解，所以投资者的持股比例会降低财务报告可靠性，但能提高信息披露透明度[②]。尽管会计信息质量体系得到了完善，会

---

① 刘立国等：《公司治理与会计信息质量关系的实证研究》，《会计研究》2003 年第 2 期。

② 杨海燕等：《机构投资者持股能提高上市公司会计信息质量吗？——兼论不同类型机构投资者的差异》，《会计研究》2012 年第 9 期。

计信息质量的问题却层出不穷，许金叶等试图从会计监督角度提高会计信息质量，发现区块链的某些特性如加密、不可篡改性等可以应用于会计监督，提高会计信息质量①。此外，互联网的普及促进了信息管理技术，在方便了信息处理、提高工作效率的同时，也对会计模式也产生一定的影响。成静等基于大数据视角对企业信息质量进行了探索，发现数据管理信息化在一定程度上能够提高会计信息的透明度，并构建了企业会计报表信息透明度评价体系②。

关于会计信息质量的研究文献较多，为了更全面地了解其研究概况，本节运用 CiteSpace 对会计信息质量已有的研究文献进行了分析。CiteSpace 以引文分析理论为基础，通过网络算法将大量文献数据转化成可视化的知识图谱，呈现会计信息质量研究领域的科学知识结构、规律和分布情况，探究会计信息质量的研究概况、核心研究人员与机构、研究热点和历史演进过程，以便为其他研究者提供研究方向。

二　研究方法及数据来源

CiteSpace 是一种知识图谱分析的新工具。当研究主题涉及的文献较多时，该方法可以运用网络算法对数据进行整理、修饰，生成一系列图谱，呈现会计信息质量研究领域的信息全景，帮助我们找到重要文献，核心机构、学者和研究热点。本节的研究顺序大致如下：首先，对作者与机构共现知识图谱进行分析，了解核心作者与机构有哪些，他们的贡献是什么。其次，用软件整理关键词，生成关键词共现图和聚类图，可以看出会计信息质量的研究热点和研究主题。最后，对时线图和突现词进行分析，得出会计信息质量研究主题随时间变化的过程和未来的研究方向。数据库选择"中国知网"，以会计信息质量为关键词进行检索，文献来源的时间为1998—2019 年，期刊来源为核心期刊与中文核心期刊，共得到 1618 个相关结果。为了使得到的数据更有效，进行了二次筛选，删除会议通知、报纸报道、征文启事、读后感、公告等，获得有效样本 1592 个，将文献以参考文献格式下载。

---

① 许金叶等：《区块链信息技术对会计监督的影响研究》，《会计之友》2018 年第 1 期。
② 成静等：《大数据管理与会计信息质量》，《中国注册会计师》2018 年第 9 期。

三　会计信息质量可视化分析

对会计信息质量领域文献发表年度分析可以了解会计信息质量研究的历史进程，各年发布的关于会计信息质量文献数量如图 4 – 5 所示。由图 4 – 5 可知会计信息质量每年的发文数量情况，会计信息质量研究发展为三大阶段：第一阶段在 1998—2006 年，会计信息质量研究领域起初的发文量较少，20 世纪 90 年代末几家大型上市公司会计造假，此事涉及范围较广，对市场的影响也很大，所以在 1999 年与会计信息相关的研究文献数量开始急剧上升，一直到 2006 年研究高峰期的文献发表数量将近 120 篇。这段时间我国会计信息质量研究发展十分迅速，不仅修订了法律法规，还侧重完善了企业会计制度。第二阶段在 2006—2013 年，在进行了一系列与国际会计准则趋同的改革后，会计信息质量得到了极大提高，因此在 2011—2013 年该领域文献发表数量呈波动式下降，但会计准则只是影响会计信息质量的一个因素，经济改革后又衍生出许多新的金融工具和交易模式影响着会计信息质量，所以各年文献发表数量依然保持着较高水平。第三阶段，2013 年后载文量处于相对平稳状态，且研究内容呈多元化，可见会计信息质量的研究内容已日趋成熟，并随着时间推移出现了新的内容。

图 4 – 5　会计信息质量文献发布时间序列

（一）核心机构作者分析

对发文作者的分析，可以了解该领域的核心研究人员以及他们之间的合作关系。本研究将收集的 1592 篇有效文献数据转换后导入 CiteSpace 软件，网络节点设置为作者，以一年为一个切片，阈值设定为"Top50"，生成作者共现知识图谱，发现其中共生成 65 个节点，节点间连线为 14 条，密度是 0.0067。说明对会计信息质量研究多次的作者较少且作者间合作不多，分布也较为分散，连线较细，说明彼此之间没有较大的关联性。

从合作网络来看，会计信息质量研究形成了几个核心研究团队，但彼此之间的关联度较弱。将发表论文次数在 4 次以上且排名前六位的作者整理如表 4 - 16 所示。

表 4 - 16　　　　　　　　　　**核心作者出现频次**

作者	频数（次）	年份
蒋瑜峰	5	2009
韩葱慧	5	2009
费伦苏	5	2006
蔡艳芳	4	2009
袁建国	4	2009
钱爱民	4	2016

由表 4 - 16 可知，发文量 4 篇以上的作者有 6 人，分别为蒋瑜峰、韩葱慧、费伦苏、蔡艳芳、袁建国、钱爱民。其中蒋瑜峰、韩葱慧、费伦苏发文量达到了 5 篇，是会计信息质量研究的重要学者，也是 1998—2019 年来会计信息质量研究的高产作者。在会计信息研究领域中，这些作者形成了两个核心作者群：第一个是由韩葱慧与胡国柳组成的，二者合作多次且均来自海南大学经济与管理学院，但研究的侧重点不同，韩葱慧重点关注会计信息质量的研究，而胡国柳主要对投资决策方面进行研究，在胡国柳相关知识的帮助下，二者合作主要对机构投资者、高管薪酬、管理层规模、内部持股人和会计信息质量之间的关系进行了实证研究。第二个是袁建国、蔡艳芳与蒋瑜峰组成的，他们之间的合作也很多，三者分别来自华北科技大学管理学院、武汉纺织大学会计学院和湖北警官学院会计系。袁建国主要研究环境、制度变化对企业产生的影响，并进行实证研究；蔡艳芳对会计信息评价和监督有深刻地了解与分析；蒋瑜峰主要对会计信息质量的问题进行定量分析，三位学者通过合作发现会计信息质量高有利于减

少过度投资行为，并为公司如何解决过度投资问题提供了思路①。

　　将网络节点设置为机构，其他与作者共现知识图谱的操作步骤大致相同，生成机构共现知识图谱。其中共生成97个节点，14条连线，密度为0.003。1998—2019年，共有97个机构对会计信息质量进行了研究，而节点较小有的甚至未显现，说明机构对此研究数量并不多，研究的核心机构尚未形成。且研究力量多为商学院、会计学院和一些管理学院，与其他非专业的合作比较少。机构间共有14条连线，这与作者机构图中的数量相同。中国人民大学商学院与西南财经政法大学会计学院关系最密切，合作次数最多。此外，江西财经大学会计学院与厦门大学管理学院合作多次。由此可见，西南财经大学会计学院与江西财经大学会计学院在会计信息质量的研究中占重要地位。

表4-17　　　　　　　　　　**发文数量在前十的研究机构**

机构名称	发表年份	数量（篇）
江西财经大学会计学院	2002	20
中国人民大学商学院	2009	14
西南财经大学会计学院	2006	14
厦门大学管理学院	2006	12
武汉大学经济与管理学院	2010	11
南开大学商学院	2010	8
华中科技大学管理学院	2002	8
东北财经大学会计学院	2003	8
对外经济贸易大学国际商学院	2016	7
中南财经政法大学	2001	7

　　我们对发文数量排前十位的机构进行了整理，如表4-17所示。江西财经大学会计学院不仅是发文量最多的，也是研究会计信息质量较早的高校，共发表文献数量20篇。中国人民大学商学院与西南财经大学会计学院

①　袁建国等：《会计信息质量与过度投资的关系研究》，《管理学报》2009年第3期。

次之，共发表会计信息质量研究文献 14 篇。中南财经政法大学虽然在排名前十位的机构中发文最早，但却是发文量最少的机构，因为中南财经政法大学的研究主要在会计舞弊、环境会计、政府会计方面，而会计信息质量仅为其研究内容的一部分。根据机构共现知识图谱与各机构发文数量统计表可以看出会计信息质量研究领域主要有两大研究团体：一是由中国人民大学商学院和西南财经大学会计学院组成的研究团体，主要对会计信息质量相关理论和制度模式进行研究；二是江西财经大学会计学院和厦门大学管理学院组成的研究团体，主要对公司治理方面进行分析研究。

（二）关键词共现分析

关键词是对文章的总结与概括，代表了全文的研究重点与核心[①]。对关键词进行共现频率和突现性分析整理，可以直观地看出会计信息质量的研究热点、研究趋势和知识结构。在 CiteSpace 软件中将网络节点设置为关键词，时间范围选择"1998—2019 年"，年限间隔选择为 1，阈值为"Top50"。为了使图显得更加清晰，突出重点，选择对合并后的切片网络进行修剪，生成关键词共现图，其中的节点数表示关键词的数量，连线数则表示两关键词同时出现的次数，连线粗细代表两个关键词的联系强度[②]。共存在节点 339 个，连线 633 条，密度为 0.011。即收集的 1592 篇与会计信息质量相关文献中存在的关键词共有 339 个，彼此间的连线为 633 条。将关键词按频率进行排序，将频数在 60 以上的关键词整理如表 4 - 18 所示。

表 4 - 18　　　　　　会计信息质量相关关键词出现频率

关键词	年份	中心性	频次
会计信息质量	1998	0.24	1196
会计信息	1999	0.12	161
企业	1998	0.03	112
会计准则	1999	0.11	104

---

① 叶栩闻等：《基于 CiteSpace 的我国法务会计研究演进路径分析》，《财会通讯》2017 年第 34 期。

② 李伯华等：《基于 CiteSpace 的中国传统村落研究知识图谱分析》，《经济地理》2017 年第 9 期。

续表

关键词	年份	中心性	频次
企业管理	1998	0.06	104
会计信息失真	1998	0.01	98
相关性	1999	0.10	69
会计人员	1998	0.27	65
内部控制	2001	0.14	64

由表 4 - 18 可知，"会计信息质量""会计信息""企业""会计准则""企业管理"等关键词出现的频数较多，出现的年份也较早，说明尽管会计信息质量的研究内容一直推陈出新，但会计信息质量的研究离不开企业和会计信息质量体系，所以这些关键词一直是会计信息质量研究的热点。此外，在这些关键词中，"会计信息质量""会计信息""会计准则""相关性""会计人员""内部控制"中心度较高。中心度是量化分析个体在网络中影响力的指标。一个关键词的中介中心度越大，表明该关键词跃居于核心地位，越重要①。二者有一定的统一性，因此"会计信息质量""会计信息""企业""会计准则""企业管理""会计信息失真""相关性""会计人员""内部控制"是会计信息质量的研究热点。

（三）关键词聚类分析

对关键词进行聚类可以了解该领域的研究主题。在完成关键词共现图后，点击聚类，选择自动标注聚类标签，尝试在不同算法"LLR，LSI，MI"下的聚类标签，选择与会计信息质量联系最密切的一种，本节选择 MI 算法下的聚类图共生成"特殊项目""ERP 系统""会计信息产品""多维会计""体系""公司集权"等 15 个聚类。

然后对聚类进行修改，使各个聚类呈现更清晰，以便从中发现规律性，达到认识会计信息质量研究规律的目的。聚类的编号越小，表明聚类的数量越多，即二者呈现反比例关系，因此本节选取前 6 个比较有代表性的聚类进行说明。点击聚类（Cluster）中的聚类报告（Cluster Explorer），并将各聚类下的高频次关键词进行整理汇总，如表 4 - 19 所示。

---

① 王海林等：《企业内部控制缺陷研究的知识图谱分析》，《财会通讯》2017 年第 29 期。

表4-19　　　　　　　　　　会计信息质量聚类和高频关键词

聚类	高频关键词
特殊项目	会计信息披露、分会、中国会计学会、工程实际成本、财务成本、经济体制、市场经济、会计规则制定权、会计监管、会计信息质量
ERP 系统	会计人员、会计信息质量、注册会计师、会计委派制、《会计法》、会计人员委派制、会计制度、财务制度、会计信息失真、代理成本
会计信息产品	定义、会计法律规范、基本假设、投资性房地产准则、公允价值计量、会计概念框架、公允价值、会计基本准则、会计要素、特征体系
多维会计	民间审计、审计、会计法规、财政管理、收入、负责人、委派制、会计人员管理、政府会计监管、稳健性、审计监督、内部会计管理
体系	会计信息、质量特征、使用者、经济信息、决策、科学管理、内部控制缺陷、质量特性、市场反应、相关性、财务会计概念公告、领导人
公司集权	内部控制、内部控制制度、内控制度、财务重述、盈余质量、上市公司、经理人员、商业信用、银行贷款、内部控制审计、会计系统

1. 聚类#0：特殊项目

特殊项目中关键词出现频率最高的为会计信息披露，会计信息披露要求企业披露重大事项，这些事项有的无法在会计报表中体现，如股权变动和以资抵债等，因此也会被视为特殊项目。除此之外，信息披露与信息需求、职业道德、理论问题和会计监督也是该聚类的重点关键词。其中，郭亚雄研究了财务会计报告表内几个特殊项目的问题，认为资产减值项目、资产盘存项目、部分收入费用项目和比较会计信息项目的编制问题会影响会计信息披露的真实性与准确性[①]。龚素英从利益相关者的角度出发探讨，认为高质量的会计信息更有利于会计信息需求者进行决策和维护自身利益[②]。

2. 聚类#1：ERP（企业资源计划）系统

该聚类主要是对会计人员和会计信息质量进行分析。ERP 是信息技术发展的产物，有助于企业做好内部控制，却让很多人误认为有了 ERP 就相

---

① 郭亚雄：《论财务会计报告中的几个理论问题》，《当代财经》2001 年第 1 期。
② 龚素英：《利益相关者对会计信息质量的层次需求》，《财会研究》2011 年第 21 期。

当于做好了内部控制。ERP对企业而言的确是提高了信息管理质量，但是很多企业并没有将其作用最大化，仅用了ERP中的几个模块，有的甚至连最基本的职责分离都没有做好，增加了企业管理者舞弊的可能。研究发现如果管理层持股比例偏低、股权集中度较高，那么管理层就有较强的盈余操纵动机。肖露璐等研究了管理层权力、盈余管理与投资效率之间的关系，发现盈余管理对投资效益不一定能产生影响，如果公司规模越大，那么此时公司管理层的权利也越大，容易产生过度投资，因此，在中国的经济环境下，研究会计信息质量对于投资效率的提升作用时，应考虑管理层权力的影响①。

3. 聚类#2：会计信息产品

如表4-19所示，第三个聚类中定义、会计法律规范、基本假设等主要是会计质量信息体系的相关内容。会计信息质量体系的构建要做好几个方面：完善法律法规和制度、提高会计人员的职业素养和审计质量。目前，中国会计准则在经过多次改革后已逐渐与国际趋同，审计人员的职业素质在党的十九大提出要重视会计师事务所的工作后也将逐渐提高，但准则制度的实施效果有待验证。崔慕华对此进行了实证研究，发现新的制度准则提高了每股净资产和每股收益对股价的解释能力，说明实施效果较好②。

4. 聚类#3：多维会计

随着新的经济模式出现，传统会计已不能满足现代企业的需求。多维会计将传统会计忽略的要素考虑在内，可以全面、真实、动态地反映经济活动现象。早期的学者认为会计人员的行为是影响会计信息质量的主要原因，并对此进行了多方面的研究，所以在二维会计的基础上增加了一个要素"行为"。董诗怡等承认会计人员的行为对信息质量的影响，在此基础上，他们又在三维会计中加入一个信息质量维度，扩充为"资产—行为—信息质量—权益"的四维会计模式③。

---

① 肖露璐等：《管理层权力、盈余管理与投资效率》，《财会月刊》2017年第24期。

② 崔慕华：《基于会计信息价值相关性角度的会计准则实施效果检验》，《财会月刊》2010年第8期。

③ 董诗怡等：《会计信息质量核算的多维会计思考》，《财会通讯》2010年第16期。

5. 聚类#4：体系

主要对会计信息质量特征体系进行了研究。中国最初并未建立适合中国国情的特征体系，所以对会计信息质量的要求并不全面，实施效果也不好。在经历几次大型企业的会计造假事件后，学者对国外会计信息质量特征体系进行了研究，从中借鉴，并结合国情将会计信息质量特征体系分为不同的层次，加入新的内容。目前，随着国际化和经济一体化，中国的会计信息特征体系已逐渐完善。

6. 聚类#5：公司集权

该聚类主要对内部控制方面的问题进行了研究。"安然"事件的影响促使美国国会出台了《萨班斯法案》，要求审计师必须对企业的内部控制发表审计意见，使得企业考虑了信息风险在内的各种风险，规范了审计工作。此外，在该聚类的高频关键词中出现了"盈余质量""银行贷款"等字眼，说明内部控制与企业的融资、盈余质量之间存在密切的关系。内部控制对企业而言是自我监督，也是为企业更好地发展做铺垫。邱海燕研究发现高质量的内部控制能够在一定程度上弱化会计信息质量对融资的影响[①]。

四　会计信息质量的历史演进

(一) 会计信息质量研究热点演化

图 4-6 展示了国内会计信息质量研究热点演化时序图谱。聚类#0 在 1998 年的研究热点为经济体制、市场经济，2001 年是企业会计制度、会计监管和会计信息系统，在 2004 年为会计规范、决策有用观和会计职业道德，2009 年是受托责任观。聚类#1 的研究热点在 1998 年为注会、注册会计师、会计法，在 2001 年为会计委派制、财务报告和财务总监。到 2003 年变为资本市场、财务管理制度和机构，2006 年为会计诚信和会计造假，到 2007 年是金融市场和委托人。

聚类#2 在 2001 年研究热点为资产减值准备和会计要素，2004 年为计量模式和公允价值，2007 年为特征体系、会计理论、新会计准则和投资性房地产准则，2010 年为审计准则局限性。聚类#3 的研究热点在 1998 年为

①　邱海燕：《内部控制、会计信息质量与债务融资成本》，《会计之友》2018 年第 21 期。

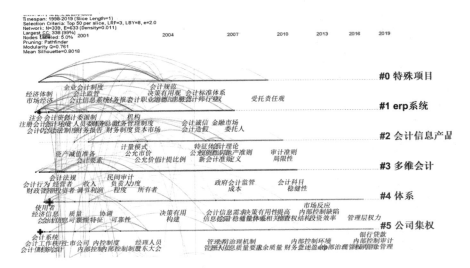

图 4 - 6　国内会计信息质量研究热点演化时序图谱

会计法规、会计行为、经营者、投资者和财政管理，在 2001 年为收入和调节利润，在 2007 年为政府会计监督、成本，在 2010 年为会计科目和稳健性。聚类#4 的研究热点在 1998 年为使用者、经济信息、会计信息和会计信息可靠性，在 2001 年为质量特征，2004 年是决策有用，2007 年为会计稳健性，2010 年为会计科目，2013 年为市场反应、内部控制缺陷和投资效益。2016 年为管理层权力。聚类#5 的研究热点在 1998 年为会计系统、会计工作秩序和会计信息失真，在 2001 年为上市公司和内部控制制度，在 2004 年为经理人员和股东大会，在 2007 年为公司治理机制和会计信息质量要求，2010 年为财务重述、内部控制环境和财务会计，2013 年为内部治理，2019 年为银行贷款、内部控制审计和盈余管理。综合来看，会计信息质量研究热点主要有会计信息系统、会计工作秩序、注会、注册会计师、会计信息失真、使用者、经济信息、会计信息和会计信息可靠性。

（二）关键词突现图分析

为了了解会计质量的研究前沿和研究趋势，摘取前 15 个高频突现词，生成关键词突现图。从表 4 - 20 可以看出，1998 年是会计信息质量关键词突增的初始年，从热点持续时间上看，在前 40 个突现词中，"企业会计准则""盈余管理""信息质量""公司治理""内部控制制度""会计人员"

等是 1998 年以来持续时间较长的几个研究热点，说明中国比较注重构建和
完善会计信息质量体系。从时间维度上来看，中国会计信息质量早期的研
究重点为会计人员。"企业会计准则"和"盈余管理"自 2009 开始受到学
者的特别关注，至今仍然是会计信息质量的研究主题。从总体上来看，近
几年突现词涵盖的时间范围在增加，由此可看出，中国对会计信息质量研
究已逐步深入。从发展趋势来看，"企业会计准则""盈余管理"将仍然是
会计信息质量研究的热点。将突现词进行分类可以看出会计信息质量的研
究主要集中在四个方面，即会计人员、企业、会计监督、相关制度。

表 4 - 20   15 个重要关键词突现

关键词	年份	突现值	开始年份	结束年份	1998—2019 年
企业	1998	5.4977	1998	2002	
会计人员	1998	8.7914	1998	2005	
财务会计	1998	4.02	1999	2003	
《企业会计制度》	1998	6.7408	2001	2005	
会计人员委派制	1998	3.5194	2001	2005	
会计政策	1998	3.6714	2002	2006	
财务制度	1998	4.8495	2002	2006	
内部控制制度	1998	3.5185	2004	2009	
公允价值计量	1998	3.5335	2006	2010	
公司治理	1998	6.155	2007	2013	
信息质量	1998	4.5568	2008	2016	
投资不足	1998	3.3886	2009	2016	
价值相关性	1998	4.5163	2009	2013	
盈余质量	1998	3.3711	2009	2019	
企业会计准则	1998	3.3711	2009	2019	

五　启示与建议

（一）开展会计信息质量研究

从会计信息质量相关文献在各年分布情况来看，发文量较为平稳，但

也略微有下降趋势。尽管中国的会计信息质量体系已逐步与国际惯例接轨，但这也只是说明中国在形式上达到了要求。目前中国的企业在会计信息方面仍然存在较大问题，如会计信息失真、会计信息披露不规范和会计信息不对称等。会计准则在实际操作时的效果与国际准则还差许多。加上互联网融入了经济生活中，会计信息质量已然受到了许多新事物的影响，因此，仍然要加强会计信息质量的研究，并试图在多方面、多角度发现会计信息质量的问题。

（二）加强机构学者之间合作

从作者机构共现知识图谱可以看出，会计信息质量的研究核心作者与核心机构特别少，大部分发文学者、机构之间合作少，关联度不大。有些问题不在单个学者的能力范围之内。人各有所长，学者之间的合作可以更加全面地分析问题，攻克理论难点，提高研究效率。学者在合作研究的过程中也可以互相学习以提升自身的学术水平，再加上机构之间的合作，学者所能得到的资源和支持就更多，对会计信息质量的研究也会更深入，实现研究资源的共享。此外，会计信息质量的研究力量不应局限于商学院、会计学院、管理学院，还应与其他非院校机构进行合作研究。

（三）完善会计信息质量体系

在聚类中"体系"和"会计信息产品"两大主题都涉及会计信息质量体系。会计信息质量体系的完善要从三个方面入手：完善法律法规和制度、提高会计人员的职业素养和审计质量。会计准则很早就被研究多次，且在突现词中企业会计准则再度成为近几年的研究热点，所以无论时代如何改变，完善法律法规是必不可少的。会计人员也是该领域研究的重点，目前已扩增为会计审计人员的研究，作为会计信息的经手人员，企业应提高就业门槛，加强培训工作。

第五节　会计政策图谱化研究

一　研究背景概述

中国的会计政策是指企业在会计确认、计量和报告中所采用的原则、基础和会计处理的方法。其中，原则是指按照企业会计准则规定的，适合企业会计核算的具体会计原则；基础是指为了将会计原则应用于交易或者事项而采用的基础，主要是计量基础，包括历史成本、重置成本、可变现净值、现值和公允价值等；会计处理方法是指企业在会计核算中按照法律、行政法规或者国家统一的会计制度等规定采用或者选择适合本企业的具体会计处理方法，会计政策具有选择性、强制性和层次性的特点。

通过对会计政策相关文献的研究发现，企业管理、会计准则、财政管理、经济政策、会计估计、盈余管理、会计政策、企业、会计信息和会计等众多因素对会计政策都存在影响。对于上述影响因素，国内学者也已经取得了一些研究成果，如聂建军研究发现企业债务契约动机、扭亏为盈动机以及收益平滑动机三者与真实盈余管理程度之间呈显著的正相关关系；增发新股动机与真实盈余管理程度的关系受企业盈利水平的影响，在高盈利公司呈显著负相关关系，在盈利良好公司呈显著正相关关系[①]。刘承智等研究对比了欧盟碳排放交易体系下的现行会计政策，认为其对中国会计实务和准则制定有重要的参考借鉴作用。研究发现政府补助法是较理想的碳排放权交易会计处理方法，但要限制免费配额后续计量的重估模式和排放负债市价结算法的使用，实现政府补助法在会计方法层面的协调一致性，并择机对制造企业产品碳配额成本核算做出相应规定[②]。郑艳秋等研究在利益相关者理论下，企业经济水平和社会经济活动会对会计政策产生双重制约，从利益相关者理论出发，把会计政策的选择作为研究的主要对象，分别从管理者、股东、债权人、员工、政府等不同利益相关者的角度系统阐述其对企业会计政策选择所产生的影响[③]。随着研究的不断深入，发现虽然我国对会计政策的实证研究取得一些成果和进步，但是相关主题的文献依然存在缺乏的问题，阻碍了研究的进展，因而有必要对我国会计政策研究的历程进行梳理，了解研究会计政策的热点和主题，识别存在的不足，从而推动将来的研究发展趋势。

因此，本节采用 CiteSpace 图谱分析软件，对"中国知网"数据库中1998—2019 年会计政策的相关期刊进行图谱分析。该图谱生成软件可以进

---

① 聂建平：《盈余管理动机对真实盈余管理影响的实证检验——基于动机差异化视角》，《财会月刊》2016 年第 36 期。

② 刘承智等：《碳排放交易体系下的排放权交易会计政策研究》，《财经理论与实践》2015 年第 2 期。

③ 郑艳秋等《基于利益相关者理论的企业会计政策选择》，《财会通讯》2015 年第 1 期。

行期刊作者、机构分析、历年文献数量分析及关键词分析等，通过分析会计政策的发展趋势、研究热点以及研究趋势来充分了解它，更好地利用会计政策及相关知识来平衡公司会计政策选择时的矛盾和冲突，可以为公司选择合适的会计政策的同时，也有利于中国经济健康发展。

二 数据来源和研究方法

登陆"中国知网"期刊全文库，在关键词一栏输入"会计政策"一词，时间选择 1998—2019 年。在来源类别中选择"核心期刊"一项，检索后得到 631 条文献记录。对于这 631 条搜索结果还需进行筛选，在辨别和删除一些论坛讲座、会议通知等文献后，剩下的 616 篇有关于会计政策的文献均作为研究的对象，同样也是软件 CiteSpace 的基础分析数据。本节将采用知识图谱分析的方法，并通过可视化的图谱来向人们展现所研究内容的整体框架、前沿发展、历史进程和核心结构之间存在的联系，从而达到多学科融合目的。

常见的知识图谱绘制软件其实还有很多，如荷兰莱顿大学开发的免费软件 VOSViewer、美国印第安纳大学开发的软件 SCI2 等。在本节中将采用陈超美博士开发的 CiteSpace 软件对会计政策的研究文献进行分析。近几年运用 CiteSpace 进行知识图谱分析的新型计量方法在国内外的学术界得到了广泛青睐，这种方法基于引文分析理论，从动态、分时、多元化的视角对信息进行横向、纵向挖掘和剖析，从而达到对研究领域演化机制和发展趋势预测的目的，还能对会计政策的关键词、作者、机构进行图谱分析，经过分析我们可以知道过去几年会计政策的发展趋势，还有研究偏向，针对会计政策进行一些可行性的预测，能更好地将会计政策运用于实际财务活动中。CiteSpace 软件生成的可视化图谱中，节点表示的是分析对象，节点的类型决定了分析目的，两个节点中间连线表示的是共现关系，粗细表示强度大小。本节将运用 CiteSpace 对会计政策检索文献进行分析，进行操作之前，需要新建文件夹，在里面建立 data、input、output、project 4 个子文件夹，将之前已经转换完成的文献导入到 input 文件夹里，再进行后续的步骤，节点类型选择"关键词""作者""机构"，时间跨度是 1998—2018年，时间切片为一年，阈值设置"Top N"为 50%，意思是选取被引次数最高的 50 个引文。

三　知识图谱的可视化分析

（一）会计政策的研究概况

1. 作者分析

要对会计政策进行研究，应该首先对其作者进行研究，因为作者是会计政策研究的主导者，对其进行分析，有助于我们对会计政策有更深的了解。运行结果表明有 30 个节点（除去隐藏的不规范文字），5 条连接线。连接线表示各个作者之间的联系，由此不难分析出会计政策的文献作者之间的联系相对较少。而节点的大小则是反映了对应作者出现的频次。结合表 4 – 21，可以清晰地看出出现频率较高的有：周仁俊、温琳、曲晓辉、黄文峰、刘军。观察表 4 – 21 也可看出高频率的作者写作年份均是在 2014 年之前，在近期却没有较为活跃的作者出现，而且在 2006 年之前占比重较大。由此可见，会计政策研究不仅存在文献作者之间的联系较少的问题，更存在会计政策研究关注度不足的问题，我国学者和相关机构将来提高对会计政策的关注度，同样加强彼此之间的合作与联系，会计政策研究因此就会更进一步。

表 4 – 21　　　　　　　　　　作者共现知识图谱分析

数量	年份	作者
3	2003	周仁俊
3	2014	温琳
2	1999	曲晓辉
2	2006	黄文峰
2	2006	刘军
2	2000	戴奉祥

2. 机构分析

对会计政策的机构进行图谱分析，其方法与上述的作者图谱分析基本相同，唯一的操作变化就是在节点类别（Node types）的下方选择"机构"（institution）。在软件对 616 篇会计政策相关文献进行分析后，得到表 4 – 22。可知机构出现频率较高的机构有厦门大学、厦门大学会计系、财

政部会计司、上海财经大学会计系、青岛农业大学经济与管理学院。表
4－22 中的年份，同样可以看出关于会计政策的相关机构出现频率较高的
依然不是近期，同作者相比，它的年份更为靠前，集中在 2014 年之前。

表 4－22　　　　　　　　　机构共现知识图谱分析

数量	年份	机构名称
7	1999	厦门大学
6	1998	厦门大学会计系
3	1998	财政部会计司
3	1998	上海财经大学会计系
3	2014	青岛农业大学经济与管理学院
2	2009	北京工商大学

（二）文献时间序列分析

"中国知网"数据库中 1998—2019 年有关会计政策研究的文献共有
616 篇。从图 4－7 可以看出，针对会计政策的研究成果数量波动较大，此
22 年间研究数量先增后减。首先整体分析可以看出较为明显的峰点只有一
个，即 2006 年的 69 篇，该峰点的出现可能源于 2006 年新会计准则的颁
布。2006—2018 年，会计政策研究的论文数量整体呈下降趋势，会计政策
的热度似乎在减弱。其次，具体分析 1998—2000 年、2001—2002 年、
2003—2004 年、2005—2006 年、2013—2014 年发现会计政策研究论文数

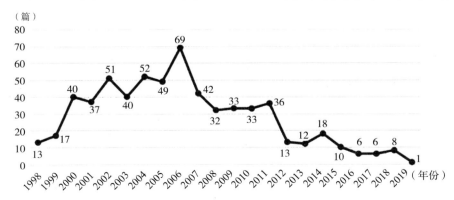

图 4－7　文献时间序列分析

量均为上升，会计政策的热度相对来说也在逐渐增加，研究发展较快，会计政策受关注程度越来越高。而 2016—2018 年，有关会计政策研究的论文数量大体上保持稳定，但其数量只有 6—8 篇，与之前年度相比数量减少了大半，不难发现会计政策在近 3 年研究关注度相对明显下降。

四   会计政策的热点分析

（一）关键词图谱分析

关键词的分析可以使我们对会计政策及相关的领域有更加深入的理解。首先，将 616 条样本数据导入 CiteSpace 软件中，进行数据转换；其次就是设置参数。我们可以将时间范围设为 1998—2019 年；时间切片数值设置为 1；节点类型选择关键词，选择标准为"Top 50"。为了得到更精确的结果，在对"修剪"（Pruning）进行设置时，选择寻径（Pathfinder）、修剪切片网络（Pruning sliced networks）以及修剪合并的网络（Pruning the merged network）三项，便能得到会计政策共现图谱的雏形，然后在此基础之上通过调节阈值（Threshold）、字体大小（Font Size）以及节点大小（Node Size）就能得到完整的会计政策关键词共现图谱。由此得到比较靠前的关键词有会计准则、会计估计、企业管理、盈余管理、职业判断、利益相关者、我国上市公司、会计报表、会计利润、会计收益。

（二）关键词聚类图谱分析

深化对于会计政策热点的研究，还可以采用聚类分析，聚类分析即为关键词聚类图谱分析，它是在会计政策关键词图谱的基础上进行的。表 4 – 23 就是经过再加工后的会计政策关键词聚类知识图谱。

CiteSpace 软件在关键词聚类方面可以通过分析模块性（Modularity Q）和平均轮廓（Mean Silhouette）值来判断聚类水平。通过对 CiteSpace 软件的了解与学习，能了解到当 Q 值在 0.3 之上时，则说明此聚类的模块化情况比较良好；当 S 的取值在 0.5 之上时，则表明此聚类的效果很好。基于这些判断，再结合表 4 – 23，可以根据 Q 值为 0.7745 以及 S 值为 0.7059 判断出聚类模块化极好并且其效果显著。经过 CiteSpace 软件的分析，可以得到 11 个聚类。

在会计政策关键词聚类图基础上选择聚类（Clusters）下拉菜单中的聚类资源管理器（Cluster Explorer），便可得到研究聚类与相关关键词的分析，在此基础上统计得到表4－23。

表4－23　　　　　　　　　　**会计政策研究热点和高频关键词**

聚类	高频关键词
会计政策	经济政策、企业会计准则、弃置费用、矿山企业、预计负债、固定资产成本、待摊费用、管理人员、管理报酬契约、实证研究、纳税筹划、会计准则
会计制度	会计制度、现金流量表、应收款项、经济指标、成本计价、利润指标、历史成本计价、应收账款、财务验收、权责发生制
经济政策	经济政策、会计政策、财政管理、企业管理、经济信息、会计信息、购买能力、资本保全、宏观会计、以前年度损益调整
盈余管理	盈余管理、开发支出、隐性选择、现金流约束、盈余信息、非经常性损益、非经营活动、财政管理、会计盈余、经营性净现金流
会计估计	会计估计、经济体制、市场经济、职业判断、会计人员、会计职业判断能力、会计处理、会计造假行为、追溯调整、控制样本
企业管理	企业管理、会计核算、会计原则、谨慎原则、销售折让、资金平衡表、中期报告、会计要素、摊销方法
公允价值	公允价值、公允市价、投资性房地产、后续计量、公允价值模式、战略层面、会计报表、税务筹划、税收利益、固定资产折旧年限

1. 聚类#0：会计政策

通过对表4－23中会计政策中出现次数较多关键词的分析可知，该聚类的主要观点有：第一，如何选择合适的会计政策已然成为各大公司财务会计管理人员工作中的重中之重，原因是《会计准则》和《会计制度》的规定给会计要素的处理政策和方法提供了可选择的空间。于长春等认为由于今后我国不再制定企业会计制度，只制定会计准则，所以各公司单位应遵循会计准则，根据自身状况选择合适的会计政策，且要经过本单位权力单位批复同意[①]。第二，由于会计政策的选择不同，对财务报告产生的影

[①]　于长春等：《新准则中会计职业判断对企业的财务影响——基于昆百大和金融街的案例研究》，《会计之友》2009年第2期。

响也不同，这也就为管理者对企业财务报表与经营业绩的操控提供了可能，钟锦文等根据相关事例将政治成本、避税、筹资及规避债务契约约束作为盈余管理的四个目的①。第三，如何确定会计政策的适当性是会计工作中一大难点，范永华通过对会计政策的灵活性、适应性以及对会计信息的披露状况进行分析，得出了企业会计政策的优劣并不取决于会计政策的谨慎与否，会计政策的变动未必来自于企业管理高层对利润调整的结论②。由此看来，会计政策中的灵活性与选择空间对企业来说是机遇，同时也是挑战。企业管理人员应该设置正确的监管机制，同时对会计政策的选择也要慎重，在符合相关法规的条件下，应符合企业自身利益，充分做好企业的盈余管理工作，达到节约其运营成本，促进企业可持续发展的目的。

2. 聚类#1：会计制度

通过对表 4－23 中会计制度中出现次数较多关键词的分析可知，该聚类主要聚焦在会计制度影响会计信息真实性，从而影响公司对会计政策的选择上。徐晔等研究认为会计政策的不完善导致会计信息失真，在监管部门制定会计准则，以及公司制定会计政策时，应尽量减少其中的不确定性③。在会计政策的制定过程中要有全面而且数量足够的专业人员，其中人员要有代表性。确定下来的会计政策要具有一定的前瞻性，有利于保证有一定的持续性和稳定性。我国会计制度的设置与公司会计政策可选择性本身就有着矛盾，而要解决这一问题，应加强审计监督力度，防止部分公司利用可选择性的漏洞做文章。针对会计政策选择，企业应该多方面考虑，不能只考虑片面的利益，要综合相关利益人的利益，可以保证会计信息的真实性。最后会计制度的制定要求前后衔接一致，尽可能保证新旧制度上不冲突与不矛盾。

3. 聚类#2：经济政策

通过对表 4－23 中经济政策中出现次数较多关键词的分析发现该聚类的主要观点有：一是现代企业是多元代理的组合，面临各种冲突和矛盾。胡春元通过对企业代理关系和会计政策制定的研究，认为应顺应代理关

---

① 钟锦文等：《宇通客车 MBO 对国有控股上市公司产权制度改革的启示》，《价格月刊》2004 年第 9 期。

② 范永华：《如何进行会计分析》，《财会通讯》2004 年第 15 期。

③ 徐晔等：《合法会计信息失真的成因及其预防对策》，《财经研究》2000 年第 2 期。

系，不能选择极端会计政策，此外还应避免一统到底的会计政策①。二是目前各国依据相关会计准则进行有关会计政策选择时，依旧会面临着会计政策选择存在着空间性的问题，并且相互之间还存在一定的差异。王湛认为，要具体解决选择空间的问题，进行具体的分析，应当具体问题具体解决，因会计环境不同而有不同的解决方案②。三是影响选择会计制度的因素同样影响经济政策，陆强认为会计准则、经济形势、资本结构等都会影响会计政策的选择③。由此，选择经济政策涉及众多方面，如何选择不同的学者基于不同的角度有着不同的结论。

4. 聚类#3：盈余管理

通过对表4－23中该聚类中出现次数较多关键词的分析，发现主要问题有：第一，上市企业利用盈余管理修饰会计报表，而其真实经营状况并未得到改变，此行为严重影响中国资本市场和证券市场的正常运行。邢恩阳依据实例认为完善注册会计师团队以便增强审计能力，进一步对公司的内部不断升级改善，更要不断对会计准则进行查漏补缺④。第二，企业管理者会为了自身利益调整公司规划和会计政策选择。姚婕研究发现改进证券市场的监管制度，减少盈余管理的政策诱因⑤。第三，最大的风险往往来源于公司内部，优化公司的内部结构，提高审计强度，降低审计成本能使公司防患于未然，及时发现问题，解决问题。田昆儒等认为高质量的内部控制从内部让管理者有了敬畏感，有利于形成良好的企业环境，而当机构投资者持股比例高时，公司内部的稳定性也会提高，这样可以有效抑制盈余管理行为⑥。他们强调中国企业要不断完善内部控制制度，加强对企业的监督管理，发挥内部控制制度和高比例机构投资者持股在企业盈余管理中的作用。

5. 聚类#4：会计估计

通过对表4－23中具体关键词分析，主要问题体现在两个方面：一是

---

① 胡春元：《论现代企业委托代理关系及其在会计准则制定中应用问题》，《当代经济科学》1996年第1期。

② 王湛：《试述会计准则中会计政策的选择空间》，《财会月刊》2001年第2期。

③ 陆强：《企业选择会计政策应注意什么》，《财会通讯》2002年第1期。

④ 邢恩阳：《上市公司盈余管理研究——以东北电气发展股份有限公司为例》，《中国集体经济》2019年第12期。

⑤ 姚婕：《论企业盈余管理》，《商业经济与管理》2001年第6期。

⑥ 田昆儒等：《内部控制、机构投资者与真实盈余管理》，《华东经济管理》2017年第4期。

通过设定固定条件即在变更条件下，如何使财务报告使用者得到更加准确地财务信息。杨国红等认为会计估计对会计信息质量有着重要意义，确保会计估计变更会更有利于会计信息使用者准确把握财务信息①。二是近年来，中国部分公司滥用会计政策和会计估计的事例屡见不鲜，而提高会计审计质量能够对滥用会计估计的行为有所遏制。胡嵘认为应对减值准备计提、会计政策变更的依据与相应会计处理、会计估计适当性及其变更的合理性的审计和对滥用追溯调整的审计②。因此，为保证会计信息可比性和有效性，可以通过提高审核力度，正确核算会计政策变更与会计估计变更，层层把关，从而让会计报告使用者更加容易使用会计信息。

6. 聚类#5：企业管理

企业会计政策选择是指企业管理当局在特定的环境下，在既定的可选择范围内，根据企业目标或管理当局设定的目标，对可供选用的会计原则、方法、程序进行比较分析，从而确定会计政策的过程。朱育清认为在经济新常态下，环境已然发生了巨大变化，会计政策的改变无法避免，而如何在新的经济形势下选择好会计政策也依旧是公司的难点工作，更是相关学者的研究热点③。由此看来，企业管理方式还要依据公司自身条件，以及经济大环境等各种因素确定合适的会计政策，才能使公司持续发展。

7. 聚类#6：公允价值

公允价值的出现得益于美国财务会计准则委员会与国际会计准则理事会。首先，它与会计政策也是息息相关，公允价值会计能够有利于会计政策的质量。贺建刚等认为公允价值会计的出现能够保证会计政策质量④。其次，公允价值并非大众所认为的毫无劣势。牛华勇等认为次贷危机的发生使得人们对公允价值有了更深层次的认识⑤。虽然公允价值计量存在一些缺陷，但是公允价值的存在价值是一定的。熊玉莲认为公允价值是指市

---

①　杨国红等：《浅谈会计政策、会计估计变更及其会计处理办法》，《财会通讯》2001 年第 3 期。

②　胡嵘：《对滥用会计政策、会计估计及其变更的审计》，《中国农业会计》2002 年第 10 期。

③　朱育清：《企业会计政策选择的优化——评企业会计政策选择研究》，《高教发展与评估》2016 年第 4 期。

④　贺建刚等：《计量观、政策质量与信息有用性：公允价值论争之解释》，《华东经济管理》2013 年第 3 期。

⑤　牛华勇等：《次贷危机后再谈公允价值在我国会计政策中的应用》，《经济经纬》2009 年第 3 期。

场参与者在计量日发生的有序交易中，出售一项资产所能收到或者转移一项负债所需支付的价格，是一种基于市场进行确认的价值。公允价值能反映经济资源实际价值的变化，可以更好地满足信息使用者的要求，正逐步成为一种主要的会计计量属性[①]。由此看来，公允价值计量的长期存在也将是必然趋势。

五 推进会计政策研究的对策和建议

从可视化分析结果中可以看出图谱有 30 个节点、5 条连接线。连接线表示各个作者之间的联系，由此可知会计政策的文献作者之间联系相对较少。核心作者对会计政策的研究文献数量也只是在 5 篇以下，其中研究的交叉点稀少，没有形成网状结构，大部分是点与点的联系，部分甚至出现单独存在的状况。从历年文献数量上来看，对会计政策的研究自 2006 年以来逐年递减。近年来更是达到了历年的低谷，以 2018 年为例，当年有关会计政策的研究仅 8 篇，作者之间合作程度较低。因此，必须加强作者与作者、机构与机构以及作者与机构之间的合作，从而进一步完善对会计政策的研究。

通过对会计政策文献时间序列进行分析，我们可以知道会计政策的研究热度是从 1998 年到 2006 年上升，从 2006 年至今大体上呈现下降趋势。并且在 2006 年达到了研究热度峰值，文献数量为 69 篇，然而，2016—2018 年发表文献数量仅为 6 篇、6 篇、8 篇，两者相差 9 倍。由此可见，中国对会计政策研究关注度呈明显下降态势，会计学术界应当提高对会计政策的研究，在经济高速发展背景下，为中国企业经济的健康发展提供制度保障。

第六节 会计制度图谱化研究

一 研究背景概述

会计制度是对商业交易和财务往来在账簿中进行分类、登录、归总，

---

① 熊玉莲：《基于公允价值计量视角的会计司法鉴定质量提升策略》，《企业经济》2018 年第 3 期。

并进行分析、核实和上报结果的制度，是进行会计工作所应遵循的规则、方法、程序的总称。国家统一的会计制度是指国务院财政部门（即财政部）根据《会计法》制定的关于会计核算、会计监督、会计机构和会计人员以及会计工作管理的制度。根据《中华人民共和国会计法》的规定，国家统一的会计制度，由国务院所属财政部制定；各省、自治区、直辖市以及国务院业务主管部门，在与《会计法》和国家统一会计制度不相抵触的前提下，可以制定本地区、本部门的会计制度或者补充规定。

随着中国财政、财务、税收制度的改革，会计制度也会做相应的改变。目前中国积极参与制定国际财务报告准则，中国会计准则与国际会计准则趋同，学术研究在国际上的影响力越来越大，除了吸收国际主流会计学术思想和主流学术流派的会计理论外，中国还应继承以杨纪琬先生为代表的老一代会计人的学术思想，在国际化时代背景下将会计制度研究发扬光大①。此外，党的十九大报告明确指出，要全面建设社会主义现代化国家及其"两步走"的战略安排。同时党的十九大以后提出，要进一步完善促进经济发展的基本思路。中国经济发展的下一个战略重点是三个关键点：转变发展方式，优化经济结构，转变增长动力。因而，越来越多的学者、研究者将会计制度作为探究的方向。然而在全国深化改革的浪潮中，随着研究的不断深入，尽管中国对会计制度的研究已取得初步进展，但同时也对会计制度领域的研究提出新的要求，因而有必要对中国会计制度研究的历程加以梳理，探究分析现今其研究状况及热点，进一步在理论和实践上不断完善会计制度，以推动中国加快建立现代财政制度。

CiteSpace 软件作为知识图谱工具可以用来分析某项研究主题的知识基础、热点以及前沿等内容。本节主要运用 CiteSpace 对"中国知网"数据库中 1998—2018 年会计制度相关的期刊文献进行可视化分析，通过对会计制度的发展脉络进行研究分析，挖掘其研究热点及研究趋势，了解掌握会计制度的研究动态，为后来者的学术发展与创新提供参考，进而推动我国会计制度研究取得进一步突破。

---

① 张俊瑞等：《转型经济背景下杨纪琬先生中国会计改革思想：继承与发展》，《会计研究》2017 年第 11 期。

二　数据来源与研究方法

对"中国知网"期刊全文库中以"会计制度"为关键词的文献进行高级检索，同时在来源类别选择"CSSCI"类型，然后剔除一些会议讲座、会议通知等非学术文献和部分明显与主题不符的文献，最终获得有效文献519 篇，以此作为 CiteSpace 分析的数据基础。在运用 CiteSpace 系统时要新建一个文件夹，里面建立"data，input，output，project"4 个子文件夹，首先要对已下载在"input"的"中国知网"数据进行转化，将转化的数据经"output"复制至"data"文件夹，然后进行一系列参数设置，时间跨度选择从 1998—2018 年，时间切片为 1 年，阀值默认为"Top50"，在此基础上，分别选择作者（Author）、机构（Institution）、关键词（Keyword）等节点类型。继而通过对获得的共现知识图谱、时区图、突现值等进行观察分析，探讨会计制度的研究热点及发展趋势。

三　会计制度研究的可视化分析

（一）研究成果的作者分析

运用 CiteSpace 软件生成的作者共现知识图谱可辨别不同作者的研究分布及联系情况。将节点类别设置为"Author"，得到的会计制度研究作者共现知识图谱，通过不断调整图中出现的作者个数、字体大小等得到作者共现图。其中会计制度研究者的全景图谱，共有 9 条连线、22 个节点。其中有大小不一的连线和节点，连线越粗表明作者所著文献之间的联系越紧密，沟通关联越强，节点越大说明作者对会计制度研究的发文量越多。

从表 4 - 24 可看出，戚艳霞、戴德明和荆新位居前列，是我国会计制度研究的代表性学者，周华、崔学刚、邓力平、刘玉廷、范年茂、刘子琰、张娴妮等也做出了重要研究贡献。从他们之间的网络连接线条看，中国研究会计制度的作者间联系并不密切。会计制度研究高频率年份主要在2008—2015 年。

表 4 - 24　　**1998—2018 年会计制度研究作者共现知识图谱的分析**

数量（次）	年份	作者
6	2013	戚艳霞

数量（次）	年份	作者
4	2008	戴德明
4	2015	荆新
2	2009	周华
2	2015	崔学刚
2	2004	邓力平
2	2000	刘玉廷
2	2003	范年茂
2	2015	刘子琰
2	2008	张娴妮

（二）研究成果的机构分析

利用 CiteSpace 软件生成的机构共现知识图谱能够展现和分析不同机构的研究分布及联系情况。将经过转化复制在"data"文件夹中的数据导入软件 CiteSpace，节点类别设置为"Institution"，得到的会计制度相关机构共现知识图谱，经过不断调整图中出现的机构个数、字体大小等数据，得到会计制度研究相关的知识图谱。

其中有 23 个节点、3 条连线。节点间的连线少且细，各机构之间连线较为稀疏。中国人民大学商学院、财政部财政科学研究所和财政部会计司发文频次较高，结合表 4-25 得知，按频次排列依次是江西财经大学会计学院、审计署审计科研所、山西财经大学会计学院、中央财经大学会计系等。从机构分布情况可看出高校是会计制度研究的主要力量，其中中国人民大学更为突出，其次便是财政部财政科学研究所，由此可以看出高校和国家研究机构对会计制度的研究具有一定的权威性，同时今后可以突出高校与相关研究机构对会计制度研究的指引作用，推动会计制度研究。

根据会计制度作者和机构知识图谱分析可知近 5 年来会计制度的作者和机构研究发表频次均未出现在前五位，会计制度的关注度在近几年有所减弱，近几年频次较高的研究机构主要为审计署审计科研所，这使得推动会计制度改革和不断完善缺少理论依据的支撑。因而，国家应积极鼓励相关学者在会计制度领域进一步探索，推动现代财政制度的建立。

表 4 - 25　　　　　1998—2018 年会计制度研究机构共现图谱分析

数量（次）	年份	机构
17	2008	中国人民大学商学院
7	2007	财政部财政科学研究所
7	1999	财政部会计司
4	2001	江西财经大学会计学院
4	2015	审计署审计科研所
4	2003	山西财经大学会计学院
3	2001	中央财经大学会计系
2	2004	中央财经大学

四　关键词图谱分析

在经转化复制在 "data" 文件夹的数据均导入分析软件的基础上，设置时间跨度、时间切片、阀值等参数，节点类型选择 "Keyword"。此外，为了突出重要的结构特征，使图谱更为清晰明了，在勾选图谱修剪方式时，勾选 "Pathfinder, Pruning sliced networks, Pruning the merged network" 进行网络修剪。然后生成的图谱通过适当的调整便能得到图 4 - 8 的雏形，再不断调节 "Term Labeling" 中的相关变量阈值，控制图谱中出现的关键词的多少、字体的大小以及节点的大小，以调整图谱的清晰度，得到会计制度的关键词共现图谱如图 4 - 8 所示。

图 4 - 8 展示了会计制度研究的全景图谱，图中有 111 个节点、187 条连接线，其中会计制度、财务制度和权责发生制节点较大，说明有关文献比较多，同时图中相互之间的连线较作者和机构而言较密集，因此各关键词之间联系密切，关联性强。除此以外，会计制度关键词共现知识图谱是表 4 - 26 会计制度关键词共现图谱分析表的补充和总结，从中可以得到关键词频率排在前十位的分别是会计制度、权责发生制、财务制度、会计准则、收付实现制、企业、企业管理、会计、会计委派制和财政管理。

图 4 - 8　1998—2018 年会计制度研究的关键词共现图谱

表 4 - 26　　　　　**1998—2018 年会计制度研究关键词共现图谱分析**

数量（次）	年份	关键词
271	1998	会计制度
92	1998	权责发生制
88	1998	财务制度
58	1998	会计准则
29	1998	收付实现制
28	1998	企业
25	1998	企业管理
24	1998	会计
20	1999	会计委派制
19	1998	财政管理
19	2004	政府会计
16	2014	政府综合财务报告

关键词的聚类图谱分析

分析关键词聚类能够探究出关键词的研究热点。因此，我们需要在上述会计制度研究的关键词共现知识图谱上，选择"Find Clusters"对关键词进行聚类分析，然后经过"LLR"调整，以及针对会计制度研究分析进行合理判断、筛选，再将关键词的"Threshold"调整为最大，使得图上仅出现关键词聚类，最终得到会计制度的关键词聚类知识图谱。

运用分析软件自动标识关键词聚类时，每个聚类是否具有足够的相似性，整个聚类是否有足够节点都会影响聚类水平。轮廓值能衡量网络同质性，越接近1，说明网络同质性越高，当轮廓值为0.7时，聚类的结果具有高信度。节点太少则很可能会因出自同一篇文献的参考文献而缺乏普遍意义，同时也会使轮廓值的信度降低，因此聚类的轮廓值在0.783—0.964之间，则其聚类可信度较高，有着较好的聚类水平。由此得到9个聚类，分别为权责发生制、国际财务报告准则、会计委派制、账面利润、会计、应纳税所得额、政府财务报告审计、会计目标以及公司治理结构。

选择聚类下拉菜单中的"Cluster Explorer"，选择筛选"LLR"，根据分析不断调整、删改最终得到聚类与对应的相关关键词，由此统计得到如表4-27所示。

表4-27　　　　　**会计制度研究热点和出现次数较多的关键词**

研究热点	出现次数较多的关键词
权责发生制	权责发生制、收付实现制、绩效预算、经济核算、预算分配、政府会计核算、会计核算、财务制度、会计准则、财政部、资产负债表、政府财务报告、资金平衡表、金融风险、核算基础
国际财务报告准则	标准体系、税务制度、会计服务业、十八届三中全会、预算会计制度、会计人才、会计行业、注册会计师行业
会计委派制	会计委派制、会计人员委派制、行政事业单位、会计监管、管理新模式、财务管理模式、"四位一体"、宜昌市、委派会计
账面利润	账面利润、主营业务利润率、上市公司利润操纵、会计准则、财务制度、企业、企业管理、会计规范、权责发生制、政府综合财务报告

研究热点	出现次数较多的关键词
会计	会计、注会、注册会计师、会计工作秩序、会计基础、趋同、事业单位、会计人员管理体制、权责发生制、税收、会计法规
应纳税所得额	应纳税所得额、税法规定、坏账准备金、差异、投资、所得税会计、纳税人、时间性差异、税前列支、主管税务机关
政府财务报告审计	政府财务报告审计、政府财务会计、政府综合财务报告、预算会计、财政部、国家治理、制度变迁、政府会计准则体系、宏观调控、社会福利、现实环境、财政总预算会计制度
会计目标	会计目标、市场经济、经济体制、会计人员素质、商法、公司法、财务会计准则委员会、无限财产责任、坏账准备
公司治理结构	公司治理结构、股东大会、减值准备、股份公司、资本市场、会计政策变更、计提、谨慎性原则、现代公司治理、金融市场、股份有限公司、谨慎原则、法人治理结构、集权与分权

1. 聚类#0：权责发生制

权责发生制是企业各经济主体处理其经济业务的制度。权责发生制在反映企业经营业绩方面是合理的，但在反映企业财务状况方面存在一定的局限性。在完善和发展中国特色社会主义经济制度背景下，我国政府会计改革正逐步推进。建立权责发生制政府会计准则体系及时、准确、完整地披露政府财务状况，可以有效地推动我国政府会计改革，提高政府透明度和行政治理能力[①]。但是改革是在摸索中进行的，权责发生制会计改革不断更新，新旧模式间的过渡衔接将影响改革成效[②]，因而我们需要不断在试点中总结经验，发挥改革的延续性。由此看来，对于中国一般企业实行的权责发生制，许多学者已经发现问题，并在不断寻求在政府中改革和完善，并从中获得启示。

[①]　崔学刚等：《权责发生制、政府会计改革与国家治理——第六届"政府会计改革理论与实务研讨会"综述》，《会计研究》2015 年第 7 期。

[②]　贺敬平等：《权责发生制在我国政府财务会计中的应用——基于海南政府会计改革试点的案例分析》，《会计研究》2011 年第 6 期。

2. 聚类#1：国际财务报告准则

中国应用的国际财务报告准则只是制定了宽泛的规则但并没有约束到具体的业务处理，是以原则性为基础。尽管 20 世纪七八十年代中国实行计划经济与市场调节相结合的方针，但杨纪琬教授大胆指出，西方的国际财务报告准则是值得借鉴的，但要立足于中国的现实对西方会计理论和规则进行研究、解剖、分析、鉴别、消化，科学地借鉴与吸收国外会计制度，进而优化我国会计制度[①]。鉴于此，中国在会计准则的制定上很大程度上借鉴了国际财务报告准则，有选择地吸收西方会计原则，促进中国经济发展，同时维护中国经济社会稳定。学者们也表示国际财务报告准则并非都是正确的，但仅是知晓其不足，只能借鉴其优势，但并不能改进其不足之处。

3. 聚类#2：会计委派制

会计委派制是产权所有者通过委派会计人员作为代表，对国有单位、集体企业的资产管理和财务状况进行监督的制度。为了促进中国经济健康快速发展，会计委派制成为国有企业改革以后所必须建立的一项制度，后期不断延伸到乡镇及高校。叶晓文认为建立会计委派制使会计人员由财政部统一管理、调配，令其不再依赖会计主体（即所处单位），更好地依法履行会计监督职能，以及有效防止国有资产流失[②]。然而在实行中，总会出现各式各样的问题，如委派会计无法做到真正独立的会计监督，其既是管理者，又是监督者，其职能上是矛盾的，不能充分发挥委派会计的职能与作用[③]。因此，在实际操作中，需要综合考虑。由此看来，会计制度和会计委派制是相辅相成的，会计制度只有在会计委派制得到充分应用和保证质量时才能发挥其最佳效用。但是对于在不同的经济模式下，如何利用会计委派制使会计制度达到最大效用仍是众多学者亟待解决的问题。

4. 聚类#3：账面利润

账面利润是指到某一期末为止账簿上所反映出来的利润，是利润表所

---

① 吴沁红等：《杨纪琬教授会计改革思想与实践——纪念杨纪琬教授百年诞辰》，《会计研究》2017 年第 10 期。

② 叶晓文：《试论会计委派制》，《山西财经大学学报》2011 年第 4 期。

③ 严春燕：《高校校办产业财务管理问题探析》，《北京工商大学学报》2009 年第 9 期。

列示的利润总额。但是它没有反映企业对环境及社会的影响，因而真正的利润应是账面利润减去社会损失的差额。企业存在于社会，则要求企业在可持续发展方面做贡献，因而对于投资者来说，应主要关注企业的核心经营业绩和可持续发展的前景①。由此看来，账面价值同会计准则是密切相关的，尽管公司的价值不能仅仅靠账面价值衡量，但它是构成会计制度的重要组成部分，对于会计制度的完善有重要意义。

5. 聚类#4：会计

会计一词最早出现在周代，是官员的职称。现代会计是以货币为主要计量单位，以凭证为主要依据，采用专门的技术手段，对资本流动进行全面、综合、连续、系统地会计核算和监督，提供会计信息、参与经营活动的一种经济管理活动。张先治等认为，为了满足国家治理对会计信息的需要，会计改革不仅需要协调会计与国家治理系统，还需要会计各子系统之间的协同②。因此，国家在制定会计准则时需要以前瞻性作为指导思想，在实践中实现同步与适度超前的统一。

6. 聚类#5：应纳税所得额

应纳税所得额是税法中计算一定时期所得税的计税依据。新会计准则在确认差异和可弥补亏损时存在局限性，因而在实际操作中要对会计账面利润按税法规定进行在业务发生当期、以后会计期间纳税调整③。因此，对于会计制度中的公允价值要和税法中的计税基础分列来看。现代社会需要既懂会计又懂税法的综合应用型人才，因而在会计改革和新税法全面实施下，研究应纳税所得额和会计制度的关系对我国会计地位有着深远而积极的作用。

7. 聚类#6：政府财务报告审计

在中国政府财务报告制度下进行政府审计，会在审计主体、审计报告、信息运用等各方面出现许多问题。正如李宗彦等认为在借鉴国际经验的基础上，我国政府财务报告审计制度必须依据我国财政管理体制及国家

---

① 周华：《信息真实性与证券市场会计监管——基于股权投资信息披露规则的研究》，《中国软科学》2017 年第 7 期。

② 张先治等：《会计对国家治理的影响机理及改革思路——基于"五位一体"视角的探索》，《会计研究》2018 年第 11 期。

③ 孟彬：《资产负债表债法下所得税核算的局限性》，《税务研究》2018 年第 6 期。

审计制度改革的总体目标建设①。因而，政府应加快会计制度改革，推广以经济功能为主的预算程序，形成以权责发生制为基础的政府财务报告体系，进一步完善以成本核算为核心的政府管理会计制度，进而形成完善的政府财政报告审计体系。总之，在会计制度改革下，中国政府财务报告审计体系不断优化。然而，对众多研究学者而言，完善中国政府财务报告审计对会计制度改革领域具有深远的研究和借鉴意义。

8. 聚类#7：会计目标

会计目标是会计工作应该达到的要求和目的，它一直是会计理论界的热点问题，西方国家尤其是美国对会计目标的研究极为重视，他们认为会计目标是指"提供对决策有用的信息"。于是张新民提出企业会计准则的制定应该有助于企业会计目标的实现，因而我国在制定会计准则时，不仅要进行理论上地细致研究，更以服务社会角度思考，适应中国市场经济的发展变化②。总之，会计制度随着会计目标不断改革完善的，然而我国研究者发现部分行政单位的会计目标定位并不准确，还没有学者提出如何去完善会计目标。

9. 聚类#8：公司治理结构

公司治理结构是一个由所有者监督、激励、控制和协调公司管理和绩效以实现资源有效配置的体系，本质上保证了所有者的利益。引入独立董事和机构投资者参与公司治理，进一步完善公司治理机构，积极优化股权、资本结构，则可以降低公司隐含资本成本③。建立多元化的薪酬激励机制、分散股权集中度有利于公司治理结构的不断完善。

五　会计制度研究的历史演进分析

（一）会计制度研究热点迁移的可视化展现

运用 CiteSpace 软件分析会计制度研究的发展趋势，需要对获得的时区图和时间轴图分析。时区图的形成是建立在关键词图谱的基础之上的，运用 CiteSpace 软件对会计制度的 519 篇文献进行勾选"Timeline"便可得到

---

① 李宗彦等：《权责发生制政府财务报告审计制度探讨——英、澳两国实践经验及启示》，《审计研究》2018 年第 1 期。

② 张新民：《关于企业会计准则改革的若干思考》，《北京工商大学学报》2019 年第 1 期。

③ 孙多娇等：《公司治理结构和分析师预测对隐含资本成本影响及实证研究》，《中国软科学》2018 年第 7 期。

会计制度研究时间轴。1998—2018 年对会计制度的研究从未停止，会计制度、会计信息、账面利润、主营业利润率、政府综合财务报告等关键词研究频繁，各领域内研究角度趋于多样化。此外，1998—2001 年会计制度相关的关键词快速增加，这段时间会计制度备受关注，许多学者发表了相关研究论文。而 2015—2018 年会计制度的关键词虽然较初期有所减少，但相较中期而言有明显回升，实务、政府综合财务报告以及杨纪琬等开始受到关注，主要由于在深化改革的背景下，会计改革成为关注热点，在实践中研究会计制度，不断完善中国会计体系，进而促进会计制度理论研究的成熟。权责发生制、制度、政府财务报告审计是 1998—2018 年这 21 年不断关注的热点，时间跨度长且持续久。此外，各关键词聚类研究分布并不均匀，尽管关注的关键词研究并不持久，但热点多样，对会计制度领域的研究有一定的积极作用。

（二）会计制度研究的发展过程

通过 CiteSpace 软件在关键词知识图谱的基础上可得到相关的突现词信息如表 4 - 28 所示，通过分析研究时期内短期激增或词频动态显著变化来了解该学科领域的研究前沿，突现词是用以反映特定时间区间内论文增多的主题词。根据突现度高低排序，共探测到 12 个突现词。近 21 年来，"权责发生制"为词频变化率最高的主题词，其次是"政府综合财务报告"和"政府会计"。

表 4 - 28   **1998—2018 年会计制度研究突现词信息统计**

序号	突现词	频次	中心度	突现词	年份
1	13. 22	92	0. 44	权责发生制	2008
2	8. 57	16	0. 22	政府综合财务报告	2014
3	8. 01	19	0. 03	政府会计	2009
4	6. 02	20	0. 10	会计委派制	1999
5	5. 69	25	0. 00	企业管理	1998
6	5. 48	28	0. 11	企业	1998
7	4. 76	58	0. 30	会计准则	2003

序号	突现词	频次	中心度	突现词	年份
8	4.74	13	0.10	会计人员委派制	1999
9	4.37	15	0.00	政府财务报告	2013
10	3.59	29	0.04	收付实现制	2011
11	3.41	13	0.40	会计改革	2014
12	3.33	10	0.09	事业单位	2009

结合文献和突现词年份分布对 1998—2018 年的会计制度研究进行整体趋势分析。近 20 多年的会计制度研究可以分为以下三个阶段。

第一阶段为初步形成阶段。"会计委派制""企业管理""会计制度"是 1998—2003 年的词频变化较高的关键词，结合这段时间的相关文献梳理可知，范年茂等认为会计委派制有很多局限，而在实行过程中，探索出会计集中核算，最终逐渐转向国库集中收付[1]。

第二阶段为稳步发展阶段。"权责发生制"是 2008 年词频变化最高的关键词，根据 2004—2013 年突现值较高的主题词和相关的文献可得。欧阳宗书等认为我国制定权责发生制政府会计准则时，应当借鉴和参考中国企业会计准则的基本原则和内容，同时综合考虑政府及其组成主体性质、业务活动等方面的特点加以变通和改进[2]。

第三阶段为适应改善阶段。2014 年的较高突现值的关键词是"会计改革"，结合 2014—2018 年词频变化较高的主题词和相关文献分析可知，杨敏提出会计改革要准确把握党的十八届三中全会中深化改革的内涵，抓住机遇，推动管理会计体系建立[3]。李博认为政府会计改革势在必行，同时我国要利用好全面性、透明性、客观性、前瞻性和连续性五大改革优势，顺利推进政府会计改革[4]。

---

[1]　范年茂等：《浅议会计集中核算》，《经济问题》2003 年第 5 期。

[2]　欧阳宗书等：《美国、加拿大政府会计改革的有关情况及启示》，《会计研究》2013 年第 11 期。

[3]　杨敏：《推动我国会计管理工作再上新台阶》，《财务与会计》2014 年第 7 期。

[4]　李博：《关于政府会计制度改革的思考——基于事业单位财务管理角度》，《产业经济评论》2018 年第 5 期。

六　推进会计制度研究的对策

(一) 立足中国国情完善会计制度理论体系

中国是社会主义制度国家，有别于美国等西方国家，因此要求我们在分析和研究会计制度时要立足于中国国情。中国未来会计制度研究应着力于对相关信息的深入探索及拓展，而不是仅局限在对国外相关会计理论的引入。而对会计制度的研究，要考虑到中国是社会主义的市场经济，在研究时就不能照搬欧美方面的研究方法，要有选择的借鉴，从而推动中国会计改革稳步推进。同时，还应注重国际交流与合作，牢记"引进来""走出去"，积极宣传推广中国在会计制度领域的研究成果，扩大中国在国际会计制度领域的影响力，真正实现与国际接轨的目标。

(二) 提高重视程度加大会计制度研究力度

与国外相比，中国对于会计制度领域的研究起步较晚且完全需要自身探索完善，因此国家采取一系列措施，提高对会计制度研究领域的重视，加大对有关机构研究的政策和资源倾斜，进一步加强有关研究机构和学者的研究力度，大力宣传和推广研究成果，加强高校相关专业人才的培养和储备。同时，国家应在各方面大力支持该研究领域，培养各学者对会计制度的研究兴趣，在一定范围内加强宣传力度，营造浓厚的研究氛围，提高研究学者对该领域的研究兴趣。除此之外，还可以建立激励机制，对研究领域有所突破的学者进行奖励，以推动会计制度研究的蓬勃开展。

(三) 凝聚合力建立多元会计制度研究体系

从中国 21 年会计制度研究概况来看，政府在推动会计制度研究的发展中起到了首要作用。但是，各高校和研究机构的沟通联系并不密切，使得研究呈现出单一性。各高校、研究机构和作者之间应当加强合作，会计制度领域的研究涉及内容广泛，各作者缺乏合作创新很难形成突破性成果，应当以高校或研究机构为载体，增强政府、高校以及研究机构间的相互合作，推动作者间深入合作，合理利用优势资源，形成以政府组织领导、高校及组织机构资源整合、其他企业组织实践操作验证的多元化研究体系，集合各方研究力量，在良好的合作沟通中推进会计制度方面的研究。

第五章

管理会计重要主题可视化分析

第一节　公司治理图谱化研究

一　研究背景概述

公司治理是解决现代公司由于控制权和所有权分离所导致的代理问题的各种机制的总称，既包括公司治理的法律和政治途径、产品和要素市场竞争、公司控制权市场、职业关注等外部控制系统，也包括激励合约设计、董事会、大股东治理、债务融资等内部控制系统。公司治理机制既包括公司治理的法律和政治途径、产品和要素市场竞争、公司控制权市场、职业关注等外部控制系统；同时包括激励合约设计、董事会、大股东治理、债务融资等内部控制系统。

不同的时期阶段出现不同的分布特征，中国计划经济时期，政府完全干预企业。改革开放后，对国外理论的学习借鉴推动了中国公司治理的发展，学习国外先进理论经验逐步解决政企不分等问题。21世纪后，从路径依赖理论到结合现实情况，形成适宜自身发展的公司治理模式，建立现代化企业制度。但是目前中国公司治理制度仍存在不足，比如控股股东"一股独大"问题，企业治理制度中缺乏利益相关者以及中小股东的监督，即对保护中小投资者利益的公司治理制度不完善。国内公司治理主题前期研究主要关注影响公司治理因素的某一方面，如股权结构、公司董事会构成、独立董事、机构投资者等。前期研究文献侧重分析公司治理理论，例如刘芍佳等详细阐述了股权结构，并分析了不同股权结构如何作用于公司绩效①。近期文献研究侧重于上市公司实证分析，研究内容更加多元化，结合中国具体实际问题。曹亚勇等基于上市公司样本研究企业社会责任和融资效率两者之间的相互影响关系，发现履行企业社会责任将提高其融资效率，从而促使企业长远可持续发展②。

本节通过 CiteSpace 软件进行可视化图谱分析，选取公司治理主题研究文献来自于中国社会科学索引（CSSCI）文献库，通过关键节点的文献梳理和公司治理的历史演进分析全面了解公司治理的研究热点、研究内容、研究方法、研究特点等，图谱化展示公司治理主题的研究动态，以期推动中国公司治理研究日益完善。

二　数据来源与研究方法

本节拟分析公司治理研究领域的热点状况和研究趋势，通过主题关键词检索来确定数据源，全文数据下载于"中国知网"。具体方法如下：在"中国知网"数据库中以"公司治理"作为主题关键词进行文献检索，文献来源类别为中国社会科学索引（CSSCI），筛选条件是"高级检索"，以确保获取数据的全面性、权威性、价值性和代表性。时间从 1998 年 5 月 17 日至 2018 年 12 月 31 日，一共检索到相关中国社会科学索引论文 3500 篇，因此本节 CiteSpace 软件分析的数据基础是 3500 篇社会科学索引。CiteSpace 软件可视化分析方法成为新兴热门的研究方式，将大量广泛的数据文献转变成科学直观的网络图谱。CiteSpace 软件对知识图谱有两种呈现形式：关键词聚类图和时区视图。本节运用 CiteSpace 生成的可视化图谱，包括关键词共现网络图和关键词聚类图，节点代表数据分析的研究类型，共线或共引关系由两节点间连线来表示，强度用粗细程度表示。

三　公司治理知识图谱可视化分析

（一）核心作者分析

核心作者一般是指针对某一研究主题的重要学者，核心作者知识图谱主要呈现出该学术主题研究成果的发表及合作研究情况。在 CiteSpace 运行界面上，将节点类型（Node type）设置为作者，从而得到作者共现网

---

① 刘芍佳等：《终极产权论、股权结构及公司绩效》，《经济研究》2003 年第 4 期。
② 曹亚勇等：《企业社会责任与融资效率》，《软科学》2013 年第 9 期。

络图。

其中有 306 个节点、133 条连接线。作者字体和节点越大说明作者发文数量越多即频率越高，节点间连线的粗细程度代表作者间合作程度。作者间联系较少基本上没联系，也就是公司治理主题研究的独立性高，作者间的相互合作不是普遍状态。发表论文篇数排名前五位的作者分别是李维安（33 篇）、曹廷求（16 篇）、肖作平（14 篇）、高雷（14 篇）、李明辉（12 篇），其中肖作平、高雷并列第三位，排名第一位的李维安从 2002 年开始发文数量达到 33 篇，结合 2002 年出现频次较高的关键词，分别是公司法、独立董事、改革、资本市场。我们推断这一时期企业治理结构不断改革创新，研究作者发文数量相应地呈现出激增态势，从而使得公司治理研究文献数量迅速增加。

（二）机构分析

运用 CiteSpace 生成机构共现网络图可以清楚地分辨不同机构的研究分布状况，将节点类型设置为机构，从而获得机构网络图。

其中有 244 个节点、143 条连线，密集度为 0.0048，节点展现年轮形状，机构字体和节点越大说明机构发文数量越多即频率越高，节点间连线的粗细程度代表机构间文献联系的紧密程度与合作程度。可以看出机构分布排列状况，各大高校是公司治理主题研究的骨干力量，各机构之间有一定的联系与合作，但合作强度不高。机构发文数量排名前 3 名的是南开大学商学院（70 篇）、南开大学公司治理研究中心（56 篇）、重庆大学经济与工商管理学院（55 篇）。排名第一位的南开大学商学院从 2005 年开始发文 70 篇，结合 2000 年开始频率较高的关键词和相关文献归纳梳理可以得知，该阶段在公司法不断完善和改革背景下，此时借鉴国外经验的路径依赖公司治理主题研究，呈现爆发式增长。

（三）聚类分析

首先，运用 CiteSpace 软件得到关键词共现网络图反映公司治理当前研究热点以及关键词出现的频率。本节将下载的 3500 篇中国社会科学索引文献数据导入 CiteSpace 软件中，经过"中国知网"数据的格式转换，将参数设置如下：时间长度 2000—2018 年，时间切片为 1，节点类型为关键词（Keyword），联结强度的算法为"Cosine"，范围为"Within slices"，选择标准"Top50"，剪裁类型为"Pathfinder"，由此生成关键词共现网络图。

并与关键词共现网络图辅助表格相结合，可知公司治理主题研究出现频率
最多的关键词分别是公司治理（2849 次）、股权结构（153 次）、上市公司
（120 次）、独立董事（105 次）和机构投资者（102 次），出现频率比较靠
前的关键词依次是董事会、盈余管理、公司绩效、利益相关者、内部控
制、资本结构、商业银行、信息披露、国有企业等。

　　通过关键词聚类反映公司治理主题研究当前热点、研究状况和基础性知
识单元，经过 CiteSpace 软件处理后，得到关键词聚类网络图，聚类知识图谱
共生成 428 个节点、523 条连线，密集度（density）为 0.0057，表明该聚类
数据布局情况相对分散，但聚类之间的共被引连线清晰可见，说明我国公司
治理主题研究已具备了比较完善的研究结构和理论知识。本节根据关键词出
现频率，选取频率较高项目作为主要研究对象，因此本节选取#0 公司治理、
#2 股权结构、#3 股权分置改革、#13 上市公司和#4 机构投资者进行研究。经
过统计可以得到每个聚类出现次数较多的关键词（见表 5 – 1）。

表 5 – 1　　　　　　　　　**公司治理研究热点和高频关键词**

序号	研究热点	高频关键词
1	公司治理	公司外部治理、公司内部治理、企业改革、企业治理、委托代理
2	股权结构	激励强度、第一大股东、权衡理论、盈余治理、客户信息披露
3	股权分置改革	外部独立董事、掏空行为、监督动机、内部治理机制、制约机制
4	机构投资者	董事会改革、金融风险、监督动机、管理层级、我国内部审计
5	上市公司	公司治理、股权激励机制、风险防范、证券市场监管、高管持股

　　1. 第一聚类：公司治理

　　公司治理文献主要可分为几类：一是对公司治理的含义、委托代理理
论进行的探讨。公司治理是股东大会、董事会和经理层之间的治理机制，
责任明确，形成了公司协调运作的治理机制，冯志华认为产权类型有差别
的企业，应采取适合本公司的管理机制。外部治理模式可以制约国有控股
企业的代理成本，内部治理模式主要解决民营企业相关问题①。二是重视

---

　　① 冯志华：《现金持有、公司治理与代理成本——基于产权的调节效应》，《会计与金融》
2017 年第 8 期。

对国外公司治理的吸收借鉴，公司治理问题使得借鉴国外经验的增加和应对措施的出现。王舟浩等吸收了美国、英国、日本等国的成功经验，针对中国公司治理提出加以借鉴的建议①。三是良好的公司治理有利于提升企业核心竞争力和企业价值，完善现代企业制度。建立现代企业制度，最重要的是健全公司治理体系。韩少真等认为公司治理和业绩呈正相关关系，高水准公司治理可以提高公司绩效水平，给公司业绩带来积极影响②。四是从多个层面和角度探讨影响公司治理的因素。胡曲应研究了公司治理、股利政策和创新绩效三者的关系，公司创新绩效与董事会结构呈正相关，第一大股东持股比例与股利支付正相关，股利支付与创新绩效不存在负相关③。王晓珂等研究了应用衍生品和盈余质量对公司治理的影响。一般在公司治理水平较低的企业，衍生工具给盈余质量管理带来负效应④。张正勇研究了会计稳健性、社会责任报告印象管理对公司治理的影响，公司治理水平与社会责任报告印象管理负相关。在公司治理模式较完善情况下，会计质量的稳定程度和社会责任报告印象管理二者关系不大⑤。五是公司治理研究手段复杂化和研究问题广泛化。本节研究时间是从 2000 年开始，公司治理的研究主要关键词是国企改革、内部人控制和证券公司等，逐渐向股权激励制度、会计稳健性、公司业绩、独立董事数量、会计信息质量等集中。不仅仅局限于分析两个变量对公司治理的影响，更多的是结合分析三个及以上变量的影响。这些研究更多地扩充了公司治理研究边界，运用数学、相关性分析和线性回归分析等手段，提高了数据研究的"严谨"性。

2. 第二聚类：股权结构

通过对文献的初步阅读和进行的归类梳理得出以下观点：一是股权结构是公司治理的基础，对股权结构进行了不同视角的研究。现金流是公司的血液，通过现金变动反映股权结构情况，研究现金价值对优化改善股权

---

① 王舟浩等：《国外公司治理经验及对我国的启示》，《西安交通大学学报》2014 年第 1 期。
② 韩少真等：《公司治理水平与经营业绩——来自中国 A 股上市公司的经验证据》，《中国经济问题》2015 年第 1 期。
③ 胡曲应：《公司治理结构、股利分配与企业创新绩效三元关系实证研究》，《科技进步与对策》2017 年第 1 期。
④ 王晓珂等：《衍生工具、公司治理和盈余质量》，《会计研究》2017 年第 3 期。
⑤ 张正勇：《会计稳健性、公司治理与社会责任报告印象管理》，《财经理论与实践》2017 年第 38 期。

结构的启示，促进股权结构改善。周龙等阐述了持有的现金价值对股权结构的作用，大股东持股比例与持有现金价值呈负相关[①]。二是研究股权结构对公司治理模式的影响，有效的股权结构有利于提高公司价值，完善公司治理模式。秦兴俊等认为股权集中程度和企业创新能力正相关，股权结构变化会影响企业技术进步与革新，应该重视企业股权结构稳定性，创造良好的经营情况和治理结构，有利于提升企业创新能力[②]。三是介绍中国股权结构现状和特性，中国大股东持股比例高，具有绝对控制权，针对公司治理中存在委托代理问题，应建立行之有效的股权激励约束体系。许娟娟认为股权激励可以提高公司业绩，同时良好的公司治理也可以充分发挥股权激励的作用[③]。概括来说，首先分析中国股权结构特征，对股权结构进行多角度深层次研究，有效的股权结构有利于完善公司治理，并对中国股权结构问题提供解决措施，对今后相关研究提供借鉴意义。

3. 第三聚类：股权分置改革

通过对股权分置改革文献的阅读和梳理得出以下观点：一是股权分置改革有利于提升公司绩效水平，从而进一步完善公司治理。股权分置改革拓宽了改革新思路，对以后的渐进式改革实践具有启发意义。如曹廷求等研究股权分置改革进程和治理效果，激励大股东提高公司绩效和发挥大股东监督作用，可以降低代理成本[④]。二是研究股权分置改革必要性，提出了相应的治理措施。大股东强占中小股东利润和利益即掏空行为，促使公司进行股权分置改革完善公司治理结构。焦健等研究如何抑制大股东的利益侵占行为，主要分析股权的制衡和董事会的异质性，对其进行限制和监督，从而完善公司治理结构体系[⑤]。

4. 第四聚类：机构投资者

通过对机构投资者文献的阅读和梳理得出以下观点：一是发展机构投资者有利于遏制管理层滥用权力，可以有效地监督管理层行为；有利于提

① 周龙等：《股权结构对现金持有价值的影响研究——来自中国上市公司的证据》，《西安交通大学学报》2013 年第 3 期。

② 秦兴俊等：《股权结构、公司治理与企业技术创新能力》，《财经问题研究》2018 年第 7 期。

③ 许娟娟：《股权激励、盈余管理与公司绩效》，《财务与会计》2016 年第 3 期。

④ 曹廷求等：《股权分置改革的中期检验：透析内在机理》，《资本市场》2014 年第 7 期。

⑤ 焦健等：《股权制衡、董事会异质性与大股东掏空》，《经济学动态》2017 年第 8 期。

高公司绩效水平和提升公司价值；有利于抑制企业的盈余管理行为，使公司治理机制更加完善。韩云揭示了机构投资者对于公司治理和公司价值的影响，同时研究代理成本高低如何影响机构投资者的监督职能，以期改善机构投资者来完善公司治理结构①。二是由于中国资本主义市场条件不太成熟，导致中国机构投资者结构不合理。林雨晨等认为中国机构投资者发展相对滞后，与国外存在大差距，提出应让稳健型境外机构投资者有更多机会进入中国市场，抑制资本市场的投机谋利行为②。概括来说，基于不同视角不同影响因素，机构投资者的积极性可以帮助完善公司治理模式，从而提出有针对性和合理的解决方案。但就中国目前情况来看，机构投资者结构存在问题，为此需要引进稳健型境外机构投资者。

5. 第五聚类：上市公司

对高频关键词上市公司的深入探讨分析，通过对文献的阅读和梳理得出以下观点：一是研究上市公司的内外部结构，如股权结构、管理层、监事会制度、风险控制等，多角度的研究上市公司，不断健全上市公司内外部结构，使上市公司能够得到长远持续发展。随着我国资本主义市场的发展，从经济角度来说上市公司处于不容忽视的位置，所以我们有必要对上市公司治理结构进行研究。马志奇等研究分析了中国上市公司的现状，认为结构上仍存在一些缺陷，基于上市公司股份构成的特殊性，提出如何改良上市公司内部相关结构③。二是关于上市公司治理情况研究，探讨了中国上市公司治理的演变历史和研究内容等。与此同时，上市公司的违规行为也不容忽视。沈华玉等分析了上市公司的违规行为，并研究其对股票价格风险的影响④。

四　公司治理研究热点演进分析

公司治理主题研究一直以来都是会计领域重要的研究热点，在不同历史时期有显著不同的研究特征和发展趋势。自从中国实行改革开放以来，

---

① 韩云：《代理问题、机构投资者监督与公司价值》，《会计与金融》2017 年第 10 期。

② 林雨晨等：《境内外机构投资者与会计稳健性——谁参与了公司治理》，《江西财经大学学报》2015 年第 2 期。

③ 马志奇等：《上市公司治理结构研究》，《东南大学学报》2018 年第 20 期。

④ 沈华玉等：《上市公司违规行为会提升股价崩盘风险吗》，《山西财经大学学报》2017 年第 39 期。

在学术界开始讨论研究分离公司治理所有权和经营权。1978—1990 年，学术界讨论企业改革，其中政企不分是制约企业发展的最主要问题，逐渐地开始将政府干预企业转变为企业自主经营，这一阶段是研究公司治理的准备阶段。1990—2000 年，讨论比较多的关键词是董事会结构、机构投资者等，同时公司治理问题开始被正式提及研究，基于不同视角多层次的研究。2000—2018 年，是本节重点分析研究阶段，这一时期，由于中国证券市场规模的不断扩大，这使得公司治理研究文献数量迅速增加，研究热点领域不断增加，涉及范围也逐渐扩大，公司治理的研究手段越来越多样化，相关实证分析和数学分析的文献数量有显著的增加，可以说是公司治理研究的蓬勃发展时期。通过运行 CiteSpace 软件获取时区视图，可以发现2008 年全球性金融危机是一个分界线，据此将本节公司治理研究这一时期分布特征分为路径依赖模式发展和特色治理模式发展两个阶段。利用CiteSpace 软件处理得到公司治理研究中心性高的关键词和突现词信息表等（见表 5 - 2）。

表 5 - 2　　　　　　　　　公司治理的突现词信息

开始年度	终止年度	强　度	关键词	开始年度	终止年度	强　度	关键词
2001	2003	5.840	国企改革	2004	2006	3.499	路径依赖
2002	2006	4.093	监事会	2004	2008	4.292	国有商业银行
2002	2006	3.015	公司法	2007	2010	5.113	风险管理
2002	2004	10.026	独立董事	2007	2008	4.424	IT 治理
2002	2005	3.399	改革	2008	2011	3.003	民营上市公司
2002	2004	3.509	独立董事制度	2008	2012	3.151	社会责任
2002	2005	4.028	资本市场	2009	2010	5.662	股权分置改革
2002	2005	3.763	内部人控制	2009	2011	3.391	金融危机
2003	2004	3.285	战略管理	2009	2010	3.069	公司社会责任
2003	2006	3.042	激励机制	2009	2010	3.582	信息披露质量
2003	2007	3.200	大股东	2009	2015	4.202	公司业绩
2003	2004	3.504	证券公司	2010	2018	4.142	股权激励
2004	2006	3.499	路径依赖	2010	2018	3.301	会计稳健性

（一）2000—2008 年为路径依赖模式发展

"路径依赖"是指将某一系统的发展锁定在一种特定模式中，并不断强化的现象。由表 5 - 2 可知，2004—2006 年，对路径依赖的研究呈爆发式增长。2002—2006 年，《公司法》不断完善，但《公司法》发展一直以国外相关法律为移植依据，这一时期的企业改革、证券法、独立董事制度等同样遵循上述发展路径。每个国家公司治理机制都有其适合的特定情况和历史环境，也就是说公司治理模式不具有符合所有公司的普遍性。20 世纪 90 年代内部人控制概念被提出，2002—2005 年，对内部人控制研究迅速增加，自然而然出现了相应的控制机制，有助于建立良好的公司治理机制。与激励相关的关键词在 2003—2006 年激增，建立健全激励约束体系是公司治理主题不可或缺的研究方向。

（二）2009—2018 年为特色治理模式发展

我们在借鉴国外公司治理先进经验的同时，要根据中国现实国情重新进行公司治理模式设计和转换路径，重视公司治理制度实施的特定环境，充分利用中国公司治理的特殊优势，结合中国公司经济活力，使得公司治理制度能够与我国社会现实相匹配。经历 2008 年金融危机和国外发达国家连续的公司丑闻事件后，说明欧美国家股东价值最大化公司治理模式不完全合适中国，我们需要打破路径依赖模式，及时纠正改善并开始路径创造，创新公司治理模式，不断向探讨最佳公司治理体制前进。由表 5 - 2 可知，2000 年开始，公司治理研究主题关键词是国企改革、独立董事、证券公司等；金融危机后，2009—2011 年关键词"金融危机"的研究关注度增加，并逐渐向信息披露质量、公司社会责任、股权激励、公司社会责任、会计稳健性等领域集中，公司治理研究更加全面和视角更开阔。可以预见，关于公司治理主体的讨论会越来越符合中国企业发展，逐渐形成中国特色的公司治理机制，通过不断探寻创新现代公司治理结构，提高中国公司治理的有效性和规范性。

五　推进公司治理研究对策分析

（一）因地制宜借鉴国外经验

纵观中国公司治理的研究历史，结合本节分析 2000—2018 年公司治理的历史演进，中国公司治理研究时间不长，研究经验并不是特别丰富，所以我们应该积极地吸取国外成功的经验，不断加强中国公司治理结构构建，而且中国公司治理研究的前期，没有考虑中国国情和实际状况，没有实事求是，一味地照搬照抄国外经验，也就是上文论述的公司治理路径依赖模式发展，一直到2008年金融危机后，才意识到美国等国家的公司治理模式并不是完全适合中国。因此我们应该因地制宜，根据中国公司治理的环境不同和其他差异情况，吸取国外经验的精华，建立并不断完善适合中国特色的现代公司治理结构。

（二）完善股权激励约束体系

分析整理关于中国公司治理研究的文献资料，我们知道中国公司的股权比例分布存在些许缺陷，从早期的计划经济，形成政府企业二者不分离，即政府完全控制并干预企业的经济决策，之后慢慢随着改革开放这一问题逐步改善，但仍然存在某些大股东持股数量居高不下，大股东控制或垄断公司阻碍公司发展。我们应该合理调整股东持股比例，避免股权高度集中，建立有效的股权激励约束体系。股权激励约束体系是一个不断优化的动态过程，应强调其他权力如中小股东对大股东进行制约的必要性，平衡大股东和中小股东权力，同时完善股票回购、股权分红奖励等股权激励组合，综合运用不同的激励体系，逐渐建立综合性激励制度，缓解公司因委托代理问题产生的矛盾。

（三）优化国内机构投资者结构

从上文的公司治理可视化分析图谱可知由于中国是社会主义国家，与国外资本主义国家相比，我国资本主义市场机制不太成熟，这会导致中国机构投资者发展比较滞后，进步速度缓慢，从而造成机构投资者结构不合理，反作用于中国上市公司发展。为了充分发挥机构投资者制约董事的权力和监督股东的作用，有必要支持机构投资者来改变这一格局，国家应该制定相关法律，为机构投资者营造良好的投资环境，培育多元化机构投资者，公司应该给机构投资者提供更多的发挥渠道。同时，应积极发挥私人投资者的作用，以形成股东、机构投资者和私人投资者三者相互制衡的局面。

第二节　盈余管理图谱化研究

一　研究背景概述

中国盈余管理的研究起步较晚，正确地把握盈余管理概念，对上市公司盈余管理行为进行研究，不仅能使投资者更深刻地理解其披露的盈余信息的内涵，做出正确的投资决策，同时会丰富中国上市公司盈余管理的基本理论，完善公司治理结构，为解决绩效评估与报酬计划、证券市场监管等一系列理论与实务问题提供了重要的依据。迄今为止，中国对于盈余管理的研究取得了一些成果，其中不乏对其产生的原因、动机、方式和对策等的研究。尽管目前学者对于盈余管理研究的总体数量较大，然而仍存在一些问题。其中最为突出的问题是，在许多关于盈余管理的研究文献中，各种研究结果迄今为止仍然保持着很大的差别，而且关于盈余管理的研究存在方向偏窄、研究层次不够深入等问题。本节所用 CiteSpace 软件可以快速生成可视化图谱，其中包括关键词聚类图、关键词时区图、作者合作图和机构合作图，可以直观地展示盈余管理研究的突现词及作者合作网络，并且力求通过该软件对我国盈余管理研究的热点、趋势及最新的动态进行准确的梳理研究。

目前国内关于盈余管理的文献综述包括张菊香《基于动机视角的盈余管理文献综述》、张炳红《中外盈余管理文献综述》、王霞《盈余管理的国内文献综述》、张香奇《企业盈余管理文献综述与动机方法》。从总体来看这些文献综述梳理了盈余管理的概念、发展历程、分类、动机、研究方法和影响因素。经过对不同时期文献的阅读，可以看出会计界对于盈余管理的研究越来越细致、越来越全面。从这几篇论文来看，张菊香因为研究年份较早，所以文献中主要是关于国内外盈余管理动机的综述，未涉及其他方面，可以说是处于研究的起步阶段。张炳红则从国内外的动机、方法和概念这几个方面进行研究，表明盈余管理研究的进一步发展。王霞和张香奇的文献综述则比前面要更加全面，其中王霞聚焦于盈余管理的动机和影响因素，张香奇则全面地从分类、动机、研究方法、经济后果方面做出总结。总而言之，后者比前者更加全面、丰富。迄今为止，其实盈余管理的研究角度一般都集中在盈余管理的动机和影响因素这两个方面上,其他研究角度涉及略少。从盈余管理动机角度看,主要分为以下几种动机:契约动机、应对外界监管的动机、资本市场动机和政治成本动机。针对盈余管理的影响因素,主要有内部因素和外部因素。其中内部因素包括公司治理,外部因素主要是审计、会计准则和外部经济环境等因素。随着经济社会的不断发展,企业采取了不同的方式实施盈余管理,这也需要我们不断加强盈余管理的研究深度、拓宽研究角度并且完善盈余管理的相关方法和模型,从而能够更准确地研究盈余管理。

二 数据来源与研究方法

本节数据来源为"中国知网"数据库,检索条件以"盈余管理"为"关键词"或"篇名",以期刊论文为文献类型,时间跨度设置为1998—2018年。为了保证获取数据的权威性和先进性,期刊的来源设置为"CSS-CI",然后进行高级检索,最后获取相关期刊论文1353篇。为了确保数据的准确性和研究结果的有效性,剔除了期刊综述、会议通知等无关或相关性少的文献,最后共获得1350篇有关文献,全部是以盈余管理为主题的期刊论文。检索时间为2018年12月31日。本节运用美籍华裔陈超美博士与大连理工大学实验室合作开发的CiteSpace软件对盈余管理进行知识图谱分析。它主要是用可视化图谱呈现关键词、机构和作者合作,进而挖掘某领域先进的演化趋势与知识关联状态。文中依次呈现作者合作图、主要关键词图、关键词聚类图、关键词时区图,用来分析文献作者间的合作关系、研究热点、研究主题和历史进程等。

三 知识图谱可视化分析

(一) 核心作者分析

作者是研究的中心和关键。针对文献作者和作者合作图的分析,可以反映出该领域的核心作者群及其合作关系。如果要运用CiteSpace对核心作者分析,首先要将1998—2018年1350篇有效文献进行数据转换,然后导入到软件中,进行相关设置后得到作者合作网络图。其中的节点代表了发文作者,节点大小代表发文次数的多少,节点间的线条代表合作关系,它们共同组成了作者群与合作网络的知识图谱。可以看出共有172个节点、

85 条连线，共线密度为 0. 0058。这说明有 172 位作者进行了相关的研究，作者间的合作为 85 次。从共现频次来看，排在前两位的作者分别是李延喜和张俊瑞，共现次数分别为 14 次和 11 次，发文数量突现年份为 2011 年和 2008 年。其次是李彬、吴联生、陈沉、曹国华、李增福、张祥建、王鹏和黄谦，他们发文数量的突现年份分别为 2005 年、2008 年、2012 年、2016 年、2010 年、2006 年、2013 年和 2009 年，突现年份基本都处于盈余管理研究的成长期。

　　我们发现盈余管理的研究是独立和合作相结合的，作者间的合作网络有 9 个，说明合作关系比较少。节点较大的是李延喜、张俊瑞和李彬，他们的发文次数最多。其中，李延喜、张俊瑞发文时间主要贯穿于盈余管理研究的成长和成熟阶段，吴联生、曹国华和陈沉虽然发文次数没有前两者多，但发文时间相近，一定程度上也代表了此领域的前沿发展情况。同时经查阅分析，合作比较密切的李彬、张俊瑞等人均属于同一机构。此外，其他的作者合作大多也是类似的情况，如李延喜和陈克兢。因此可以得出，盈余管理的研究多为小型合作网络，这种小范围的作者合作虽有利于创作出高质量的研究文献、取得优秀的研究成果，但从盈余管理未来研究的角度上看，不利于其长远发展。因此，学者们应该在社会环境变化和经济发展的基础之上，开展广泛合作，进行更大范围的跨领域融合研究。

　　(二) 文献时间序列分析

　　研究收集了从 1998—2018 年关于盈余管理的 CSSCI 期刊文献，总共为 1350 篇。盈余管理研究的 CSSCI 期刊论文发表数量的分布情况，如图 5－1 所示。在 2003 年以前，有关盈余管理论文的发表数量不多，增长速度缓慢。然后 2004—2011 年盈余管理的论文数量迅速增加，并在 2011 年达到年发表数量的顶峰。这是因为 2003 年年底证监会和国资委联合召开座谈会，会议的主题是关于上市公司的规范发展问题。这次会议对于盈余管理的研究起到了积极的推动作用，这一阶段的研究处于高速成长期。随后在 2012—2018 年相关研究保持相对稳定的情况，其中包括了数量上的一些波动，主要原因有新会计准则的修订和党的十九大以来相关政策的发布。

　　此外，我们可以得到各种研究主题的比例，占比最高的是盈余管理，其次是盈余管理程度、企业管理、盈余管理行为、实证研究、上市公司、公司治理等方面，主要涉及研究对象、方式以及影响因素等。针对研究方式，我们发现研究主要是通过公司财务数据及其他数据进行的实证分析；

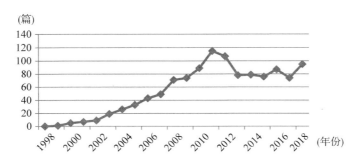

图 5-1　1998—2018 年盈余管理文献发表数量趋势

研究对象大部分为大型上市公司，也有少数中小型上市公司和民营企业；从研究动机角度看，现行的公司治理结构为企业高管创造了盈余管理的契约动机；从影响因素的角度，审计质量决定了审计对盈余管理的抑制程度，这说明审计质量越高就越容易抑制盈余管理，此外标准无保留的审计报告与盈余管理成负相关关系。

（三）盈余管理研究热点分析

首先，运用关键词共现图反映盈余管理的关键词的频次。关键词共现是将从"中国知网"获取的样本数据导入 CiteSpace 软件中，经过数据转换之后，然后设置参数如下：时间范围是 1998—2018 年；切片时间为 1 年；节点类型设为关键词；算法为"Cosine"，范围为"Within slices"；阈值为"Top 50"；运算方法为"Pathfinder"，剪裁类型为"Pruning sliced networks"，经过软件处理得到关键词共现网络图。

统计结果中共有 216 个节点、232 条连线，共线密度为 0.01。这说明"中国知网"CSSCI 期刊中收录的关于盈余管理文献中关键词有 216 个，但是关键词在文献中共同突现的程度不是很高。关键词主要有信息不对称、公司治理、上市公司等。其中信息不对称的突现频率最高，这是因为信息不对称是企业实施盈余管理的基础。这些关键词代表了我国盈余管理前沿文献的研究方向，其中包含了分类、影响因素、主要对象和评价标准。除去盈余管理，关键词频次排序前三位从大到小的是：盈余质量、真实盈余管理和公司治理。然后，因为本节需要根据关键词聚类分析盈余管理的研究热点。

从关键词聚类网络图中，可以得到 13 个聚类，分别为信息不对称、研发支出、上市公司、关联交易、应计盈余管理、资产减值、内部控制、会计稳健性、并购、审计收费、股权集中度、信息披露和审计委员会。这些聚类涉及盈余管理研究的条件、方式、对象和影响因素等，下文对其中的几种聚类进行分析。

1. 聚类#0：信息不对称

盈余管理的前提条件和基础是信息不对称。事实上，正是由于管理层和投资者两者之间掌握的信息有差异，管理层才有机会实施盈余管理。如果两者之间获取的信息是完全一致、等量的，那么也就失去了进行盈余管理的可能性。基于信息不对称是盈余管理的基础，学者研究了许多影响信息不对称的因素，并提出了一些可以降低信息不对称的措施。李妍锦研究发现，综合报告的发布和企业信息披露质量的提高呈明显的正相关，增加综合报告有利于显著减少信息不对称的水平，可以有效地抑制企业的盈余管理[①]。这也就意味着发布综合报告一定程度上可以抑制企业进行盈余管理。而李昊洋选取创业板公司数据进行了实证研究，研究得出如果进行投资者调研，那么就可以降低信息不对称水平，并且可以通过增加研发支出费用化或减少资本化的方式来达到降低盈余管理目标[②]。

2. 聚类#1：研发支出

企业的研发支出资本化，可以成为一种实施盈余管理的方式。研发支出的会计处理一般有三种：资本化、费用化、有条件的资本化，一般企业的管理者都是通过第三种研发支出有条件资本化实施盈余管理。傅贵勤通过分析 A 医药企业 2011—2016 年研发支出的相关财务信息指出，出于吸引市场的投资和粉饰利润的动机，企业通过有条件资本化的会计政策的选择，进行过度的资本化，从而实施不当盈余管理[③]。总而言之，虽然研发分为两个阶段，但基于会计政策的不确定性，企业可以自由选择研发支出是计入资本化支出还是计入费用化支出。这就促使企业管理层可以借机操纵利润，进行盈余管理。但一般来说，研发型或创新型企业的研发支出资本化的动机要更大。由于研发支出总额巨大，稍有变动就会有巨大影响，

---

① 李妍锦：《发布综合报告是否有助于降低企业的信息不对称》，《财经科学》2017 年第 4 期。

② 李昊洋：《投资者调研与创业板公司研发资本化选择》，《财贸研究》2018 年第 3 期。

③ 傅贵勤：《研发支出的盈余管理发现与抑制——以 A 医药股份公司为例》，《财会月刊》2018 年第 14 期。

所以企业利用研发支出可以比较隐蔽地进行盈余管理，不易被发现。

3. 聚类#2：上市公司

在"中国知网"检索盈余管理方面的期刊文献，可以看到出现最多的是关于上市公司的研究。这也意味着上市公司是中国盈余管理研究的主要对象，而且现有文献大多是研究上市公司实施盈余管理的动机、方式、影响因素等。文献大多为实证研究且与资产减值、信息披露、关联交易这几种聚类有公共交集，说明文献研究内容有交叉。中国存在经济发展地区不平衡状况，而这种存在差异的外部环境会对上市公司及其治理产生影响，因此李延喜等运用 OLS 回归方法检验了不同地区外部治理环境对上市公司盈余管理的影响①。除了宏观经济环境的角度，媒体监督和法制环境也会对上市公司的盈余管理产生影响，陈克兢探索了政治关联对上市公司盈余管理的影响②。总之，关于聚类#2 上市公司主要研究其影响因素和动机。

4. 聚类#3：关联交易

为了避免亏损或者完成业绩考核等目的，上市公司经常会进行关联交易，并且将它作为实施盈余管理的一种手段。历史研究表明关联交易是一种重要的应计盈余管理方式，而随着会计准则的修改，企业也逐渐开始通过关联交易构造虚假真实活动，从而实施真实盈余管理。从一定程度上来说，关联交易有利有弊，适度的关联交易对公司价值有正向影响，而过度的关联交易则会导致盈余管理的发生③。鹿尧选取了 2012—2016 年民企上市公司为样本，采用回归分析的方法实证研究得出民企上市公司的关联交易与盈余管理也有非常密切的关系④。在一些要素不变的情况下，关联交易与应计盈余管理呈正相关，且它与真实盈余管理也是正向影响的关系。而当它的相对程度较高时，相应的应计盈余管理则会较少，真实盈余管理则会较多。这就说明当企业的关联交易程度高的时候，企业往往会更多地实施真实盈余管理。总体上来说，关联交易是实施盈余管理的方式之一。

————————

① 李延喜等：《基于地区差异视角的外部治理环境与盈余管理关系研究——兼论公司治理的替代保护作用》，《南开管理评论》2012 年第 4 期。

② 陈克兢：《媒体关注、政治关联与上市公司盈余管理》，《山西财经大学学报》2016 年第 11 期。

③ 魏志华等：《"双刃剑"的哪一面：关联交易如何影响公司价值》，《世界经济》2017 年第 1 期。

④ 鹿尧：《民企上市公司关联交易程度与盈余管理》，《吉首大学学报》2018 年第 2 期。

5. 聚类#4：应计盈余管理

盈余管理其中的一种是应计盈余管理。它出现较早且被广泛使用，主要是运用折旧、资产减值等方面会计政策的选择将企业的盈余分散地计入在不同会计期间。内部控制对企业的应计盈余管理产生积极影响，而向上的应计盈余管理则会对公司的经营绩效产生消极影响。许文静研究发现为了弥补亏损或上市进行向上的应计盈余管理，会大大减少公司的业务绩效①。而向下的应计盈余管理，一般使收益保持一个稳定的状态，则不会影响公司的业务绩效。随着企业会计准则的修订，企业实施真实盈余管理的频率越来越高，这也就意味着未来公司的长期业绩会受到影响。

6. 聚类#5：资产减值

资产减值是企业实施盈余管理的一种手段。从另一种角度上看，它和盈余管理是一个双向的关系，即双方互相影响。一方面前者会对抑制后者起到积极的意义；另一方面，由于公司上市、配股、扭亏等动机，资产减值更是成为管理层借机实施盈余管理的一种方式。由于对计提资产减值以前没有严格的规定，所以被上市公司作为实施盈余管理的方式的现象比较普遍。而在新企业会计准则出台后，尽管一经发生不能转回的规定在一定程度上限制了企业实施盈余管理，但由于中国会计制度和政策仍存在缺陷，管理层依然可以借机操控资产减值。其中，既有会计准则本身的不够完善，也有公司内部组织不合理和监管机制不够等原因，如会计人员对于可收回金额和计提减值准备具有主观性、流动资产可以转回、已计提减值的长期资产可以通过资产重组等方式转回②。

7. 聚类#6：内部控制

一直以来，学者对于内部控制与盈余管理的关系没有达成一致的观点，主要是分为两大类。第一类认为内部控制对盈余管理起到抑制作用；第二类则认为正因为公司的内控不健全、不完善、存在漏洞，才给予公司管理层借机实施盈余管理的空间。总结相关研究可得，高质量的内控可以

---

① 许文静等：《应计盈余管理动机、方向与公司未来业绩——来自沪市 A 股经验证据》，《中央财经大学学报》2018 年第 1 期。

② 戴禹尧：《企业资产减值会计信息中的问题与决策研究》，《中国注册会计师》2017 年第 4 期。

有效降低盈余管理。针对实施盈余管理的方式，内控存在漏洞的上市公司与内控更加健全的上市公司存在差异。也就是说，两者实施盈余管理行为所利用的会计科目不一致。此外，还有学者探究了内部控制与审计之间是否存在某种关系，以及两者对于盈余管理是否会有作用。研究结果发现，完善的内部控制制度和高质量的审计会对企业盈余管理起到抑制作用。

8. 聚类#7：会计稳健性

会计稳健性是指企业中的会计人员应对交易的会计处理保持必要的谨慎态度，既不应该高估资产和收益，也不应该低估负债。会计稳健性和盈余管理是一种矛盾关系，前者可以对后者起到抑制作用，但同时前者又为后者的实施创造了条件。但就中国目前的外部环境而言，会计稳健性对抑制企业的盈余管理起到正向的影响。相应的，盈余管理也会影响会计稳健性。李宾等采取实证分析发现，将两种盈余管理分成向上和向下两种方向，企业无论实施哪一种方向的盈余管理都会对会计稳健性有作用，只是影响的方向不同[1]。向上的真实盈余管理和应计盈余管理对于会计稳健性的影响截然不同，所以使得会计稳健性既不增加也不减少。也就是说，由于两者的相互抵消作用，企业实施的向上盈余管理很可能不会对会计稳健性造成影响。企业可能采用两种盈余管理混合形式对盈余进行操控，但同时保持会计稳健性处于比较平稳的状态。

9. 聚类#8：并购

并购主要涉及盈余管理的动机。我国股权分置改革后，上市公司的并购活动逐渐增多。由于并购具有风险性、不确定性等特点且受外界关注度较高，企业常会因为害怕并购失败而实施盈余管理活动。一般来说，并购前一年盈余管理的动机较强，主要是因为下面几点。第一，为了向外部投资者传递正面的信息进而吸引投资，企业往往会实施盈余管理。第二，基于契约动机，高管为了获得薪酬的需要，往往会愿意在前一年实施盈余管理。第三，企业高管承受并购的压力，往往会为了名声、公司业绩等方面进行盈余管理[2]。为了抑制盈余管理，可以检查企业并购前一年的财务报

① 李宾等：《上市公司的盈余管理必然导致会计稳健性下降吗?》，《会计研究》2017 年第 11 期。

② 孙梦男等：《中国上市公司并购中盈余管理的择机行为研究》，《云南财经大学学报》2017 年第 6 期。

表，核查是否有粉饰报表操纵盈余的行为。

四　盈余管理的历史演进分析

突现词分布图反映了盈余管理研究关键词在特定年份的热度，结合相关文献与表 5 - 3，可以将盈余管理研究的发展大致分为三个阶段。

表 5 - 3　　　　　　　　　　**1998—2018 年盈余管理突现词分布**

关键词	年份	突现值	开始年份	结束年份	1998—2018 年
财政管理	1998	3.1623	1999	2005	----------------------
上市公司	1998	8.4742	2001	2009	----------------------
应计利润	1998	6.4339	2004	2009	----------------------
审计质量	1998	3.9702	2005	2006	----------------------
盈余分布	1998	3.67	2005	2007	----------------------
关联交易	1998	4.8676	2005	2010	----------------------
新会计准则	1998	4.8898	2007	2013	----------------------
真实活动操控	1998	3.551	2008	2012	----------------------
经济后果	1998	5.6511	2008	2010	----------------------
公允价值	1998	3.8932	2009	2013	----------------------
公司治理	1998	4.2016	2009	2010	----------------------
资产减值	1998	4.0257	2010	2011	----------------------
商业银行	1998	3.4034	2012	2014	----------------------
应计项目盈余管理	1998	5.0767	2013	2015	----------------------
真实活动盈余管理	1998	6.0752	2014	2018	----------------------

（1）1998—2003 年为起步阶段。这一阶段中国盈余管理研究呈现缓慢、低速发展，作者以陆宇建、王跃堂、李明辉等为代表。研究方向主要是针对财政管理、上市公司盈余管理等，虽然发展速度缓慢，但已经初步

形成了盈余管理的研究体系。

（2）2004—2011 年为成长阶段。这一阶段有关盈余管理研究的数量呈爆发式增长，研究主题持续拓展。这一阶段的作者以张建瑞、张祥建、吴联生等为代表。研究迅速发展且呈现爆发式增长的原因，主要是市场化水平提高，国家规范了上市公司的发展问题，并且制定了相关的会计制度。这一阶段的研究者主要关注真实活动操控、关联交易、新会计准则、公允价值等关键词。

（3）2012—2018 年为成熟阶段。这一阶段盈余管理的研究增长平稳，呈现波动式增长，研究趋于成熟。几处波动，可能与 2014 年企业会计准则的修订和党的十九大以来涉及盈余管理的政策有关。研究作者以李延喜、张俊瑞、曹国华等为代表。研究方向丰富多元，研究内容充实全面，研究方法多种多样。研究主题更关注盈余管理行为、应计盈余管理、真实盈余管理等，这体现了研究者关注于盈余管理的评价。同时，这阶段的研究涉及多种学科，如经济学、管理学、政治学、社会学等。

五　推进盈余管理研究的对策

中国现在对盈余管理的研究一般都聚焦于动机和影响因素，而本节通过对核心文献的解读发现盈余管理研究的前沿和热点更聚焦于盈余管理的影响因素、手段和其他的研究内容等方面。为了推进中国盈余管理研究的发展，并使其有更多的研究方向，提出几点对策。

（一）完善计量模型扩展研究方法

盈余管理的研究方法主要有频率分布法和总体应计利润法，第二种应用最为广泛，包括琼斯模型、修正琼斯模型及其他模型。然而现有的研究模型仍然存在问题，包括计量模型落后于企业实务的发展、模型中涵盖的因素不够全面、计量不够准确等。因此，国内学者需要改进现有的计量模型，从真实盈余管理和应计盈余管理两个方面对模型进行修正。对于真实盈余管理来说，要将处置长期资产、股份回购的交易纳入到计量模型之中。而对于应计盈余管理，应将投资活动纳入到总应计利润之中，同时将净利润中真实活动操控的交易剔除。此外，还应将应计盈余管理和真实盈余管理计量区分开来，避免交叉，做到更细致的划分模型研究种类，从而完善盈余管理的计量模型。针对研究方法这一角度，不同类型的企业存在着各种进行盈余管理的动机，因此需要采用不同的研究方法。现在还无法实现针对不同动机有不同的研究方法，也无法准确地衡量企业实施盈余管理的程度，未来国内学者可以针对不同动机的盈余管理研究不同的计量模型和方法。

（二）细分盈余管理研究分类

盈余管理目前的分类主要是应计盈余管理和真实盈余管理，除此之外国内学者还可以探究其他种类的盈余管理，如分类转移盈余管理，中国目前还没有对此展开深入的研究。分类转移盈余管理是将非经常性损益和经常性损益进行分类，改变盈余结构从而达到调节盈余的目的。它不影响净利润，也不涉及公司会计政策以及本期未确认或多确认的收益在下期回转等问题，因而企业实施后不易察觉。目前中国缺乏对这一种类的盈余管理的研究，因此国内学者应该从以下几个方面研究、拓展：第一，分类转移盈余管理的动机。公司及管理层是基于什么方面的需要而选择这一种盈余管理，这一点学者可以重点关注。第二，分类转移盈余管理的影响因素。学者以往已经研究了盈余管理的一些影响因素，可以挖掘第三种盈余管理是否存在新的影响因素。第三，分类转移盈余管理的计量模型。学者可以研究是否有准确计量这种盈余管理的模型。

（三）深入挖掘盈余管理研究主体及影响因素

从聚类 2 中得知，盈余管理研究的主体大多是大型上市公司，研究主体稍显单一。未来国内学者可以基于党的十九大以来的方针政策和当前的经济环境拓展研究的主体，主要可从以下几个方面拓展：第一，中小科创板上市公司。党的十九大政策使许多中小科创板企业得以上市，这是一个新的盈余管理的研究主体，也是一个新的研究热点，因此学者可以增加对相关主体的研究。第二，国有企业。国有企业具有归政府所有的特殊性质，所以与一般上市公司的研究不同。学者可以研究相关国有企业实施盈余管理的动机及影响因素等。目前中国研究盈余管理集中在动机和影响因素这两方面，其中本节主要聚焦于影响因素这一方面。关于影响因素的文献大部分都是针对微观层面，很少有关于宏观层面的研究，因此学者可从以下几方面进行研究：第一，宏观经济环境和政策对于企业盈余管理是否有影响以及影响的方式；第二，是否存在新的盈余管理的影响因素；第三，影响因素与盈余管理之间是否存在互相影响的双向关系。

第三节　独立董事图谱化研究

一　研究背景概述

独立董事指的是不在公司担任除董事以外的职务，在公司内没有其他实质性利益关系的外部非执行董事，其身份上是独立的，既然是独立的就一定是非执行的。独立董事作为上市公司董事会的重要构成部分，其治理的有效性一直受到学术界的重点关注，而其履行监督或咨询功能时的决策行为就成为治理有效性的关键。2018 年国务院再次强调上市公司应该根据公司的定位和专业的需求，拓宽独立董事的选任来源，提高独立董事在董事会的比重，建立独立董事的评价机制，保证独立董事就公司重大事项决策发表相关领域专业意见。目前我国独立董事主题的研究虽然已经取得了一定成果，但其发展还属于滞后阶段，其监督、决策功能未得到充分体现，学习和借鉴国外独立董事的先进经验对于中国独立董事主题的研究显得尤其重要。

目前已发表的独立董事研究主题热点文献主要有：郑志刚指出独立董事在董事会任人唯亲的大背景下，很难参与公司重要经营的实质性决策，但可以通过保证独立董事的任职、更替等程序保证独立性从而发挥真正的监督作用[1]；梁权熙从股价存在崩盘风险的角度，证明引进不同意见的独立董事可以提高独立董事治理有效性，也为我国独立董事研究主题提供新的视角[2]；刘春等基于 2002—2010 年上市公司进行异地非关联并购事件的数据，得出异地独立董事拥有的本地关系网络能够发挥积极的咨询作用，从而促进异地并购效率的结论，为研究独立董事的咨询作用提供新的角度[3]；尚兆燕利用上市公司中独立董事在 2011—2013 年的辞职数据，揭示

---

①　郑志刚：《国企公司治理与混合所有制改革的逻辑和路径》，《证券市场导报》2015 年第 6 期。

②　梁权熙：《独立董事制度改革、独立董事的独立性与股价崩盘风险》，《管理世界》2016 年第 3 期。

③　刘春等：《独立董事具有咨询功能吗？——异地独董在异地并购中的功能经验研究》，《管理世界》2015 年第 3 期。

了独立董事的主动辞职与公司内部控制的重大缺陷存在正相关的关系①。本节将利用陈超美教授开发的 CiteSpace 软件对独立董事研究主题进行全方位分析，该软件基于大量的数据，通过寻径网络算法和共引分析，绘制出独立董事主题研究领域的规律和演进的可视化知识图谱，深层挖掘该领域的研究热点、历史演变趋势，并提出切实可行的意见。

二　数据来源与研究方法

本节研究所需文献数据来源于"中国知网"数据库，在"中国知网"高级检索条件下将"独立董事"作为关键词进行检索；其次，考虑到研究对象的相关性、全面性及代表性，将文献的来源设置为中文数据库的核心期刊，最后将时间定为 1998—2018 年，共得到 1479 篇核心期刊文献；再剔除一些会议、热点、征稿等不相符记录 33 篇，最终得到 1446 篇有效期刊文献作为 CiteSpace 软件进行知识图谱分析的原始数据。本节在 CiteSpace 界面中时间切片为 1 年，"Top N"值设置为 50%，在节点类型选择上，依次选取"关键词""国家、机构"和"作者"等作为节点类型梳理独立董事研究文献，依据关键词频次和共现可视化知识图谱分析当前独立董事领域的研究热点；关键词共词聚类可视化知识图谱用来深度解析本次研究主题；根据重点作者、机构的共现知识图谱呈现当前学术界在独立董事领域的研究成果，最后利用突现词探索独立董事领域的未来研究趋势。

独立董事主题研究概况

本节对"中国知网"中关于独立董事研究的核心期刊进行全面搜索之后，又经手工整理，得到 1998—2018 年 20 年间 1446 篇有效期刊文献作为研究的样本数据，为研究独立董事研究主题在 20 年间的研究发展状况，需要绘制图表更直观地进行观察。利用 Excel 表格整理每一年发文数量，并绘制 20 年间发文量的趋势统计图，通过调整坐标轴、数据标签的显示方式，最终得到独立董事研究主题在 1998—2018 年的发文数量分布折线图（见图 5 - 2）。

由图 5 - 2 可以得到，独立董事研究主题领域的发文量虽然在 1998—2000 年间有所增长，分别为 1、2、5 篇，都没有突破 10 篇，说明该主题

---

① 尚兆燕：《独立董事主动辞职、内部控制重大缺陷及非标审计意见——来自中国上市公司的经验证据》，《审计研究》2016 年第 1 期。

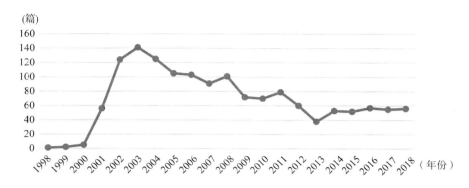

图 5 - 2   1998—2018 年独立董事主题期刊发表量统计

研究刚进入学术界的视线，缺少一定的研究热度；但是，2001 年之后该领域的发文量出现了飞速增长，由于 2003 年上市公司全面推行独立董事制度，该年度的发文量达到了峰值（141 篇），独立董事主题研究也广泛受到学者的关注，对此主题的研究也进入繁荣阶段；然而，2003—2007 年的发文量开始呈现下降趋势，但均保持在 90 篇以上说明该主题的研究仍旧有一定的热度；虽然 2009—2013 年的发文量增减变化不是特别明显，但在 2013 年达到了低谷时期，说明高校学者对于独立董事领域的研究有所保留，该主题研究的热度已到达一个低点；最终分析 2014 年以来的发文趋势发现：2014 年以后，各大高校的学者在独立董事领域的发文量开始缓慢增长并趋于平稳状态，每年有 50 多篇核心期刊文献发表，说明关于独立董事主题的研究进入相对平稳发展阶段。

三   知识图谱可视化分析

（一）独立董事会计研究热点分析

本节通过整理 1998—2018 年的独立董事研究领域的高频关键词的数据（见表 5 - 4），发现关键词的被引频次由高到低为：独立董事、独董、公司治理、上市公司、独立性、监事会、公司治理结构、董事会、审计委员会、法人治理结构、独立董事制度；关键词中心性由高到低依次为审计委员会、独董、独立董事、中小股东、董事会。综合关键词被引频次和中心性两项数据，发现独立董事、独董、审计委员会、中小股东、监事会、公司治理、监督成为独立董事研究主题的热点关键词。

表 5 – 4　　　　　　　　　　独立董事的关键词的被引频次、中心性

序号	关键词	频次	中心性	序号	关键词	频次	中心性
1	独立董事	1121	0.32	11	独立董事制度	48	0.03
2	独董	276	0.35	12	企业	38	0.01
3	公司治理	262	0.25	13	股东大会	38	0.24
4	上市公司	154	0.05	14	企业管理	38	0.01
5	独立性	102	0.02	15	股权结构	36	0.09
6	监事会	97	0.28	16	公司绩效	36	0.15
7	公司治理结构	75	0.12	17	监督监督	33	0.27
8	董事会	69	0.31	18	激励机制	29	0.18
9	审计委员会	54	0.36	19	中小股东	26	0.32
10	法人治理结构	54	0.11	20	监察人委员会	26	0.19

　　为了更好地展现独立董事研究的热点，将借助关键词聚类知识图谱进一步分析。CiteSpace 生成的关键词知识图谱可以更好地展现独立董事研究热点间的关联度。本节将阈值分别设置为 26、7、2，满足关键词的临界点为 26，关键词字体大小为 7，经过调节实心十字形标签的大小后，得到关键词共现可视化图谱。关键词之间的连线越粗越清晰，证明共现频次越高，关键词的节点、字体的大小，则表明该关键词总体频次高低，通过分析关键词共现频次进而把握独立董事研究领域的研究热点问题。

　　我们发现独立董事主题的研究热点主要集中于独立董事、独董、公司治理、上市公司、独立性、监事会、公司治理结构、董事会、审计委员会、法人治理结构等；独立董事的被引频次最高，与周围关键词的连接线比较密集，虽然中心性并非第一，但仍具有一定的延展性；独立董事、独董、企业管理、股东大会之间相互形成一个密集区，具有一定的延展性；公司治理结构与其他关键词（监事会、监察人委员会、中小股东、监事会法人治理结构、关联交易）之间的连线比较密集，相互存在一定的关联共线强度，具有较大开放空间和延展性。

　　（二）关键词聚类分析

　　"关键词共现"指的是某一学术领域中研究主题出现在同一篇文章中的次数，关键词共现的高频次体现了关键词之间的高关联度，从而聚合形

成一个研究主题。在独立董事关键词共现图谱的基础上,进行关键词聚类分析,可以辨别和区分各种研究主题,本节基于关键词聚类分析,进一步将分支的研究主题可视化分析,将独立董事研究主题的相关数据导入 CiteSpace 软件中,将时间切片设置为 1 年,节点类型选择为关键词(Keyword),通过勾选寻径(Pathfind)、修剪切片网络(Pruning slice networks)、修剪合并网络(Pruning the merged network)计算方法,进行数据筛选,形成关键词聚类的雏图,调节临界值、标签字体大小、节点大小,最终得出关键词聚类可视化图谱。

根据结果可知,独立董事关键词聚类知识图谱的分布相对集中,主要由报酬、股东大会、证监会、公司治理、公司法、公司绩效、企业价值、公司治理结构、公司法、激励、股份制 11 个关键词聚类组成。由于篇幅有限,本节将围绕独立董事研究主题的重要聚类展开详细分析。

1. 第一聚类:主要是关于报酬

报酬是独立董事研究主题中最大的一个聚类,涉及 28 个关键词围绕独立董事的薪资展开,包括上市公司、独立性、激励机制、中小股东、盈余管理、管理层、薪酬等。独立董事的薪资报酬是否会影响独立董事的积极性已经逐渐成为研究热点。冯汝婷在比较国内外独立董事制度后提出:薪酬水平会影响独立董事发挥其监督作用,高水平的薪酬会让中小股东对独立董事独立性产生怀疑,但低水平薪酬则会降低独立董事的积极性。上市公司就可以根据证监会规定薪酬的平均水平,综合本公司经营业绩的情况进行合理定位,建立独立董事薪酬制度,可以让外部董事以"外部人"身份参与到公司的管理当中,能够保持其独立性①。陈雷等提到"赋予独立董事过大的权力和过高的报酬对公司治理并不会起到积极的作用",也从侧面佐证了建立独立董事薪酬制度的必要性②。由此推断出,上市公司在提高独立董事的监督、决策积极性方面,要在证监会要求规定的薪酬水平下,合理确定其报酬水平。

2. 第二聚类:主要涉及股东大会主题研究

其中 23 个分支主题围绕独立董事的构成层面展开分析,包括独立董事、独董、企业管理、股东大会、企业、股票期权等。股东大会中独立董

---

① 冯汝婷:《国内外独立董事薪酬制度比较研究》,《财会通讯》2015 年第 15 期。
② 陈雷等:《独立董事声誉、管理层行为与公司治理》,《财经问题研究》2016 年第 12 期。

事的数量是否关系到其监督职能的履行引发社会各界的思考。汲铮等在研究公司治理结构的痛点问题时，认为独立董事本应该代表中小股东的利益，但现实中的绝大多数公司中的独立董事候选人都是由其实际控股人、大股东和董事会提名的，因而独立董事的选任代表了公司控股人、大股东的意愿，在履任中丧失了独立性，实际工作中发挥不了有效的监督功能①。由此看来，上市公司对独立董事的选任及其在董事会的数量会影响独立董事在公司重要事项上决策的独立性，如何保证独立董事在监督上的独立性就成为上市公司面临的必要问题。

3. 第三聚类：主要涉及证监会主题的分析

证监会主题涉及 21 个关键词，分别为股权结构、证监会、我国上市公司、证监会、信息披露、财务报告等。张婕等提出大多数上市公司应证监会的要求会聘任符合数量的独立董事，一般而言上市公司不倾向于聘请更多的独立董事，形成更密集监督的董事会履行监督、决策功能。多数上市公司对自我定位很清晰，会根据公司实际需求确定独立董事的聘任时机和数量，在不违反证监会要求的前提下，最大力度地发挥独立董事监督、顾问功能②。辛清泉等利用 2003—2010 年证监会对上市公司的虚假陈述事件进行处罚的数据，发现多达 300 人次的独立董事遭受到行政处罚，侧面说明独立董事在中国证券市场严厉监管下的艰难处境，但独立董事的决策依赖于内部审计人员、审计师的信息，对于公司存在的违规行为并不知情，因而建议监管部门在追究责任、进行处罚的过程中把握好度，既避免独立董事强烈逃脱任职高违规风险、高代理成本上市公司的现象，又能使其在公司治理过程中积极发挥监督与决策作用③。综上所述，证监会在对上市公司董事会制定合理规定时，为保证独立董事积极监督与决策，需要把握好行政处罚的分寸。

4. 第四聚类：主要研究公司治理这一主题

具体涉及公司治理、政治关联、董事网络等研究方面。独立董事在公司治理结构中到底充当什么角色，马志奇等指出中国上市公司要进行股权

---

① 汲铮等：《中国公司治理制度的"痛点"》，《河北经贸大学学报》2017 年第 7 期。

② 张婕等：《上市公司是否自愿聘用独立董事？》，《商业研究》2015 年第 10 期。

③ 辛清泉等：《上市公司虚假陈述与独立董事监管处罚——基于独立董事个体视角的分析》，《管理世界》2013 年第 5 期。

分置改革就必须逐步完善上市公司治理结构，让独立董事、监事会在完善的公司治理结构中的监督作用发挥到最优，推动公司内控制度的完善，从而提高上市公司的质量①。李成等在论述独立董事治理对上市公司税收规避影响程度和提升企业价值时，发现在上市公司具有联结结构的董事会中，独立董事成员会综合自身社会声誉、所承担风险以及自身职业判断，在法律允许的范围内，放松对企业税收规避行为的监督，企业的价值也会根据这种监管力度的放松所提升②。因此，上市公司逐步完善自身治理结构过程中，通过建立适当联结关系，提高独立董事的积极性，也能够促进企业价值的上升。

5. 第五聚类：有关企业价值分支主题方面的研究

主要从内部控制、内部信息质量、内部审计和企业价值等方面入手，围绕企业价值展开详细的分析、研究。独立董事与企业价值的相互关系历来是学者们的研究热点。周建等就"分离 CEO 两职合一"的问题指出：涉及公司的战略继任问题时，企业价值的高低会对 CEO 两职合一的分离产生重要影响，高的企业价值会使独立董事乐于促进 CEO 两职合一的过渡式分离，独立董事面对公司的较低企业价值时，更愿意促成企业永久性两职分离来满足企业想要缓和代理问题的需求③。独立董事在上市公司重大问题上，会依据企业价值的高低做出有利于公司战略继任的决策。

6. 第六聚类：公司绩效主题

主要涉及董事会、独立董事制度、公司绩效、企业绩效、连锁董事等。经查阅国内独立董事领域在 CSSCI 中发表的期刊文献，发现周建等在研究独立董事有效性与公司绩效的联系时提到，独立董事在董事会的比重与公司价值存在正向关系，独立董事在了解经营中实际问题的基础上，高效发挥其监督职能能够提升企业价值，佐证了独立董事的有效监督能够促进企业价值的提升④。高凤莲等利用深沪上市公司 2005—2012 年的历史数据，发现独立董事所拥有的社会资本与公司绩效有正相关关系，独立董事

---

①　马志奇等：《上市公司治理结构研究》，《东南大学学报》2018 年第 6 期。

②　李成等：《董事会内部联结、税收规避与企业价值》，《会计研究》2016 年第 7 期。

③　周建等：《分离 CEO 两职合一：代理问题缓和与战略继任的开始》，《管理科学》2015 年第 28 卷第 3 期。

④　周建等：《董秘信息提供、独立董事履职有效性与公司绩效》，《管理科学》2018 年第 31 卷第 5 期。

对公司绩效的敏感度随着个人累积的社会资本增加而强烈①。由此看来，上市公司的绩效不仅和独立董事积累的个人社会资本有关还与其在董事会的比例如何保证独立性有关，如果既能满足独立董事高社会资本要求，又能保证其在董事会人数中的比重，那么公司的企业价值会得到显著的提升。

（三）核心作者与机构分析

1. 核心作者分析

核心作者的发文量、相关文章被引次数很大程度上反映其科研创造能力、学术影响力。本章节首先对独立董事研究领域中高发文量的作者进行整理、分析，通过在 CiteSpace 中生成核心作者可视化知识图谱的基础上，查询相关网络报告并制作出详细的表格。表 5 – 5 列举了 1998—2018 年独立董事研究主题的核心作者，这些作者在"中国知网"核心期刊上发表期刊文章超过 5 篇，都对独立董事研究主题做出重要贡献。

表 5 – 5　　　　　国内独立董事领域高产作者（1998—2018 年）

发文作者	发文篇数	发文时间
孙敬水	10	2002—2018 年
周泽将	10	2015—2018 年
唐清泉	5	2006—2018 年
李明辉	5	2005—2018 年
吴晓辉	5	2006—2018 年

根据表 5 – 5，可以清晰地看到孙敬水和周泽将两位学者在独立董事研究领域有较高的造诣，期刊发文量均为 10 篇，并列首位。在 2003 年上市公司全面推行独立董事制度后，孙敬水对于独立董事研究主题的发文量迅速增加，周泽将则在 2015 年开始关注这一主题，并进行深入研究。两者的发文时间都持续到 2018 年，说明两位学者虽然已经拥有丰厚的科研成果，在学术界有着重要的影响力，对该主题仍保持一定研究热度。唐清泉、李明辉、吴晓辉三人的期刊发文量均为 5 篇，并列第二位。表 5 – 5 列举出 5 位高产作者，但只有 1 位作者在 2015—2018 年频繁发文，其余 4 位的发文

---

① 高凤莲等：《独立董事社会资本与高管薪酬——绩效敏感度》，《经济管理》2016 年第 8 期。

时间跨度在 10 年以上，说明近年来众学者对于独立董事主题的研究关注度一直存在，但缺少活跃度高的发文作者。

下面主要对高产发文作者知识图谱展开分析。首先进入 CiteSpace 主页面，将节点类型设置为作者，时间切片设置为 1 年，时间的始末为 1998—2018 年，"Top N"值为 50。根据生成独立董事研究主题的核心作者可视化图谱雏形，进行调节年轮标签、字体大小得到清晰可见的图谱，然后根据图谱进行主要发文作者对国内独立董事领域的高影响力的分析，从而确定独立董事研究的高产作者、发表的论文数量和作者机构。

观察高产作者可视化知识图谱，会发现众多的高产作者有孙敬水、周泽将、吴晓辉、李明辉、申富平、唐清泉等。观察作者之间的连线会发现，该领域的发文作者之间联系、合作较少，只有韩巧燕、申富平和赵红梅三者之间存在一定的合作关系，周泽将、刘忠燕，姜彦福和吴晓辉之间存在一定的合作关系。由此说明，众多学者对于独立董事主题的研究缺乏合作，为促进该主题研究的继续发展，需加强核心作者之间的相互合作关系。

2. 核心机构分析

在 CiteSpace 界面中分析项目选择为"机构"，得到研究机构图谱的重点机构知识图谱。节点表现形式为年轮状，年轮圈数越多，研究机构的字体越大，表明该机构的总体发文频次越高。由结果可知，西南财经大学会计学院在独立董事领域发表的期刊文献最多，被引频次也最多；其次是南开大学商学院；然后是厦门大学管理学院。西南财经大学会计学院和厦门大学管理学院之间存在比较频繁的合作关系，而厦门大学管理学院又和南京大学商学院、北京大学光华管理学院有一定的联系。总体就发文机构而言，独立董事的研究多以合作为主，彼此之间有一定的联系。

四　独立董事历史演进分析

突现值主要反映关键词的突现频率，即关键词在特定年代论文增多的体现。表 5 - 6 详细介绍了独立董事研究领域的前 10 位突现词，也代表了当年该领域的研究前沿。独董作为关键词是从 1999 年开始突现的，结束于 2001 年，其突现值最高达 14. 7285，居于独立董事研究领域的榜首。企业、企业管理均是从 2000 年开始突现，结束于 2002 年，突现值并列第二均为 7. 2004，其余突现关键词则是从 2001 年、2003 年开始突现，如法人治理结构、公司治理结构、股票期权、美国、制度等关键词，从起始时间来看，虽然 10 个突现关键词的起始间隔比较短暂，但也可以作为独立董事研究的重要拐点。

表 5 - 6　　　　　　　　　**独立董事研究领域突现词前 10 位**

序号	突现关键词	突现值	突现阶段
1	独董	14.7285	1999—2001 年
2	企业	7.2004	2000—2002 年
3	企业管理	7.2004	2000—2002 年
4	法人治理结构	3.2977	2001—2002 年
5	美利坚合众国	4.4367	2001—2002 年
6	北美洲	4.4367	2001—2002 年
7	公司治理结构	5.6667	2001—2003 年
8	美国	4.4367	2001—2002 年
9	制度	4.928	2003—2007 年
10	股票期权	3.9705	2003—2004 年

结合上文，经查阅相关的期刊文献进行详细的梳理后，总结出国内独立董事研究领域的三个重要转折点（2000 年、2003 年、2013 年）。根据三个重要转折点将独立董事研究的演进过程大致分为四个阶段：1998—2000 年作为独立董事研究的萌芽期；2000—2003 年属于独立董事的高速发展、繁荣阶段；2003—2013 年为独立董事研究的下滑阶段；2013—2018 年属于独立董事研究主题的相对成熟期，持续稳定增长。

第一阶段为萌芽阶段（1998—2000 年）。这一时期属于独立董事领域的缓慢发展阶段，代表人物主要有刘冠伦、邵东亚、王劲松、华玲等，独立董事研究主题的研究热度开始缓慢上升。邵东亚在探究上市公司被收购背后存在的原因时指出：上市公司为保持董事会独立董事成员的专业、工作背景多元化，应从外部适当引进各领域的专业人士，独立董事根据股东短期与长期利益相一致的目标，制定有关公司董事长的业绩标准和薪酬计划，并定期对其工作进行考核、评价①。

---

① 邵东亚：《上市公司收购：动因、效率与机制优化——对一起失败的"买壳上市"案例的反思》，《中国工业经济》2000 年第 11 期。

第二阶段为高速发展阶段（2000—2003 年）。这一时期的期刊发文量迅速增加，独立董事研究主题的著作、论文数量出现跨越性的增长，分支研究主题不断扩展，学术影响力不断增强。主要的代表人物有于东智、黄世忠、谭劲松、刘俊海等，于东智等在研究独立董事与公司治理时指出：独立董事个人应加强其职业化、行业化和专业化程度，上市公司可以通过制定声誉机制强化独立董事的治理效用[①]。而谭劲松发现独立董事的独立性研究与其选拔机制、激励和约束机制有关，适度激励和约束成为衡量独立董事的尺子[②]。

第三阶段为下滑阶段（2003—2013 年）。该阶段的期刊发表数量从 141 篇降至 38 篇，意味着独立董事领域的研究出现了停滞期，独立董事的研究热度迅速下降。这一阶段的代表人物为崔学刚、叶康涛等，该阶段多利用上市公司历史研究数据进行具体的案例分析，并总结出相关结论。崔学刚利用上市公司的数据，探究公司治理结构对公司透明度的影响[③]。叶康涛等则将股东占用上市公司资金的行为作为研究样本，解析引进独立董事能否有效抑制证券市场上大股东掏空公司资金的行为[④]。

第四阶段为成熟阶段（2013—2018 年）。此阶段处于稳定增长阶段，每年的发文量都在 50 篇以上，说明独立董事研究主题已经达到相对成熟阶段，并保持一定的研究热度。该阶段独立董事的分支主题研究设计方面更加多元化，研究者可以从独立董事的法律背景、本地任职、薪酬、政治关联等多角度分析独立董事是否能真正起到监督作用，是否对公司的重大事项进行积极的决策以及是否能够保持其独立性；研究者还依据上市公司的经验数据、证据，一般到具体，详细分析独立董事的连任、任职地点对其发挥作用的影响。

五　推进独立董事研究的对策

有关独立董事 1998—2018 年的研究多重视公司治理、企业绩效、独立性、薪酬等层面，众多学者引用上市公司的经验数据从法律、任职、政治

---

① 于东智等：《独立董事与公司治理：理论、经验与实践》，《会计研究》2003 年第 8 期。

② 谭劲松：《独立董事"独立性"研究》，《中国工业经济》2003 年第 10 期。

③ 崔学刚：《公司治理机制对公司透明度的影响——来自上市公司的经验数据》，《会计研究》2004 年第 8 期。

④ 叶康涛等：《独立董事能否抑制大股东的"掏空"？》，《经济研究》2007 年第 4 期。

等角度分析独立董事治理的有效性、独立性。为保证推进独立董事主题的研究，还应从以下方面推进。

（一）建设独立董事特有研究模式

经过查阅独立董事研究主题相关的文献资料，结合关键词共现、聚类可视化知识图谱，发现大多数期刊文献对于独立董事研究的理论依据存在一定程度的匮乏，仍有一小部分文献的主题研究深度需要强化，部分分支研究主题存在一定的重叠部分，缺少完整的独立董事理论体系。因而，在未来研究独立董事的过程中，应注重建设以理论体系为基础，监督、决策功能为核心，科学软件分析为辅助，保证独立性为支撑的独立董事发展模式。

（二）促进独立董事研究多元化

在对独立董事研究主题的各个分支主题进行深度剖析时，需要具体问题具体分析，利用不同的上市公司的历史经验数据进行佐证观点，或者提出可行性的建议。具体案例分析对于独立董事研究主题的多元化研究具有重要意义，但当前国内针对独立董事案例研究的焦点主要聚焦于内地上市公司董事会的监督上。相反，针对台湾、香港、澳门地区独立董事这题的研究存在一定空白，这样就出现了独立董事样本研究的失衡性，内地和港澳台地区的公司制度，独立董事的设置、监督的效果存在较大差异。不同地区独立董事的影响因素、监督效果、独立性应该成为该领域的重要研究方面，因而接下来独立董事主题研究的样本数据需要更加的多元化、多样化，才能维持该领域样本数据研究的平衡。

（三）实现独立董事研究资源共享

目前，国内学者和机构对独立董事的研究热度不高。为促进独立董事研究主题的推广，引起各大高校、学者对独立董事研究的关注度，需要实现独立董事研究数据的资源共享。传播独立董事研究主题的特色理论知识，比如介绍国外对该主题的研究概况，也可以开办相应课程进行培训和教育，达到宣传的作用等。此外，国家还应该在研究资金上对独立董事研究项目给予支持，这些项目包括具体的案例研究，也可以将关键性的文献出版物、专门的研究网站、学术会议等信息共享，也可以通过建立完善的咨询服务机构，让研究者通过这一平台，了解独立董事研究主题的研究动向，实现资源共享。

第四节　审计质量图谱化研究

一　研究背景概述

2019 年上市公司 ST 康美（康美药业被实施退市预警）、ST 康得（康得新也被实施退市预警）、天神娱乐等多家因审计质量不高被曝出财务问题引发社会各界广泛关注，上市公司康美药业 300 亿货币资金产生重大会计差错，上市公司康得新 100 亿元存款无法核实，天神娱乐亏损 75.22 亿元，其中商誉减值准备计提 49 亿元，涉嫌财务数据"洗大澡"。各种因审计不严引发的上市公司财务乱象阻碍了经济的高质量发展，各种错报、舞弊使得人们开始重新审视审计的鉴证职能。众所周知，高质量审计会促进企业会计信息质量的提升，可以有效降低被审计对象的错报、漏报，降低外部利益相关者的决策错误风险。现有研究成果表明盈余管理[1]、事务所规模[2]、产权性质[3]、公司治理[4]、审计任期[5]等众多因素都会对审计质量产生影响。已有不少学者对审计质量的影响因素进行了探讨，如夏立军等研究发现审计任期过长、过短都会降低审计质量[6]；袁知柱等从事务所规模的角度对国际"四大"是否会提高审计质量进行了实证研究，结果表明"四大"确实可以提供更高的审计质量[7]；张维芳认为为高审计风险客户提供经验丰富的审计师可以提高审计质量[8]。从现有文献成果来看，虽然中

---

① 王沙飞等：《盈余管理、事务所客户资源控制权的归属与审计质量——来自中国证券市场的经验证据》，《审计研究》2010 年第 1 期。

② 吴昊旻等：《惩戒风险、事务所规模与审计质量——来自中国审计市场的经验证据》，《审计研究》2015 年第 1 期。

③ 齐鲁光等：《客户产权差异、审计收费和审计质量关系研究》，《审计研究》2016 年第 2 期。

④ 叶陈刚、武剑锋、谈兆迪：《公司治理结构、审计费用与审计质量——基于中国上市公司的经验数据分析》，《当代经济管理》2015 年第 5 期。

⑤ 许浩然等：《分析师跟踪、审计任期与审计质量》，《现代管理科学》2016 年第 7 期。

⑥ 夏立军等：《审计任期与审计质量：来自中国证券市场的经验证据》，《会计研究》2006 年第 1 期。

⑦ 袁知柱等：《国际"四大"与高审计质量——基于股价波动同步性视角的考察》，《财经理论与实践》2014 年第 4 期。

⑧ 张维芳：《审计风险、审计师个人的经验与审计质量》，《审计与经济研究》2017 年第 3 期。

国对审计质量的各种实证与规范研究已经取得了不少成果，但是审计质量主题的研究脉络还不够清晰，研究进展及趋势有待整理。知识图谱分析和计量工具具备科学地反映审计质量的研究内容、研究特征以及研究热点等信息的功能，因此，本节将借助 CiteSpace 工具对审计质量的研究热点、研究内容以及研究趋势进行科学系统地分析，对审计质量的研究动态进行科学预测，以推动审计质量主题的深化研究。

二　数据获取与分析原理

（一）数据获取

在"中国知网"中文数据库中，以"审计质量"为关键词进行检索，筛选条件为"精确"，文献来源选择的是"中国社会科学引文索引（CSSCI）"，从而保证所选文献能够具有较高的代表性、全面性及学术价值，年份选择的是 1998—2018 年，检索后获得相关文献 669 条，剔除会议、报纸新闻等非学术性文献以及与主题不相符的文献之后，共得到 664 条有效记录。

（二）分析原理

知识图谱分析法通过融合信息可视化技术、应用数学和图形学等，以可视化的图谱向人们展示研究主体的研究框架、研究热点、发展进程，达到多学科融合的目的。近年来 CiteSpace 知识图谱分析工具在国内外的学术界受到了广泛应用，这种方法基于引文分析理论，利用网络算法将大量的文献数据转换为科学的知识图谱，从动态、分时、多元化的视角对信息进行横向、纵向挖掘和剖析，从而达到对研究领域演化机制和发展趋势的预测的目的。CiteSpace 软件生成的可视化图谱中，节点表示的是分析的对象，节点的类型决定了分析的目的，两个节点中间的连线表示的是共现关系，粗细表示强度大小。本节将运用 CiteSpace 对审计质量检索文献进行分析，进行操作之前，需要新建文件夹，在里面建立"data，input，output，project"4 个子文件夹，将之前已经转换完成的文献导入到"input"文件夹里，再进行后续的步骤，节点类型选择"关键词""作者""机构"，时间跨度是 1998—2018 年，时间切片为 1 年，阈值设置"Top N"为 50%。

三　知识图谱的可视化分析

审计质量研究概况

从"中国知网"的检索结果可以得出中国审计质量研究主题情况。我们得到审计质量研究领域研究内容的主要划分，共划分成了 30 个主题，其中以审计质量为关键词的论文达到 575 篇之多，约占全部文献的 35.9%；其次是会计师事务所 125 篇（7.8%）；然后是审计师 91 篇（5.7%）。多样的研究主题表明国内学者在审计质量研究领域开拓了纷繁的视角，从不同的角度去探讨审计质量的影响关系，但是也能看出行业专长、审计风险、被审计单位、审计人员等主题的研究成果数量还较少。

此外，根据文献发文量的趋势图（见图 5 - 3）可看出 1998—2006 年，审计质量相关论文的发布数量呈上升趋势，表明了审计质量越来越受到人们的关注。2006—2015 年，审计质量的相关论文发布量虽然一直在波动，总体而言是呈现递增趋势，说明该阶段审计质量的相关研究发展较快，受关注程度较高。2015 年之后研究文献数量再次呈现不断上升的趋势，表明此时审计质量问题的研究已经受到学术界的高度关注。

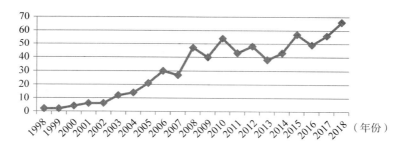

图 5 - 3　1998—2018 年审计质量文献发布时间序列

四　审计质量热点分析

利用 CiteSpace 软件对审计质量的关键词进行共现的分析时，在文献数据转换完成以后，完成相关参数设置，将"Nodes Type"选择为"Keyword"，进行适当的阈值调整后，得到比较清晰的二维图，点击"Export"输出报告，通过对审计质量研究领域的高频次关键词进行分析（见表 5 - 7），不难发现关键词频次由高到低前三名依次为审计质量、审计意见、会计师事务所；而关键词中心性由高到低前四名依次是公司治理、审计意见、审计独立性和盈余管理。

表 5 – 7　　　　**1998—2018 年审计质量研究的关键词频次、中心性**

序号	关键词	频次	中心性	序号	关键词	频次	中心性
1	审计质量	552	0.43	11	审计师选择	18	0.15
2	审计意见	63	0.54	12	注册会计师	15	0.14
3	会计师事务所	57	0.06	13	审计任期	13	0.20
4	盈余管理	55	0.44	14	事务所规模	13	0.26
5	审计收费	42	0.32	15	政府审计	12	0.05
6	审计费用	35	0.16	16	会计信息质量	12	0.11
7	公司治理	29	0.85	17	产权性质	11	0.24
8	审计独立性	25	0.48	18	审计需求	10	0.05
9	审计风险	23	0.40	19	制度环境	9	0.04
10	国家审计	19	0.21	20	内部控制	8	0.04

　　为了更好地展示审计质量研究热点之间的相互关系，本节将借助关键词聚类共现图谱来呈现，具体操作时设定阈值，使得图谱结果是在关键词的出现次数大于 2，共现次数大于 2，相似系数大于 0.2 的前提下得到的，适当调节标签大小之后，得到了 111 个节点、196 条连接线的图谱，连线越明显表明两个关键词出现在同一篇文献的次数越多，审计质量的出现频次是最高的，公司治理的中心性是最强的，盈余管理与周围的关键词连线则较为密集，具有一定的延展性，审计费用和审计意见之间的连线则非常显著，说明审计费用和审计意见经常会出现在同一篇文献中，两者关系密切，盈余管理、公司治理、审计意见具有较高的中心性，与其他关键词连线密集，具有一定的连续性，而审计质量与审计收费、审计需求、审计师选择、会计信息质量之间并没有直接的连接线。审计质量、盈余管理、审计意见、公司管理、审计收费的节点大说明它们是近年来围绕审计质量的研究热点。

　　本节采用 LLR（Log – likelihood Ratio）算法，LLR 越大的词对聚类更

具有代表性，发现审计质量研究领域研究的 10 个聚类，分别为：审计行业专长、审计需求、中国会计学会、审计、媒体监督、内部控制审计、盈余管理、审计师地域性、独立性、产权性质。选择聚类（Cluster）下拉菜单中的"聚类探索"（Cluster Explorer），可以得到研究热点和相关的关键词（见表 5 – 8）。

表 5 – 8　　　1998—2018 年审计质量研究热点和出现频次较多的关键词

研究热点	出现频次较多的关键词
审计行业专长	审计质量；国家审计；双通道管理；应计盈余管理；事务所任期；审计意见；审计费用；盈余管理；审计失败；审计师性别组成
审计需求	审计质量；审计意见；盈余管理；异常审计费用；可操纵性应计利润；审计需求；审计供给；审计意见购买；审计监管；政府审计
中国会计学会	审计质量；会计师事务所；注册会计师事务所；审计理论；国家审计；注册会计师；上市公司；盈余管理；审计定价；审计成本
审计	审计服务定价；审计理论结构；中国审计学会；内部审计外包；审计客体；客户重要性；谈判结果；审计谈判；南京审计学院；审计定价
媒体监督	审计质量；结果质量；国家审计；法律监管；制度环境差异；审计风险；投资机会；可操控性应计；高校审计工作；审计成本
内部控制审计	审计质量；审计判断；跟踪审计；政策落实；强制更换；审计意见；会计信息质量；审计成本；审计费用；时近效应
盈余管理	审计质量；行业专门化；客户重要性；资本成本；环境不确定性；盈余管理；审计收费；盈余质量；审计监管；国家审计
审计师地域性	审计质量；会计稳健性；特殊普通合伙制；签字合伙人；代理成本；政府干预；信息不对称；审计师地域性；审计质量；代理成本
独立性	审计质量；法律诉讼；博弈均衡；制度安排；政府支持；审计收费；客户规模；其他综合收益；信息环境；法律风险
产权性质	审计质量；制度环境；政治关联；审计费用；会计师事务所；产权性质；财务困境；公司治理；持续经营审计意见；企业价值

1. 聚类#0：审计行业专长

审计行业专长是会计师事务所经营战略的重要一环，提高对事务所的行业专门知识和审计技能的投资，会促使会计师事务所形成行业专长。刘文军等在研究行业专长与审计质量的关系时，以行业市场份额来代替行业专长，得出两者是正相关的[①]。但是目前中国行业专长化水平还比较低，行业市场份额并不能充分地体现会计师事务所的审计经验和行业专长化的程度，得出的结论还有待证实，因此就需要运用大样本数据，从多角度展开实证研究分析，使用不同的替代变量来研究审计行业专长与审计质量的关系究竟是正相关还是负相关。

2. 聚类#1：审计需求

需求是生产的重要动力，同样的审计需求也是推动中国审计市场发展的强劲动力，它包括强制性审计需求和自愿性审计需求，而中国一直是在政府的管制以及法律法规的约束之下进行强制审计的。客户对审计信息的高质量要求会促使会计师事务所审计质量的提升；反之，如果公众对高质量的审计信息并不是很在意，甚至希望降低审计质量的话，那么事务所提供的信息质量也会降低，引发违法乱纪行为。周冬华等研究发现沪港通政策的实施提高了上市公司对高质量审计的需求，公司更加倾向于选择"国际四大"，以获取审计质量的提高[②]；但是从整体上而言，目前我国上市公司对高质量的审计需求还没有达到一个比较良好的状态，对此要鼓励上市公司寻求高质量的审计，推动我国审计市场总体的健康发展。

3. 聚类#2：中国会计学会

中国会计学会对中国会计领域的学术研究起着关键作用，协调全国的会计科研力量，开展一些学术讨论和分享大会，总结会计工作的经验，编辑会计专业的出版物，为会计专业人才提供了交流的平台，促进了中国会计领域研究的蓬勃发展，比较知名的高校，如北京大学、江西财经大学、中央财经大学等都是中国会计学会的核心组成。夏斌等认为中国会计学会的使命之一就是为中国会计理论领域的专家学者提供学习、讨论、交流合

---

① 刘文军等：《审计师行业专长与审计质量——来自财务舞弊公司的经验证据》，《审计研究》2010 年第 1 期。

② 周冬华等：《境外投资者与高质量审计需求——来自沪港通政策实施的证据》，《审计研究》2018 年第 6 期。

作的平台，要分享会计前沿的理论和最新消息，激发专家学者创新理论的灵感，总结会计实务中的有效经验，提升会计人员的技能，改变过时的观念，在一定程度上推动中国经济的高质量、健康发展[1]。

4. 聚类#3：审计

中国市场经济快速发展的同时，公众对企业的财务状况也越来越关注，审计也成为热点话题，审计是指具有相关权力的专业机构和工作者根据规定检查和监督客户的财务收支、经营活动是否真实、合法、具有效益等特点，为客户提供合理的审计意见。在这个聚类里有两个比较关键的研究对象，一个是客户重要性，一个是审计定价。李明辉等研究发现，当公司治理水平比较良好的时候，客户重要性和审计质量之间呈正相关，但是当公司治理水平比较低的时候，客户重要性和审计质量两者之间呈负相关[2]；对于另一个重要研究对象审计定价，杨雪等认为提高审计市场集中度可以通过审计质量来增加审计定价[3]。结合上述内容，可以得出审计相关研究对象对审计质量存在重要的影响，深入了解各个对象之间的关系，对提高审计质量，促进审计质量领域研究成果的成熟发展有着重要意义。

5. 聚类#4：媒体监督

审计质量问题越来越严重，大量的错报漏报以及舞弊情况层出不穷，必要的监督体系就显得尤为重要了，其中不得不说的就是媒体监督，网络媒体的传播范围广、有效性高。对社会的舆论具有引导作用，会加大企业经营失败、舞弊以及违规的声誉压力，可以提高会计信息的质量，进而提高审计质量。现有的相关文献基本上都是研究的媒体负面报道对审计师行为的影响，周兰等研究发现媒体负面报道对审计质量具有促进作用[4]；此外，李小光等在研究媒体关注对审计质量的作用时，发现不但舆论监督可以提高审计质量，而且审计投入在中立报道的关注方面也与审计质量之间

---

①　夏斌等：《新时代经济高质量发展下的会计创新》，《会计研究》2018 年第 11 期。

②　李明辉等：《客户重要性与审计质量关系研究：公司治理的调节作用》，《财经研究》2013 年第 3 期。

③　杨雪等：《审计市场集中度对审计定价的影响研究》，《价格理论与实践》2016 年第 3 期。

④　周兰等：《媒体负面报道、审计师变更与审计质量》，《审计研究》2015 年第 3 期。

存在联系①，因此在目前大量的研究热点只考虑媒体监督的负面报道的情况下，我们需要将视角扩大，开展一些关于媒体的中立报道和正面报道是如何影响审计质量的研究，完善和丰富现有的理论成果。

6. 聚类#5：内部控制审计

内部控制审计是对企业内部控制设计和运行过程的有效性进行评价的过程，一个企业良好的经营管理离不开一个高质量的内部控制，而高质量的内部控制又需要通过内部控制审计来确认、评价企业内部控制的有效性，分析问题存在的原因并提供完善内部控制系统的意见。关于内部控制审计的研究，国内学者已经取得了一些成果，汤晓健等研究发现内部控制审计的费用自愿披露明显提高了内部控制审计的独立性，而审计质量的关键两个要素一个是审计师的胜任力，另一个就是审计独立性，可见对提高审计质量的重要性②。

7. 聚类#6：盈余管理

盈余管理是指企业的管理人员利用会计方法改变企业要对外公开的财务信息，达到使主体的利益最大化的目的，这种管理行为影响外部的利益相关者对企业真实经济收益的判断。过度的盈余管理会导致企业财务报告的可信度降低，造成企业的信息不对称，误导投资者的决策，干扰资本市场的运行。对于如何有效地解决盈余管理对审计质量的负面影响，张洪辉等采用双重差分的方法，发现减小审计师对企业盈余管理的容忍度，可以提高审计质量③。目前国内大多数学者主要是借助审计意见类型的发表来研究盈余管理对审计质量的影响，所以审计意见与审计质量的关系研究也需要重点关注。

8. 聚类#7：审计师地域性

基于企业经济活动的复杂和需求层次的不同，并不是所有的审计工作都是找本地的会计师事务所进行审计的，有时候也需要进行异地审计。目前对于审计师地域性和审计质量的关系研究，主要是有两种不同的观点，信息观认为企业与外部利益相关者的距离相近，在信息不对称程度比较高

---

① 李小光等：《媒体关注、审计投入与审计质量》，《会计与经济研究》2018 年第 3 期。

② 汤晓健等：《自愿性披露内部控制审计费用能够提高内部控制审计独立性吗?》，《审计研究》2017 年第 3 期。

③ 张洪辉等：《融券制度与审计质量》，《经济管理》2018 年第 1 期。

的情况下，本地审计师在信息沟通上比异地审计师方便，可以及时了解企业的信息，降低审计师和企业之间的信息不对称带来的影响；而冲突观则认为本地审计师和客户之间距离上的接近，容易影响审计的独立性，降低审计质量。刘文军认为审计师与距离较远的客户之间的信息不对称问题比较严重，对审计师的专业胜任能力有负面影响，会导致审计质量的降低，认为应该在偏远客户集中的区域建立分支机构①。因此为了尽量发挥审计地域的优势，在选择审计师的时候，必须充分考虑到审计的需求、客户的地理位置，选择正确的会计师事务所，保障审计质量。

9. 聚类#8：独立性

独立性对于审计而言，是决定性的因素，对于独立性有两种解释，一种是实质上的独立，要求审计师在行使规定的监督权时，与被审计单位不存在明显的利益关系；另一种是形式上的独立，要求审计师在审计过程中要一直保持着独立的精神状态和自信，能够做到客观、公平、公正地发表对被审计单位的审计意见，而且从审计师的角度来说，审计质量取决于两个方面：一个是审计人员的专业胜任能力，一个就是审计的独立性。刘芬芬等基于污点审计师审计质量的实证检验发现：污点审计师审计质量较低的根本原因整体上表现为审计独立性的缺失，而不是专业胜任能力的不足，因此保证审计独立性对审计质量十分重要②。

10. 聚类#9：产权性质

中国的上市公司以产权性质为划分依据的话，分为国有上市公司和民营上市公司。国有控股上市公司的经营不可避免地会受到国家政策的影响，降低了上市公司本身的独立性，但是国有控股上市公司具有替代性的投资者保护机制，为上市公司提供了一定程度上的质量保证；而民营上市公司具有很强的独立性，但是缺乏国有控股的替代性保护机制。陈西婵通过实证研究发现高质量审计由于企业产权性质的不同，作用的效果也有所不同，比如在国有控股上市公司中，高质量审计的作用主要表现在对企业过度投资效率损失的抑制，而对投资不足效率损失的缓解作用并不明显，

---

① 刘文军：《上市公司选择审计师为何舍近求远?》，《中南财经政法大学学报》2015 年第 5 期。

② 刘芬芬等：《能力不足还是独立性缺失——基于污点审计师审计质量的实证检验》，《审计研究》2018 年第 3 期。

但是在民营上市公司中，高审计质量的作用主要体现在对企业投资不足效率损失的缓解作用①，因此在对国有企业和民营企业的审计质量进行相关研究的时候要做到区别分析。

审计质量作者、机构分析

基于上述操作，将节点类型（Nodes Type）分别选择为"Author""Institution"得到了 41 个节点、16 条连接线的作者分析图谱和 68 个节点、30 个连接线的机构分析图谱，节点越大，作者名字和机构字体就越大，表明该作者和研究机构总体出现次数越多，作者之间和机构之间的连接线分别表示的是作者之间合作和机构之间合作，连接线越明显表明共现次数越多。根据图谱结果可知，吴伟荣、李明辉、张龙平、庄飞鹏等人发布的文献引用频次较高，具有一定的影响力；但是存在一个问题，作者之间的连接线非常稀疏，大部分研究人员还是以独立为主，缺少研究合作。

观察表 5 - 9 可以发现，高频次论文发表主要集中在 2006—2010 年之间，而近几年发表论文频次总体不高。其中张龙平在 2010 年频次达到 11 次，李明辉在 2006 年频次达到 10 次，吴伟荣在 2015 年频次达到 7 次，与上面的图谱结果一致。通过观察各个机构之间存在连接线的比较少，表明各大院校之间的合作微乎其微；根据节点的大小，可以看出频次比较高的机构主要有中南财经政法大学会计学院、厦门大学管理学院、中央财经大学会计学院等。

表 5 - 9　　　　1998—2018 年审计质量的核心作者出现频次

频次	年份	作者
11	2010	张龙平
10	2006	李明辉
7	2015	吴伟荣
6	2006	雷光勇
6	2014	庄飞鹏
6	2010	王兵
6	2015	周兰

---

①　陈西婵：《审计质量、产权性质与非效率投资》，《财会月刊》2017 年第 7 期。

频次	年份	作者
5	2009	孙永军
5	2017	李晶晶
5	2010	陈立红

同样，根据图谱分析结果报告输出功能可以得到的结果如表 5 – 10 所示。

表 5 – 10　　　　　　**1998—2018 年审计质量的机构合作分析结果**

数量（次）	年份	机构
31	2010	中南财经政法大学会计学院
21	2008	厦门大学管理学院
19	2009	中央财经大学会计学院
18	2006	北京大学光华管理学院
14	2007	中国人民大学商学院
14	2005	江西财经大学会计学院

不难发现，审计质量的核心作者和机构出现频率比较高的是在 2006 年至 2010 年之间，这个时期处于中国的第十一个"五年计划"阶段，经济以稳定的高速度发展，很多学者和机构对审计质量的关注度比较高，但是近 5 年来对审计质量的研究已经比较少，这种情况下应积极鼓励相关学者继续进行探索，为经济高质量发展助力。

五　审计质量研究的历史演进

（一）研究阶段划分

科学地划分审计质量研究阶段有助于了解其内在的规律和本质，从而有利于对其进行深度研究和应用，但是目前为止还没有文献对此进行专门的深刻探讨，因此，本节首先将会利用 CiteSpace 软件绘制时序图（Time-line）和时区图（Timezone）。1993—2003 年，审计质量的研究爆发的关键词比较少，相关文献发表量也比较少，但是文献数量总体上是在缓慢增加的，说明这个时期是审计质量研究的初步形成阶段；2003—2015 年，开始陆续出现审计质量的聚类，而且时间非常紧密，可以看出这个是审计质量的快速发展阶段；2015—2018 年关于审计质量的研究开始减少，是因为这个时候中国经济发展已经比较稳定，关于审计的相关法规也已经有所完善，审计质量研究进入成熟时期，可以预测对审计质量的探索研究将进入稳定、完善阶段。

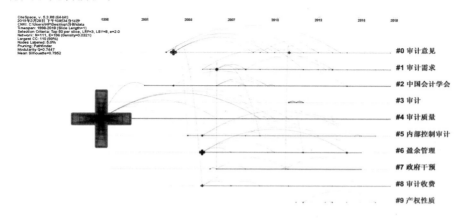

图 5 – 4　1998—2018 年审计质量时序

再通过时区图可以看出，1998—2003 年只出现了明显的两个关键词审计质量和审计风险，但是从 2003 年开始，审计意见、国家审计、事务所规模、审计独立性、客户重要性、公司治理等多个关键词开始得到关注，很多学者发表了相关研究论文，审计质量研究领域的研究角度开始变得多样，从不同的方面去探讨审计质量的影响因素，从而有利于揭示审计质量研究的提升路径，促进审计质量相关理论研究体系的成熟。

因此，可以将我国审计质量研究的历程大致划分成三个阶段，1998—2003 年是初步形成阶段；2003—2015 年是快速发展阶段；2015—2018 年开始进入稳定阶段。

（二）研究趋势分析

利用 CiteSpace 软件得到审计质量的轮廓值（stigma）、中心性值的综合信息表，如表 5 – 11 所示。

表 5 - 11　　　　　　　　　　1998—2018 年审计质量的综合信息

关键词	轮廓值	中心性	初现年份	所属聚类
盈余管理	4.21	0.44	2005	#6
注册会计师	1.80	0.14	2006	#2
独立性	1.00	0.48	2006	#5
公司治理	1.00	0.85	2006	#1
审计意见	1.00	0.54	2003	#0

根据表 5 - 11，可以看出注册会计师的研究从 2006 年开始呈现爆发式增长，而且轮廓值（stigma）值也较高，相关文献中有 15 篇研究此项；盈余管理也是从 2006 年开始呈现爆发增长，664 篇有效文献中有 55 篇论文涉及此关键词，同时它的轮廓值（stigma）非常高，而公司治理的中心性值最高，审计意见的中心性值次之，审计独立性的中心性值也达到了0.48，综合上述信息，确定审计质量的研究趋势如下：

第一，审计质量与会计师事务所的关系。事务所规模、注册会计师专业胜任能力、审计人员任期、审计收费、审计意见发表等都会影响审计质量。规模大的事务所更注重行业声誉，可以给予新从业者更强大的培训支撑，有标准化的审计方法，可以提供高质量的审计服务；注册会计师的专业程度越高，越能提升审计工作质量，发表合适的审计意见。审计人员的任期影响审计人员的工作经验，进而影响审计人员对企业财务信息存在问题的判断。事务所制定的审计收费标准在一定程度上也保证了高质量审计，然而过高或过低对审计质量都不利，这需要进一步研究。

第二，审计质量与公司治理的关系。审计是对企业的财务信息进行审核，而公司治理对财务信息起着关键作用。公司治理关乎企业的管理权力和经济利益分配问题，良好的公司治理机制，可以减少高级管理人员的财务舞弊问题，保障企业财务信息的真实性。通常公司管理问题是引起盈余管理的诱因，盈余管理也是审计质量的热点关键词，因而关于公司治理对审计质量的影响研究也具有重要意义。

第三，审计质量与独立性的关系。独立性是审计工作的内核，是推动审计发展的动力。会计师事务所的独立性会影响审计人员在审计工作过程中发现和揭露客户财务报表中存在错报和漏报的可能性，提高审计独立性将是提高审计质量的有效突破口。但是在现实生活中，这种独立本质上很难实现，因此，如何提高审计的独立性对审计质量意义重大。

六　推进审计质量研究的对策

（一）综合多学科理论与方法丰富审计质量研究

通过检索的相关文献可以看出，由于我国审计质量的理论研究起步较晚，很多学者习惯于吸收国外学者研究的理论基础、设计框架、实验步骤、检验方法等，缺乏系统深入的思考。所以要在借鉴经济计量学、市场学、会计学、管理学、统计学等相关学科理论知识和方法的基础上，寻找理论贯通点，同时要注意把握各个学科之间的理论界限，寻找适合审计质量的理论逻辑，保证审计质量研究的独立性。

（二）提高研究机构的信息资源共享程度

目前中国审计质量研究存在明显的地域性悬殊问题，中坚力量还是国内一流的会计院校，而且根据机构图谱发现，明显的节点非常少，很多机构在审计质量研究领域的参与度远远不够，因此，整合社会资源，鼓励机构间学术交流合作可以促进审计质量主题研究的繁荣。

（三）深化研究内容更新数据来源

审计质量研究进入第十二个"五年计划"（2011—2015 年）阶段，经济发展非常迅速，处于特殊时期，企业财务信息对研究的影响很大，代表性有所降低，而且缺乏对近期数据信息的剖析，不少文献都是仅仅对审计质量影响因素进行了实证，研究主题重复率很高，因此，要在未来的研究中破除数据局限的阻碍，深化审计质量主题研究，进行更多的质性研究和多维度研究，深入地分析不同地域、不同产权、不同审计行为的审计质量，探讨审计质量影响因素潜在联系，提出更加完善的政策和建议。

第五节　内部控制图谱化研究

一　研究背景概述

内部控制是指企业的高级管理人员与全体员工全部参与其中，制约、评价、组织和批评企业的运营过程，以此使企业实现经营目标的一种动态过程。内部控制涉及企业发展的方方面面，在企业管理中占据核心地位。中国是一个经济大国，经济发展影响着中国的社会稳定、市场稳定，所以中国不断进行经济市场规范，这就导致中国内部控制的组成体系有点复杂，国家财政部发布了《企业内部控制基本规范》《企业内部控制配套指引》等，也就是"中国版萨班斯法案"，而且随后又颁布了《关于2012年主办上市公司分类分批实施企业内部控制规范体系的通知》。2018年2月5日，税务总局召开全国税务系统推进内控机制建设工作视频会议，税务总局总审计师刘丽坚在会议上发表了重要讲话。刘丽坚要求，通过多种方式宣传内控机制建设，税务干部们通过不同的渠道来学习风险防控，提升自我思想，积极主动参与到内控机制建设当中。明确各级税务机关职责，充分利用内部控制的监督职能。对内控机制做出科学、规范的评估，加快建立健全内控制度体系，认真开展内控监督检查，不断强化内控成果运用，深化内控工作，拓宽内控视野，追求高质量的内控机制，加快落实内控机制。

内部控制制度在现代化企业管理制度建设中日趋流行，其可以规范企业的经济活动，提高企业管理效率。在现代社会中，各种企业此起彼伏，企业的规模、性质也各不相同。有效的内部控制制度不仅可以规范企业的财务核算，还可以保证企业的会计信息真实完整，还可以在保证资产平稳增长的前提下实现资产的保值增值。为了杜绝徇私舞弊现象，保证会计信息质量的真实可靠，企业可以采取轮岗制度、职权分离、职责分工等措施。改革开放以来，中国企业不断向现代企业转变。内部控制制度成为现代企业管理制度核心部分，有利于加强对企业的管理。在良好的制度环境下，企业才能平稳运行。内部控制通过对企业进行风险控制和防范，来保证企业正常经营和实现可持续发展。如何规避各类风险并建立健全企业内部控制体系成为企业管理的首要问题。鉴于此，本节对内部控制研究主题进行了研究分析，对中国内部控制研究主题的热点问题进行深入、全方位的分析，对中国的内部控制研究提出建议与对策。

二　数据获取与研究方法

在"中国知网"中文数据库中，使用高级检索功能，对检索条件进行明确的设置，将检索条件中的关键词设置为"内部控制"，筛选条件选择

"精确"，文献的来源类别选择"CSSCI"，从而保证所选数据更有代表性和权威性。检索时间设置为 1998—2018 年，共检索出 1556 篇相关文献。本节首先通过文献时间序列分布、核心作者分布等不同角度，对我国内部控制的研究概况进行分析。其次，根据 CiteSpace 生成的知识图谱，可以掌握有关内部控制主题研究的热点性问题和高频关键词以及内部控制主题的演进脉络。

三 知识图谱可视化分析

（一）文献时间序列分析

文献时间序列情况图可以清楚直观地显示内部控制文献数量在各时间段的变化。因此，本节根据各年发文篇数绘制中国内部控制文献时间序列分布情况，具体如图 5 – 5 所示。本书收集自 1998—2018 年 20 年间 1556 篇内部控制相关论文。内部控制相关文献数量虽然存在一定的波动，但整体是递增的，说明该阶段内部控制的相关研究发展较快，受关注程度较高。2015—2017 年该主题的文献数量有所下降，研究发展较慢，受关注程度较低。2018 年有关内部控制研究的文献保持不变，研究发展稳定，受关注程度很高，其中 2009 年和 2011 年发文数最高，达到 128 篇。2012 年和 2015 年的发文数量与 2009 年和 2011 年的数量不相上下，达到 126 篇。虽然 2017—2018 年发文数有所下降，但整体来看，2000—2017 年发文数呈现递增的趋势，研究发展较快，内部控制受到的关注程度越来越高。

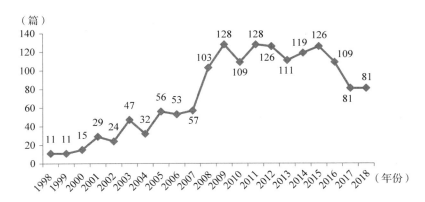

图 5 – 5　内部控制发文数量走势

（二）核心作者分析

通过 CiteSpace 软件，我们得出了有关内部控制研究主题的核心作者，在"中国知网"检索有关内部控制的核心期刊，发现安徽工业大学会计系的林钟高发文数量为 18 篇，位居首位。厦门大学管理学院的陈汉文发文数量为 17 篇，仅居其后。安徽工业大学商学院的徐虹发文量是 16 篇，排名第三位。还有来自中山大学管理学院的林斌和来自东北财经大学会计学院的唐大鹏，他们的发文数量都是 13 篇。通过 CiteSpace 软件我们还可以得出排名前十位的核心作者有关频次，如表 5－12 所示。林钟高在 2007 年时，频次为 16。陈汉文在 2000 年时，频次为 14。林斌和徐虹在 2009 年时，频次都为 8。李明辉、杨雄胜频次都为 6。张同健在 2008 年时，频次为 5。张秋生、查剑秋、杨有红频次都为 4。其中林钟高的频次最高，张秋生、查剑秋、杨有红的频次最低。

表 5－12　　　　　　　　核心作者出现频次

频次	年份	作者
16	2007	林钟高
14	2000	陈汉文
8	2009	林斌
8	2009	徐虹
6	2002	李明辉
6	2006	杨雄胜
5	2008	张同健
4	2008	张秋生
4	2008	查剑秋
4	2009	杨有红

（三）研究热点分析

首先，我们把从知网中获取的 1556 条有关文献作为研究的样本数据。把数据导入 CiteSpace 软件中对其进行数据转换、设置参数等一系列的操作。将时间范围设置为 1998—2018 年，时间切片设置为 1，节点类型选择关键词，选择标准为 Top50。为了得到更精确的结果，在对"网络修剪"

（Pruning）进行设置时，可以对"网络寻径"进行勾选，点击运行之后得到关键词知识图谱。

通过 CiteSpace 得出了排名前十位的高中心关键词，如表 5 - 13 所示。中心性超过 0.1 的节点称为关键节点。从表中我们可以看到，关键词内部控制在 1998 年时，频次为 1005，中心性为 0.79。关键词内部审计在 2000 年时，频次为 40，中心性为 0.65。关键词企业在 2001 年时，频次为 23，中心性为 0.54。这些关键词的中心性大于 0.5，具有较高的研究价值，值得学者们对其不断地研究，以便全面分析中国内部控制研究的发展现状及其成果。

表 5 - 13　　　　　　　　　高中心性关键词

频次	中心性	年份	关键词
1005	0.79	1998	内部控制
65	0.20	2003	公司治理
57	0.31	2003	风险管理
41	0.11	2003	信息披露
40	0.65	2000	内部审计
31	0.28	2014	内部控制质量
23	0.54	2001	企业
22	0.02	2014	产权性质
22	0.19	2005	商业银行
21	0.37	2006	上市公司

其次，采用关键词聚类网络对内部控制的研究热点进行聚类分析。经 CiteSpace 软件处理后得到关键词聚类网络图，由结果可知，该聚类的模块化程度较好，效果显著。本节采用 TF * IDF（词频逆向文件频率）加权聚类算法进行聚类，得到 6 个聚类，分别为敏感性分析、银行、内部控制质量、真实盈余管理、公司治理、信息披露。我们发现"内部控制""公司治理""信息披露"等关键词出现次数较多。最后，通过统计可以得到各聚类出现次数较多的关键词，如表 5 - 14 所示。

1. 第一聚类：敏感性分析

由表 5 - 14 可知，敏感性分析这一研究热点出现次数较多的关键词有财务绩效、集成、费用粘性、中信证券、内部控制审计报告、成熟度模型、框架、被审计单位、权力强度、经理人激励、大型旅游度假区、风险分类、效益性、内部审计标准。通过对敏感性分析问题研究热点出现次数较多关键词的分析，发现该聚类的主要观点有：在内部控制质量较差的企业中，经理人会采取措施提高薪酬契约中薪酬与业绩的敏感性来维护自身利益。

表 5 – 14 　　　　　　内部控制研究热点和出现次数较多的关键词

研究热点	出现次数较多的关键词
敏感性分析	财务绩效、集成、费用粘性、中信证券、内部控制审计报告、成熟度模型、框架、被审计单位、权力强度、经理人激励、大型旅游度假区、风险分类、效益性、内部审计标准
银行	理论演进、中国建设银行重庆市分行、制度变迁、差错、贷款、银行业、金额、控制杠杆、产权关系、和谐社会、矩阵模型、纵横模型、环境变迁、萨班斯法案、金融危险
内部控制质量	政治风险、财务预警体系、审计师特征、债务融资成本、控制目标、政治联系、外部盈利压力、借款期限、财务会计、信用负债、借款契约、环境不确定性、武钢集团、企业规模
真实盈余管理	重大缺陷定量认定标准、内部人持股、重污染行业、制度创新、审计定价、财务报表、信息风险、路径分析、重大缺陷整改、质量、董事会治理、多元回归分析
公司治理	契约理论、价值、管理文化、发展战略、法制文化、详细评价法、风险管理审计、风险管理框架、审计文化、价值创造、特点、治理生态、衍生工具、健全
信息披露	企业组织、实质性漏洞、组织效率、经济后果观、行政管理、信息含量、交叉上市保险公司、综合评价、贯彻实施、权益资本成本、内部控制信息、事件研究、企业内部控制制度

2. 第二聚类：银行

由表 5 – 14 可知，银行这一研究热点出现次数较多的关键词有理论演进、中国建设银行重庆市分行、制度变迁、差错、贷款、银行业、金额、控制杠杆、产权关系、和谐社会、矩阵模型、纵横模型、环境变迁、萨班斯法案、金融危险。通过对银行问题研究领域出现次数较多关键词的分析，发现该聚类的主要观点有：一是在银行全面风险控制体系当中要尤其防范反洗钱。反洗钱监管部门在确定需要关注的银行主体时，对于内部控制不足的银行，要花费更多的精力，对其进行监督管理，要求其制定更规范、安全的风险防范管理措施。建议银行对于低风险领域采取简化的内部控制措施，降低成本，实现利益最大化。二是随着经济的快速发展，许多商业银行的小额信贷业务开始活跃起来。为了确保银行业稳步发展，银行应积极建立健全内部控制制度。王李建议可以成立内部控制管理委员会，对银行的贷款业务内部环境进行诊断，制定规范的业务流程，为贷款业务保驾护航①。

总之，银行要不断完善内部控制系统，同时加强银行业的内部审计。轰动全球的安然事件，就是因为内部审计环节出了问题，带来了不可挽回的悲惨局面。企业要充分发挥内部审计的作用，保持企业高度的独立性，要让内部审计部门在企业中具有权威性，能够起到震慑作用。银行业涉及大量、高额的资金交易业务，伴随着高风险和高收益。银行业在面对高风险情况下，一定要注意有关风险防范问题。银行业自身要以风险防范为导向，建立有效的风险防范内部控制管理体系，确保行业稳健运营。国家有关部门也应加强对银行业的监督管理，双管齐下，促进银行业的发展，由此带动整个社会的经济发展。

3. 第三聚类：内部控制质量

由表 5－14 可知，内部控制质量这一研究热点出现次数较多的关键词有政治风险、财务预警体系、审计师特征、债务融资成本、控制目标、政治联系、外部盈利压力、借款期限、财务会计、信用负债、借款契约、环境不确定性、武钢集团、企业规模。通过对内部控制质量问题研究领域出现次数较多关键词的分析，发现该聚类的主要观点有：一是哪些因素会影响企业的内部控制质量以及企业该如何提升内部控制质量。王福胜通过实证分析发现，内部控制质量受首席财务官背景特征和企业产权的影响②。

---

① 王李：《对商业银行小额信贷业务内部控制有效性的探讨》，《税务与经济》2013 年第 3 期。

② 王福胜：《产权性质、CFO 背景特征与内部控制质量》，《财经理论与实践》2018 年第 5 期。

二是内部控制影响着企业的税收政策选择及调整。王茂林等采用均值回归和分位数回归方法研究发现，企业实际税率的行业偏离度可以通过高质量内部控制来降低，同时高质量内部控制可以优化税收策略①。三是内部控制质量越高的上市公司，股价崩盘风险越低。黄政等通过理论分析和实证检验得出，高质量的内部控制可以通过改善信息披露质量来降低股价崩盘风险②。四是沈烈等认为管理者能力越高，所在企业的内部控制质量越高。拥有超强管理能力的职业经理人可以制定出高质量的内部控制制度，从而推进企业追求利益最大化目标的实现③。

总之，内部控制质量是企业稳健发展的核心因素。高质量的内部控制可以降低企业经营风险，节约企业审计成本，有利于企业对未来发展做出正确决策。内部控制质量高的企业拥有可靠的审计证据，注册会计师在对其审计时，不需要花费太多的人力、精力去验证审计资料的真实性，这给审计过程减轻了负担。反而言之，内部控制质量低的企业，其审计证据的可信度也低，注册会计师在对其审计时，需要花大量的时间与精力去获取充分、适当的审计证据。增加了注册会计师的审计投入，审计费用也会随之增加，所以说，内部控制质量也影响着审计定价。

4. 第四聚类：真实盈余管理

由表5-14可知，真实盈余管理这一研究热点出现次数较多的关键词有重大缺陷定量认定标准、内部人持股、重污染行业、制度创新、审计定价、财务报表、信息风险、路径分析、重大缺陷整改、质量、董事会治理、多元回归分析。通过对真实盈余管理问题研究领域出现次数较多关键词的分析，发现该聚类的主要观点有：程昔武等认为企业的盈余管理活动不利于降低企业的审计风险，同时增加了企业的审计难度。注册会计师在进行审计工作时，要花费大量的时间以及多种渠道去获取真实、有效的审计证据，这样一来便会导致企业的审计费用增加，加大企业的营业成本④。所以，企业应提高盈余管理质量。企业还可以通过不断完善内部控制制度

---

① 王茂林等：《内部控制质量与企业税收策略调整》，《审计研究》2018年第3期。

② 黄政等：《内部控制质量与股价崩盘风险》，《审计研究》2017年第8期。

③ 沈烈等：《管理者能力与内部控制质量：抑制还是促进》，《中南财经政法大学学报》2017年第5期。

④ 程昔武等：《真实盈余管理影响内部控制审计收费吗》，《南京审计大学学报》2018年第3期。

来遏制企业的盈余管理活动。王丽娟等研究发现，媒体关注和内部控制都可以抑制企业的真实盈余管理，并且两者间为互补关系①。内部控制质量较低的企业可以通过提高媒体关注度来应对盈余管理失效问题。田昆儒等提出企业可以通过两种方法来抑制企业的真实盈余管理行为，一是提高内部控制的质量；二是提高机构投资者的持股比例②。强调中国企业要不断建立健全内部控制制度，加强对企业的监督管理，充分发挥高质量内部控制制度和高比例机构投资者持股在企业盈余管理中的作用。

总之，真实盈余管理活动在企业中占据重要地位。我们知道，真实盈余管理是通过非正常的经营决策手段来使企业达到盈余。此种做法使得审计风险加大，造成企业发展扭曲。对一个企业来说，要想节约运营成本，促进企业可持续发展，做好盈余管理工作是有效的对策。对国家来说，便于监管的同时也能确保经济稳步发展。

5. 第五聚类：公司治理

根据表5-14我们可以知道，有关公司治理研究热点出现次数较多的关键词有契约理论、价值、管理文化、发展战略、法制文化、详细评价法、风险管理审计、风险管理框架、审计文化、价值创造、特点、治理生态、衍生工具、健全。公司治理是在企业法人财产的委托代理条件下，规范股东大会、董事会、监事会、经理层等利益主体间权责利关系的制度安排，亦称公司治理结构。

通过对公司治理方面的研究，发现我国的内部控制仍存在一些不足之处。企业的董事会形同虚设，不能够充分发挥其应有的作用。企业的财务部门不独立，内部财务舞弊事件频发。内部控制制度缺乏威慑力，执行力度不够。岳世忠提出内部控制缺陷的根治需依靠公司治理③。公司治理是宏观性的，内部控制是微观性的，完善好内部控制是充分发挥公司治理优势的前提。同时，公司的治理效果也受到内部控制的影响。陈玉清曾发文论述过这一观点，内部控制影响公司外部治理机制，如影响公司资本市场、经理市场、产品市场、审计市场。同时内部控制也影响公司内部治理

---

① 王丽娟等：《媒体关注和内部控制对真实盈余管理治理的替代效应研究》，《工业技术经济》2018年第6期。
② 田昆儒等：《内部控制、机构投资者与真实盈余管理》，《华东经济管理》2017年第6期。
③ 岳世忠：《现代公司治理下内部控制的建立与完善》，《兰州学刊》2014年第6期。

机制，如股东和股东大会、董事会、监事会、内部审计制度①。刘玉平等研究发现，随着现代公司治理机制的产生，内部控制开始出现问题：一是公司股权过度集中，许多权利集中在一个人手里，凡是涉及责任、风险时却无人出面承担②。二是内部审计工作难以开展，许多规模较小的公司为了节约管理成本，原本应独立存在的审计部门却被设立在财务部门当中，形成了"自己审自己"的局面。

6. 第六聚类：信息披露

由表 5-14 可知，信息披露这一研究热点出现次数较多的关键词有企业组织、实质性漏洞、组织效率、经济后果观、行政管理、信息含量、交叉上市保险公司、综合评价、贯彻实施、权益资本成本、内部控制信息、事件研究、企业内部控制制度。内部控制信息披露质量，是指上市企业将自己的内部控制信息公开，不隐瞒利益相关者。企业的内部控制信息能够真实反映企业的情况，为利益相关者提供参考信息，有助于利益相关者更好地了解企业，有利于利益相关者做出决策。内部控制质量是企业可持续发展的关键因素之一，李秉祥等提出神经网络评价模型，从客观角度出发，分析了企业内部控制信息的披露质量③。随着市场经济的快速发展，中国越来越重视上市公司的内部控制信息披露情况。目前已有超过 50% 的企业自愿披露，但由于法律并未强制要求，所以披露内容范围仍然存在一定局限。

四 内部控制研究发展历程

突现值代表关键词的突现率，突现词是特定年代（突现时间）论文增多的关键词。表 5-15 中排名前 18 位的突现词代表当年的内部控制研究前沿。1998 年开始金融和财政金融突显；2001 企业突显；2003 年管理控制突显；2004 年内部会计控制突显；2005 年风险和商业银行突显；2006 年上市公司突显；2007 年风险管理突显；2009 年控制环境突显；2010 年信息披露突显。自 2014 年、2015 年、2016 年行政事业单位、过度投资、内部控制质量、产权性质、审计质量、企业绩效、盈余管理开始突显，这 7

---

① 陈玉清：《论内部控制对公司治理的影响》，《山西财经大学学报》2012 第 8 期。
② 刘玉平等：《现代公司治理机制下的内部控制研究》，《现代管理学》2011 年第 5 期。
③ 李秉祥等：《论内部控制对公司治理的影响》，《企业管理》2016 年第 4 期。

个突现词频繁出现,其中突现值较高的是内部控制质量为9.9893。以上突
现词可以作为内部控制研究中的重要转折点。

表5-15 内部控制研究的突现词

序号	突现词	突现时间(年)	突现值
1	金融	1998—2001	3.189
2	财政金融	1998—2001	3.189
3	企业	2001—2007	4.126
4	管理控制	2003—2005	3.510
5	内部会计控制	2004—2006	3.491
6	风险	2005—2007	4.796
7	商业银行	2005—2008	8.409
8	上市公司	2006—2008	3.168
9	风险管理	2007—2010	9.152
10	控制环境	2009—2010	3.265
11	信息披露	2010—2012	4.021
12	行政事业单位	2014—2018	3.495
13	过度投资	2014—2016	3.245
14	内部控制质量	2014—2018	9.989
15	产权性质	2015—2018	7.152
16	审计质量	2016—2018	3.202
17	企业绩效	2016—2018	3.661
18	盈余管理	2016—2018	4.432

依据表5-15的分析结果,通过对有关文献的综合分析,归纳内部控
制研究中的重要三个历史拐点(2001年、2006年、2010年),以此作为依
据,中国内部控制研究的演化进程大致可以被划分为四个阶段:1998—
2000年属于萌芽期(发文量较少);2001—2005年进入起步期(缓慢增
长);2006—2009年步入发展期(迅速发展);2010—2018年处于成熟期

（稳定增长）。程新生、阎达五、杨有红、陈汉文、吴水澎和邵贤弟等是第一阶段的代表性人物。企业应采取双管齐下和分步走的方法来构建内部控制框架。在企业中建立良好的管理部门，明确界定全力和责任，建立内部独立审计部门，做好企业预算管理，制定科学规范的企业管理制度。谢志华是第二阶段的代表人物，他采用历史回顾和逻辑推理的方法，研究了内部控制、公司治理和风险管理三者之间共同的地方，在此基础上，整合内部控制、公司治理和风险管理，重新确立内部控制体系。第三阶段内部控制的著作、论文数量逐年增加，研究主题逐渐拓展，研究队伍日益壮大，学术影响力不断增强。这一阶段的代表人物是樊行健、肖光红。从马克思主义认识论角度出发，按照"具体—抽象—具体"的思维方式，通过对内部控制演变过程的分析，知道了企业间在内部控制方面所存在的共同之处；通过对美国、加拿大、英国等不同国家内部控制的比较，知道了企业间在内部控制方面所存在的差异。此外，还研究了企业内部控制的本质属性和概念范畴，回溯了中国企业的内部控制体系建设，哪些方面存在不足。第四阶段对该研究的文献数量越来越多，增长趋势陡然上升。内部控制影响因素由单一心理层面走向多元，涉及多维因素，包括会计信息、制度背景、管理层权力、产权性质、盈余管理、信息披露、披露质量、公司治理、内部审计、审计方法、审计质量、社会责任、企业绩效等。影响因素由微观到宏观，不仅考虑心理层面、结构层面，更加深入探讨宏观层面的因素，如企业绩效指标、企业盈利指标对内部控制的影响。研究主题从一般到具体内部控制，如敏感性分析、银行、内部控制质量、真实盈余管理、公司治理、信息披露等。研究方法由简单描述性分析到使用复杂研究方法，如多元回归分析、相关性分析的使用极大丰富和拓展了研究成果。

五　推进内部控制研究的主要建议与对策

（一）增强对内部控制的重视程度

中国 1998 年开始对内部控制进行研究，相对于国外而言，中国对于内部控制的研究起步很晚，而且对于内部控制研究的机构规模比较小。因此，中国应该提高对内部控制研究领域的重视程度，增加创立研究机构，不断鼓励有关学者加大对内部控制的研究力度。应联合高校，促进高校对内部控制人才的培养，为内部控制研究培养新型人才。大力宣传内部控制研究成果，鼓励更多的青年学者参与到内部控制研究中。以政府为联系纽带，连通研究机构与高校，通过加强校企合作，研究机构可以为高校人才提供实践机会，高校也可以为研究机构注入新鲜血液。研究机构间应该相互交流协作，为中国内部控制的研究做出应有贡献。

（二）注重知识传播与资金支持

目前，针对内部控制方面，中国最需要做的就是大力传播内部控制基础理论知识。可以定期举办专题讲座向广大学者介绍国外有关于内部控制的研究情况，也可以定期对广大学者进行知识培训。不仅如此，中国还应该为科研机构提供资金支持，加大研究经费的供给，大力支持研究项目的开展。有关的科研成果可以通过出版物发表，可以上传到相关网站，还可以通过学术会议等多种渠道进行交流与扩散，实现资源信息共享。

（三）适当借鉴国外研究经验

中国对内部控制研究的发展速度缓慢，2008 年之前对内部控制研究的核心期刊数量不超过 100 篇，2008 年时有关文献数量为 103 篇。此后的几年时间里研究文献最高达到 128 篇，2017 年的研究文献数量开始下降到100 篇以下。而国外对于内部控制的研究起步早而且研究文献远大于中国，因此中国在借鉴国外经验时要注意结合我国实际情况进行自主创新。在借鉴过程中，扬其长，发挥最大作用。在积极借鉴学习的基础上，寻找理论结合点。同时，也要注意把握各学界之间的理论界限，找出属于内部控制的理论逻辑和主线，保证内部控制研究的独立性，构建符合中国国情的内部控制理论体系。

（四）增加内部控制研究的多样性

早期的内部控制研究主要借助于已有统计数据，研究主题比较单一、宽泛。随着内部控制研究的深入及现阶段内部控制问题的复杂性。内部控制研究主题不断拓展，如公司治理、风险管理、信息质量、信息披露质量、盈余管理等问题。增加内部控制研究主题的多样性，这样可以使研究更全面、更深刻。制定科学的研究指导体系，对内部控制主题相关的问题进行梳理，增强研究主题深度，使研究成果不断聚焦到内部控制行为差异性的根源，找出影响内部控制问题存在的具体因素。王海林等在有关于内部控制缺陷研究中提出内部控制研究主题深入多样，主要集中在内部控制

制度和机制、信息质量、风险管理、公司治理、会计控制、内部控制有效
性和质量、缺陷认定和披露、内部控制审计八个热点①。

（五）凝聚内部控制发展合力

融合政府、企业和高校的力量，政府对发展进行指导，具体实施由企
业来完成。政府应发挥组织和领导作用，大力宣传，定期组织培训，跟踪
调查结果，确保各项工作按时开展。企业作为改革主体，要重视对内部控
制有关人才的培养，加强内部控制创新工具的应用，不断探索和实践。加
强对员工的培训，让员工在切实履行工作职责的基础上继续学习新知识，
提升内部控制专业素质。高校应发挥在理论上的支持作用，进行理论知识
传播，为内部控制培养更多优质人才。政府、企业和高校三者齐心协力，
共同为我国内部控制研究贡献力量。

第六节　风险管理图谱化研究

一　研究背景概述

2019 年 1 月 24 日在着力防范化解重大风险的专题会议上，习近平总
书记发表重要讲话，强调我们要通过提高自身应对风险的能力，促进经济
的不断发展并且维护社会的安定。对于风险管理的研究，国内开始于 20 世
纪 80 年代，随着"风险管理"的概念引入中国，日益得到各界重视。伴
随着经济全球化的推进、寻求跨国间发展等使得企业的经营风险程度不断
加深，因此企业必须加强自身对风险的管控能力。风险管理的核心是通过
辨别对实现企业经营目标无法控制的事件，通常是指负面事件，确定其主
要影响，从而采取一定措施来减轻影响的过程。风险预测实际上是对风险
的估计和衡量。学者利用科学准确的方法，对得到的所有信息进行系统分
析和研究，选择合适正确的方法来确定风险出现的概率和影响程度。在理
想的情况下，风险管理是一个排序的过程，允许将损失最大和发生可能性
最高的事件排在前列，而推迟处理风险较小的事件。但在实际情况中，因
为风险和发生的可能性一般并不一致，很难决定最终优化过程，所以要更

---

① 王海林等：《企业内部控制缺陷研究的知识图谱分析》，《财会通讯》2017 年第 5 期。

加仔细地比较，从而做出最优的选择。总体而言，风险管理是指对比降低风险的收益和会产生成本的大小而选择合适的解决办法。理想的风险管理就是期望运用最少的资源解决最难的问题。企业的安全、企业经营目标的实现以及制定合理的方案都需要我们进行风险管理。

目前已经发表的关于风险管理相关研究综述类论文包括：何超等《互联网金融信用风险管理的文献综述》、严复海等《风险管理发展历程和趋势综述》、许国栋《风险管理理论综述及发展》、何春艳《风险管理研究综述》等，他们都采用了文献综述的方法，整理了近年来中国风险管理研究的进程。社会环境日新月异，风险管理研究不断深入发展，需要对相关的研究文献整理总结。

CiteSpace 软件的知识图谱分析和计量分析功能能够科学地反映风险管理的研究内容、研究特征以及研究热点，可以帮助学者更好地把握住风险管理的研究方向。因此，本节将借助 CiteSpace 软件对风险管理研究热点、研究内容以及研究趋势进行科学系统地分析，梳理我国风险管理研究领域的缺点与不足，从而有助于把握风险管理的研究前沿，为中国风险管理研究未来发展提供新的思路。

二　数据来源与研究方法

CiteSpace 主要利用引文分析的理论，运用独特的算法将大量文献数据转化为可视化知识图谱，便于学者从各种视角进行信息挖掘。在"中国知网"中文数据库中，以"风险管理"为关键词进行检索，筛选条件为"精确"，文献来源选择的是中国社会科学引文索引（CSSCI）数据库中文献，从而保证我们所选择的数据具有一定的科学性和全面性。设置研究年限为 1998—2018 年，最终选取检索到 1441 篇期刊论文作为可视化软件 CiteSpace 分析原始有效数据。通过 CiteSpace 软件对选定的原始有效数据进行运算分析，依次得出国内风险管理研究机构网络合作表、风险管理领域相关学者关系表、风险管理研究相关文献中关键词关系表、风险管理研究相关文献被引聚类图谱、风险管理关键词时区分布表，然后逐个进行分析。从风险管理研究热点、研究对象、研究机构、风险管理研究历史演进等方面对国内风险管理研究进行量化分析，客观地呈现 1998—2018 年国内风险管理研究现状。

三　知识图谱可视化分析

(一) 风险管理研究概况

根据"中国知网"的全部检索结果可以整理得到中国风险管理研究主题分析表 (见表 5 – 16)。从中可以直观地看到风险管理研究领域的研究内容的主要划分,我们选择了有代表性的 7 个部分,其中以经济管理为主题的论文达到 1176 篇,大约占全部文献的 34.96%;其次是风险管理 1166 篇 (34.66%);然后是企业管理 167 篇 (4.96%),种类多样的研究主题表明我国学者从多种角度去探讨风险管理,也可以看出银行业、信用风险、投资者等主题的研究还是比较缺乏。

表 5 – 16　　　　　　　**1998—2018 年风险管理研究主题分布**

主题	发文量 (篇)	百分比 (%)
经济管理	1176	34.96
风险管理	1166	34.66
企业管理	167	4.96
商业银行	125	3.72
金融机构	108	3.21
财政金融	106	3.15
内部控制	73	2.17

此外,在"中国知网"数据库中,以"风险管理"作为关键词进行检索,筛选条件为"精确",文献来源为"CSSCI",从而确定所选数据具有科学性、说服力。时间范围是 1998—2018 年,收集到相关文献 1441 篇,将这些文献以参考文献格式导出文本信息并对发文量进行分析,得到的结果如图 5 – 6 所示。

1998—2008 年,关于风险管理的论文发文量是不断上升的,尤其是在 2008 年达到顶峰,这表明在这期间风险管理越来越受到学者的关注;2008—2018 年,风险管理的相关论文发布量表现出不断下降的趋势。虽然总体上发文数量仍比 1998 年多,但是可以认为近年来中国对风险管理研究的关注度正在逐步降低,可以推测当前中国对风险管理的研究进入了稳步

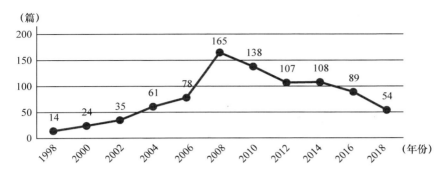

图 5 - 6　国内研究风险管理相关文献发表趋势

发展阶段。

（二）机构分析

利用 CiteSpace 软件生成的机构关系网络图可以了解不同机构对风险管理主题的研究分布情况。将节点类型设置为机构，文献年限选择为 1998—2018 年，经过数据分析后可以得到风险管理领域的研究机构合作共现知识分析表如表 5 - 17 所示。

表 5 - 17　　　　　风险管理研究机构共现知识图谱分析

年份	机构名称	数量（篇）
2007	天津大学管理学院	15
2005	西安交通大学管理学院	12
2004	中国人民大学财政金融学院	12
2003	西北工业大学管理学院	10
2007	武汉大学经济与管理学院	10
2005	西安交通大学经济与金融学院	10

从机构分布情况可以看出风险管理研究的中坚力量是高等院校，最突出的是天津大学管理学院、西安交通大学管理学院、中国人民大学财政金融学院、西北工业大学管理学院、武汉大学经济与管理学院等。运用 CiteSpace 软件进行分析，发现高校之间的研究合作并不是很密切。

（三）作者分析

为了更为详细地研究风险管理主题高影响力作者的分布情况，我们在

CiteSpace 软件界面中，将样本数据输入软件中，结点类型选择作者（Author），并将时间设置为 1998—2018 年。经过分析可以得出有 5 条连线，由此可以推测作者之间的合作相对较少。我们发现姜继娇和杨乃定，徐绪松和郑小京，刘先涛和高军，戴国强和徐龙炳，孙宝文和李辉之间有一些合作。结合表 5-18 可以清晰地看出发文量较高的作者有李明辉、姜继桥、杨乃定、王芳、徐绪松、郑小京、马亚男。从整体上来看，国内关于"风险管理"的研究相对而言还是较为分散，研究学者之间缺乏相互合作与引用。因此，今后中国对于风险管理方面的研究，学者之间要加强合作研究，拓宽研究领域。

表 5-18   风险管理研究作者共现知识图谱分析

年份	作者	数量（篇）
2007	李明辉	7
2003	姜继桥	6
2004	杨乃定	5
2004	王芳	4
2013	徐绪松	4
2013	郑小京	4
2013	马亚男	3

（四）关键词分析

我们将研究数据导入可视化图谱软件中，对风险管理高频关键词分析，发现关键词频次由高到低分别为风险管理、内部控制、商业银行、经济管理、互联网经融、税收风险、内部审计、美国、金融机构等。为了更好地呈现风险管理研究热点之间的关系，我们借助风险管理相关文献中关键词关系图清晰展现。

我们发现"风险管理"是一个最大的节点，位于整个关系的中心。而其他的关键词例如"税收风险""PPP 项目""项目管理""财务管理"等都围绕着"风险管理"展开。其中"内部控制""商业银行""经济管理""互联网经融""内部审计""美国"和"金融机构"等关键词出现的频率也比较高。这些高频次的关键词也在一定程度上反映了中国关于风险管理研究的重心以及倾向，说明目前乃至今后中国风险管理研究的领域会倾向于税收风险、内部控制和商业银行这些方面。

（五）聚类分析

关键词聚类分析可以将关联度高的关键词和出现频次高的关键词聚合为某一类研究主题。因此，关键词聚类分析可以辨别各类研究主题。我们将样本数据导入 CiteSpace 软件进行参数设置，时间段设置为 1998—2018年，选定关键词为结点类型，进行数据运算，进行关键词聚类分析，使用标题索引术语标记聚类，并利用特征向量中心法标记节点大小，得到可视化知识图谱。

风险聚类图谱展示出我国风险管理研究共被引聚类图谱，因为篇幅限制，只提取了其中的 7 个聚类，可以看出聚类的分布相对独立，相互之间又有一定联系，说明国内的研究已经有了初步完善的知识体系与框架结构。同时，我们也对风险管理的相关文献被引聚类做了整理分析如表5－19 所示，聚类分析具体如下。

表 5－19 　　　　　　国内风险管理相关文献被引聚类分析

聚类	中心度	聚类标签（部分列示）
#0 风险管理	1.86	电力市场、税收风险、企业管理、公司治理财务管理
#1 经济管理	0.01	创新、融资风险、信用风险
#2 商业银行	0.01	互联网金融、银行、PPP 项目
#3 内部控制	0.02	金融机构、金融市场、项目管理、大数据财务风险
#4 内部审计	0.01	税务审计、绩效评价、小额信贷、委托代理、优化
#5 美国	0.01	供应链、小微企业、信贷审批、信息化、精准扶贫
#6 项目管理	0.01	企业价值、风险评估、金融创新、信息安全、复杂性

1. 聚类#0：风险管理

随着科技的发展和社会的进步，风险管理中融资风险、税收风险等越来越受到人们的关注。风险管理并不是说要不惜一切代价降低风险甚至于规避风险，而是说把风险降低到人们可以接受的范围之内。我们无法绝对保证企业风险的消除，只能合理担保实现企业经营管理目标，从而保障和促进企业整体利益的实现。对于企业风险，持续稳定的金融相关企业更容易获得更多的外部融资，促使企业有能力开展高风险、高收益的经营项目，从而不断提高企业应对风险能力，获得更多收益。对于税收风险，也存在一些问题。例如，国税、地税合作机制不完善；外部信息采集口径不统一；风险识别体系无法推而广之等。所以，针对税收风险，我们应当树立风险管理理念；紧密国税、地税协调配合；充分发挥外部信息优势；提升风险管理应对监控评价整体水平①。

2. 聚类#1：经济管理

随着社会环境的变化，科学技术日新月异，出现了很多大规模投资项目，给国家经济发展带来了很多机遇，但同时风险开始出现，因为项目本身及开发过程都是有风险，所以在正确辨别可能出现的风险之后要及时采取合理的解决措施。经济风险管理应遵循的准则包括"二战"原则、满意性原则及经济性原则。"二战"原则是指当风险将要来临时，人们身体和心理上都会出现紧张不安的情绪，影响经济发展的效率。这种情况下要让人们正确认识风险必须要进行正确科学的风险管理；满意性原则是指在风险发生之前无论风险管理计划做得多好，事情的发展总是处在不断变化的，在管理过程中可变性因素总是存在，但只要保持在可控范围之内即可；经济性原则是指在制定风险管理决策时要考虑成本，尽可能在达到相同影响情况下降低经营成本、减少损失，从而提高收益。面对经济管理过程中可能遇到的风险，我们对三个阶段分析并总结出相应的措施。在潜在阶段，可以提前做好准备，对发生和后果这两个阶段采取恰当的解决办法；在发生阶段，必须采取有效的措施去解决问题；在后果阶段，风险既然已经发生，能做的就是尽最大可能把已经发生的损失降到最低，促进资源配置最优化，进而实现利益最大化。

3. 聚类#2：商业银行

商业银行的风险降低，通过科学技术传达给传统商业银行，使其在运营管理方面能够推陈出新，改变经营模式，提升技术和效率。互联网金融企业与传统商业银行员工的双向流动会带动商业银行内控机制优化②。互联网金融的迅速兴起，会冲击传统金融模式，它们能有效降低成本，缓解

---

① 包晓芸：《高新技术企业所得税优惠事项风险管理浅析》，《税务研究》2017年第11期。

② 刘忠璐：《互联网金融对商业银行风险承担的影响研究》，《财贸经济》2016年第4期。

小微企业融资难问题①。面对互联网金融的冲击，商业银行应取长补短，立足自身优势，相互融合相互发展。对于 PPP（Public，Private，Partnership）公私合营项目下的风险承担，风险管理是 PPP 规范运行的前提，是 PPP 精准管理的根本，是公共服务满足使用者需求的有效保障。制度框架和制度标准是 PPP 风险分担的基础②。总体而言，在 PPP 项目运行过程当中，国家与社会都面临风险。要科学合理分配，合理设计风险分担，构建一套科学合理的 PPP 风险分配机制是大势所趋。

　　根据当前的形势，商业银行的未来发展趋势有三种：第一，股份制银行设立金融控股公司。这样做可以实现范围内的经济效益，拓展盈余空间，提高抵抗风险的实力；可以实现客户不同的金融要求，增强银行竞争力；可以控制更大范围的资产，获得大规模的收益。第二，主动融入国际市场，积极开拓国外市场，在国外成立支系组织。但目前中国的商业银行竞争经验不足，竞争实力不强。与此同时，习近平总书记提出了共建"一带一路"，致力于共商共建共享，为中国商业银行的走出去开辟了新空间。第三，在未来，商业银行应该以顾客需求为重点提供更加方便快捷的客户体验。加强与其他经济组织的沟通协作，合作开发具有优势金融新产品。与电子商务平台合作，积极吸纳新的客户，提供更优质的服务。总的来说，商业银行的经营范围将会越来越大且越来越国际化，经营方式将会呈现出智能化、科技化新局面。

　　4. 聚类#3：内部控制

　　对于金融行业内部控制改善的建议，首先，要优化内部控制环境，形成诚信友好企业文化，培养员工的忠诚度，营造一个良好的内部控制氛围。其次，要强化风险评估，确立明确的风险管理目标，对内外环境进行评估，收集风险信息，重视事前预防、事中控制、事后善后以达到降低风险的最优效果。再后，要规范控制活动。风险控制活动要和风险评估结果紧密结合在一起，严格防止结构性风险和系统性风险。又次，要保证信息的有效沟通。增强信息系统建设，引进先进的高科技装备。组建专业的技术处理团队收集和处理各种各样的信息数据。最后，要保证监督有效性。设立举报和监督专线，将审查结果及时通报，提升员工的合规意识和风险

---

① 阳晓伟等：《互联网金融的风险管理研究》，《现代管理科学》2016 年第 4 期。
② 欧纯智等：《PPP 项目健康运行的风险分担研究》，《社会科学战线》2018 年第 9 期。

防范意识①。

5. 聚类#4：内部审计

审计对象分为以实物为对象，以账务为对象，以规则为对象，以责任人为对象。对企业的风险管理进行监督、评估以及战略协调是内部审计职能重点发展的方向②。完善内部审计主要思路：第一，应该建立综合的团队，提升自身的综合素质。优化内部审计员工的构成，提高内部审计人员综合素养；第二，应该明确岗位职责，有效应对可能出现的风险；第三，应该整合审计信息，提高审计效率。我们要分别从理论和应用层面实现内部审计的信息化。既要着力于审计软件设计以及硬件配置，也要加强内部审计与各相关部门的职责划分。从目前的发展来看，在新形势下，内部审计表现为四个总体发展趋势：第一，内部审计从注重合规向重视管理方向转换。大型国企需要加深与世界各国的合作，帮助企业提高自身的价值；第二，执行方法更加标准化。随着其重点的转换以及管理工具的快速发展，企业内部的审计部门变得更加专业化；第三，由分散管理内部审计组织向集中管理转换。这样转变有利于实施较为简化的审计程序，并且保证企业可以更有效快速地配置资源；第四，经理人更多的是由公司内部自己培育出来的。中国公司应该优化岗位设置，调整员工岗位结构，鼓励更多的高素质人才加入，企业内部审计的队伍越来越壮大。

6. 聚类#5：美国

1933 年美国"金融危机"爆发，使得风险管理开始在美国出现。在这之后，全球对风险管理的研究越来越细化。在风险管理研究中，居于领先地位的是美国，它的研究最深入，相关的风险管理精英人才也有很多。很多美国公司完善的风险管理机制包括：第一，各个职能部门各司其职，分工明确；第二，风险管理流程清晰，有条不紊；第三，切实建立工作体制。关键在于建立一个完备稳固的工作机制和专业管理队伍，确保自上而下的精准部署和自下而上的畅通反馈③。所以，中国企业在研究风险管理方面应向美国学习借鉴，不断与国际交流合作，制定更新相关的条例准则，建立项目投资风险约束制度。政府减少对企业的干预，提升企业自身

---

① 王保辉：《互联网金融行业内部控制问题研究》，《财会通讯》2017 年第 35 期。
② 陈炜煜等：《内部审计职能拓展研究：第三方风险管理》，《会计之友》2017 年第 2 期。
③ 夏智灵：《税收风险管理的理论和实践》，《税务研究》2017 年第 1 期。

应对风险的能力。主要通过建立企业内部风险管理体系，增强企业抵御风险能力。

　　7. 聚类#6：项目管理

　　项目管理涉及企业价值、风险评估、金融创新等许多方面。一个完整的风险项目管理体系应该包含风险管理的策略、措施以及相关控制系统的运行，只有拟定了完善的计划，实施有效的措施，才能够正确有效地对项目进行风险管理。所以企业公司要在多方面努力，建立完善的项目风险管理体系①。在全方位地评价估计风险项目之后，我们需要拟定合理有效的应对方案。方案的制定要遵循一定的原则，其中有可行、适用、有效性原则；经济、合理性原则；主动、及时原则；综合、系统原则。对于项目风险的解决办法不仅是在于项目发生的途中采取相应措施有效规避风险，而且能在风险发生时，帮助我们稳住心态，积极面对。根据风险发生的概率以及对应的可能产生的成本和收益，选择合适的应对策略。但在实际操作过程中，可能存在已经正确识别了风险但是无法正确处理，风险就会被层层传递。因此，对于管理项目可能会产生的风险我们要从一开始就能控制，阻止风险一层一层地传递。从目前的形势来看，中国对于项目管理主要有以下几种发展趋势。第一，在行业中，服务业逐渐取代工程建造业成为项目管理发展的新重点。以应用为主，未来更加关注它的实际运用，关注行业的拓展；第二，企业管理的项目发展。在营销、新产品生产线等方面采用专业化模式，以创新为导向而不是以约束为导向，从而形成企业的创新型文化；第三，项目管理体系的建设。在未来我们应该借鉴、总结国外优秀的经验，构建有中国特色的项目管理体系；第四，项目管理的职业化。所以要提升国内企业项目管理人才的专业化与模式化，让人们有更多的选择余地和发展空间；第五，项目管理软件的系统化和多元化。由于项目管理将成为未来管理变化中的一个热点，与其相关的分析软件也会因此得到快速的发展。

四　风险管理研究的历史演变

（一）风险管理研究热点分析

　　在研究过程中为了能够进一步展示风险管理研究趋势，本节将利用时

---

　　①　石荣方：《企业项目风险管理现状及完善措施》，《管理研究》2019 年第 6 期。

区视图进行研究分析。若某一时区的风险管理相关论文数量较多，表明该领域处于萧条时期；若某一时区的论文数量较多，则表明了该领域处于繁荣时期。本节将 1998—2018 年的 1441 篇论文导入 CiteSpace 软件中，节点类型选为关键词，然后进行数据分析。最终得出风险管理关键词可视化知识图谱，经过整理得出风险管理关键词时区分布表（见表 5 - 20）。

表 5 - 20   风险管理关键词时区分布

年份	关键词
1998—2002	风险管理，经济管理，金融市场，VAR，企业管理，信用风险，金融衍生工具，保险业务，市场风险，财产保险，金融风险
2003—2008	商业银行，内部控制，项目管理，金融机构，公司治理，次贷危机，金融创新，外汇储备，风险评估，供应链管理，中小企业，风险分析
2009—2013	金融危机，财政金融，CVAR，风险控制，价值创造
2014—2018	互联网金融，税收风险，融资风险，小微企业

由表 5 - 20 可以看到，2008 年以前中国对于风险管理的相关研究越来越关注，有独立的研究主题且研究主题也相对比较丰富。关键词有经营风险管理、企业管理、金融机构、金融创新、金融风险等，范围越来越大，内容越来越丰富多样，更有利于风险管理研究主题的深入发展。2009—2018 年，研究的关键词开始逐渐减少，对于风险管理的研究热度有所下降。表 5 - 20 展示了风险管理研究的发展态势，可以预测中国对于风险管理的探讨已经逐步进入稳定和完善阶段。

（二）风险管理研究趋势分析

利用 CiteSpace 软件得到风险管理的突现词如表 5 - 21 所示。

根据表 5 - 21 我们可以发现，风险管理研究的飞速发展集中在 1998—2008 年。在这 10 年间风险管理的研究并不局限于单一视角，学者从很多不同的角度去探讨风险管理的发展，将风险管理作为金融市场的一个问题去研究。这一时期的学者对风险管理的研究更多倾向于企业内部的控制，从企业的角度去看问题、解决问题。2008 年以后中国对风险管理的研究逐步进入了稳定发展的阶段。这一阶段的学者更多地考虑了外部因素对风险管理研究的影响，从更加全面的角度看待这个问题。因此我们要结合市场、国际环境等多方面因素研究其发展趋势，从而得出更多有价值的结论，促进我国社会经济的不断发展。

表 5 - 21　　　　　　**1998—2018 年风险管理研究突现词**

关键词	强度	开始年份	所属聚类
风险管理	1. 91	1998	#0
商业银行	1. 03	2003	#2
内部控制	0. 75	2003	#3
经济管理	0. 59	1998	#1
公司治理	0. 37	2007	#4
互联网金融	0. 26	2010	#2
金融市场	0. 01	2009	#3

五　推进风险管理研究的对策

根据搜索到的相关文献，我们发现中国学者对于风险管理这一主题研究起步较晚，2008 年之前相关文献发表数目不断上升，近几年来又呈现出下降趋势。因此，学习借鉴国外的经验显得格外重要。但是在学习的过程中，我们也不能"照搬照抄"。在借鉴的过程中，要取长补短，学会自我创新；同时，也要把握各个学科之间的理论界限，要找出符合风险管理研究的理论逻辑。根据我们前面对风险管理研究领域学者的分析可以看出，国内学者之间的联系较少，研究合作仅仅集中在少数几个人之间，导致研究可能会存在一些局限性，所以我们应加强研究学者之间的协作。根据对研究机构的分析我们可以发现发文量较高的都集中在 2008 年之前，其中最高的是天津大学管理学院，也仅只有 15 篇。因此研究机构之间也应加强合作，共同推动风险管理研究。

第六章

基于高被引会计名家理论贡献整理研究

第一节 葛家澍教授研究成果图谱分析

近年来，针对学者们研究成果记载与评价的科学图谱与可视化技术取得了突飞猛进的进展。绘制研究图谱，可以实现"抽象—可视化—形象"的转化，科学图谱将改变看世界的方式①。目前科学知识图谱软件工具分为通用工具和专业工具，其中，通用工具包括 Bibexcel，Pajek，UCINET，Origin 等，专业工具包括 Histcite，VOSviewer，CiteSpace 等。其中，CiteSpace 系统由大连理工大学长江学者陈超美团队开发，目前国内外应用发表的论文中，CiteSpace 工具以绝对优势，名列第一位（截至 2018 年 12 月 31 日，应用该工具发表的经济管理类 CSSCI 论文达到 100 余篇），研究成果广泛分布于创新管理、生态旅游、低碳经济等。本节考虑采用最新版本 CiteSpace 软件，对葛家澍教授收录于"中国知网"的所有文献，进行科学图谱计量分析，区别于传统方式整理出会计大师的研究贡献，梳理他的毕生研究科学图谱，以飨会计研究后来人。

一 文献研究成果概况分析

（一）论文发表及主题分析

在期刊文献筛选过程中，分别以第一作者"葛家澍"检索"中国知

---

① 陈超美：《科学前沿图谱知识可视化探索》，科学出版社 2018 年版。

网"数据库，发现分别有 274 条。通过总体趋势分析发现葛家澍教授的收录于"中国知网"数据库的最早一篇论文为 1952 年发表于《厦门大学学报》（财经版），题为《从中国人民银行会计制度的出现说到大学银行会计教材内容的改革》。最后一篇论文记录为 2013 年发表于《会计研究》，题为《财务会计定义的经济学解读》。从论文发表年度趋势看，1960—1980年，他每年发表论文约 1 篇，1980 年之后两位教授论文成果迅速增加，葛家澍教授 2009 年论文发表数量最多，为 20 篇。从研究成果刊登的期刊来看，主要有《会计研究》《厦门大学学报》《中国经济问题》《财会通讯》《财会月刊》《财务与会计》等核心期刊，其中葛家澍教授在《会计研究》上发表 44 篇。从研究主题来看，葛家澍教授研究成果中排名前 20 位的主题依次为财务报表、财务会计、FASB（美国财务会计准则委员会）、财政管理、企业管理、会计准则、北美洲、美利坚合众国、公允市价、公允价值、计量属性、概念公告、财务报告、经济信息、资产负债表、资金平衡表、公允价值计量、会计理论、会计报表、IASB（国际会计准则理事会）。

（二）文献被引情况及十大"高被引"论文分析

文献的被引情况在一定程度上可以反映研究成果的价值与认可度。葛家澍教授研究成果文献总被引数为 4877 次，总下载数为 78375 篇，均篇被引数 487.7 次，均篇下载数 7837.5 篇，下载被引比为 16.07，从引证文献历年分布来看，峰值出现在 2010 年，达到 468 篇，2016 年、2017 年、2018 年引证文献数量依次为 188 篇、164 篇、112 篇。

本节选择葛家澍被引率前 10 篇文献进行分析。从葛家澍、余绪缨教授10 篇高被引论文看（见表 6 - 1），葛家澍教授期刊成果来源有 9 篇来自《会计研究》，1 篇来自于《上海会计》，4 篇合作作者有徐跃、黄世忠、李若山、陈守德，论文发表年份为 1992—2009 年，被引率最高为 2006 年发表于《会计研究》上《会计计量属性的探讨》，被引次数为 926 次，该篇论文主要探讨资产和负债的计量属性，论述了 9 个公允价值定义并对公允价值的层次进行了划分。2008 年经济危机以来，公允价值作为基本计量属性，饱受诟病，也间接说明某一种会计属性被社会所接纳是一个渐进的社会选择过程。

表 6 - 1 **葛家澍教授 10 篇高被引论文**

序号	葛家澍教授论文成果	年份
1	会计计量属性的探讨	2006
2	安然事件的反思	2002
3	关于会计计量的新属性	2001
4	关于在财务会计中采用公允价值的探讨	2007
5	九十年代西方会计理论的一个新思潮	1992
6	财务报告质量评估的探讨	2001
7	当前财务会计的几个问题	1996
8	关于公允价值会计的研究	2009
9	建立中国财务会计概念框架的总体设想	2004
10	创新与趋同相结合的一项准则	2006

二 关键词聚类分析

CiteSpace 系统聚类分析功能的实现原理是文献间的关系会随着共被引频次的增加而强化，将知识网络中出现频次高的参考文献视为基础性文献，通过考察这种文献间的网络细分研究方向，展示研究的发展脉络①。

葛家澍教授文献数量，经剔除序言等最终文献数量为 274 条记录，时间条（Time Slicing）间隔为 1952—2013 年，间隔为 1，间隔连线选择系统默认值余弦值参数，默认选择任意片段"高被引数前 Top50%"，文献运算结果显示最终形成 136 个被引文献结点和 371 条节点间连线，修剪方式选择"寻径"（pathfinder）方式，修剪策略选择"修剪片段网络"（pruning slice networks）方式，标签选择阈值、字体、节点大小分别为 2、4、10，频率较高的 10 个关键词分别为财务报表、财务会计、会计准则、FASB、企业、企业管理、财政管理、会计、美国（美利坚合众国）、北美洲（见图 6 - 1）。

相对频次较高的有公认会计原则、财务报告、会计理论（频次值皆为13）等，体现出葛家澍教授以财务会计、会计准则为主要领域的研究特

① 李琬、孙斌栋：《西方经济地理学的知识结构与研究热点——基于 CiteSpace 的图谱量化研究》，《经济地理》2014 年第 4 期。

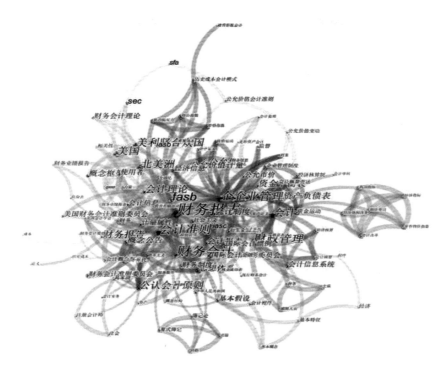

图6-1　葛家澍教授期刊研究成果关键词聚类

征。知识网络的聚类指标，图谱中呈现出8个聚类点，分别为监督、概念框架、会计、公认会计原则、基本特征、财务业绩报告、历史成本会计模式、簿记论。

三　高中心度与突现性关键词及文献分析

（一）高中心度关键词分析

在引文分析原理中，高中心性文献意味着在结构上占据着重要位置的论文，主要体现为它们在连接其他节点或者几个不同的聚类上发挥着重要作用。这些关键词文献可视为具有里程碑意义的研究成果①。

从表6-2可以看出葛家澍教授论文文献按照中心度高低依次排列的关键词为财务报表、会计准则、企业、会计、财务会计、FASB、企业管理、

————————

① 陈悦等：《引文空间分析原理与应用》，科学出版社2018年版。

财政管理、财务报告、思想体系、基本假设，财务报表中心度最大，值为
0.49，起始年份为 1981 年，财务报告、思想体系、基本假设等中心度最
小，值为 0.05，起始年份分别为 1993 年、1981 年、1992 年。

表 6 - 2　　　　　　　　　　　　葛家澍教授高中心度关键词

关键词	频次	中心度	起始年份
财务报表	56	0.4900	1981
会计准则	32	0.3000	1992
企业	27	0.2600	1964
会计	19	0.2100	1980
财务会计	34	0.1500	1987
FASB	30	0.1300	1998
企业管理	25	0.1200	1964
财政管理	24	0.1100	1980
财务报告	13	0.0500	1993
思想体系	8	0.0500	1981
基本假设	6	0.0500	1992

（二）高突现性关键词分析

高突现性主要是指那些被引频次在时间维度出现突增的特征，因此它
包含两个维度：突现值和突现时间。突现性高的节点意味着这些文献在相
应的时间区内受到格外的关注，一定程度上代表了该学科在相应时间区间
的研究热点与研究前沿[1]。葛家澍教授共探测到十大突现词，其中“美利
坚合众国”“美国”“北美洲”突现值最高为 8.1602，其他依次为财务报
表（7.0915）、FASB（6.7748）、公允价值计量（4.9335）、公认会计原则
（4.6101）、公允价值（4.3939）、财政管理（4.3058）、财务会计
（4.2309）从葛家澍教授突现词出现的时间来看，第一个突现词“财政管
理”出现始于 1980 年，终于 1993 年，突现词出现的年份可分为两个时期

①　侯剑华等：《科学计量学研究中心转移特征的可视化分析》，《科学学研究》2018 年第
2 期。

1980—1994 年、1994—2010 年。

表 6 - 3　　　　　　　　葛家澍教授研究成果高突现词

关键词	年份	突现值	开始年份	结束年份	1952—2013 年
财政管理	1952	4. 3058	1980	1993	
公认会计原则	1952	4. 6101	1981	1987	
财务会计	1952	4. 2309	1994	2006	
财务报表	1952	7. 0915	1998	2004	
FASB	1952	6. 7748	2000	2010	
公允价值	1952	4. 3939	2004	2009	
美利坚合众国	1952	8. 1602	2005	2009	
北美洲	1952	8. 1602	2005	2009	
美国	1952	8. 1602	2005	2009	
公允价值计量	1952	4. 9335	2007	2010	

（三）主要研究贡献分析

本节根据葛家澍教授研究成果发表年度趋势及中心度、突现度（见图 6 - 2），将葛家澍教授的学术研究期间分为四个阶段：1952—1964 年（奠基期）、1965—1978 年（低谷期）、1980—1990 年（复苏期）、1991—2013 年（鼎盛期）。

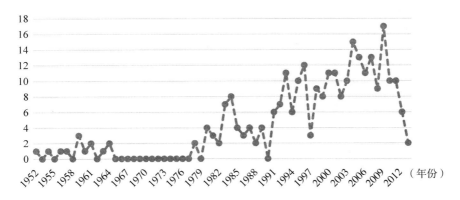

图 6 - 2　葛家澍教授研究成果发表年份分布图

　　在学术研究奠基期阶段，葛家澍教授共发表论文14篇，研究内容涉及大学银行会计教材改革、会计核算对象和方法、人民公社会计核算、会计与经济核算关系、会计的阶级性等方面。联系当时的历史背景，主要是由于中美关系紧张，只能更多地学习"苏联经验"。当时苏联学者马卡洛夫认为"会计是具有阶级性的"，成为当时社会和学界普遍的看法。当时很多大学放弃了来自美国的会计教科书，会计理论与实务基本上照抄当时的苏联会计制度。事实上，葛家澍教授的"资金运动论"在此阶段日渐完善。随着对会计研究对象的厘清、经济核算与经济效果关系的充分论述，葛家澍教授的资金运动理论，打破了会计制度与会计理论全盘照搬苏联的错误做法。认为会计的对象应该为"资金运动"，并且区分为静态和动态，从而能够较好地解释各种会计业务发生后的资金平衡关系及各报表之间的相互联系，为会计教科书的完善和编写提供了较扎实的基础理论。

　　在学术研究低谷期，葛家澍教授在1965—1978年，事实上，1966—1976年发生了"文化大革命"。世界范围内通行的借贷记账法由于受到"资本主义""剥削阶级"等影响，受到了否定与批评，不得不使用"社会主义"增减记账法等。会计理论与实践基本处于停滞不前的局面。值得一提的是，葛家澍教授"因言获罪"，一度在厦门大学被批为"反动学术权威"①。

　　在学术研究复苏期，葛家澍教授发表了41篇论文，其中影响较大的是1978年葛家澍教授在《中国经济问题》刊物上发表了《必须替借贷记账法恢复名誉——评所谓"资本主义的记账方法"》一文，在文中葛家澍教授回答了两个问题：记账方法有没有阶级性？加在借贷记账法身上的种种罪名能否成立？他的研究结论是记账方法本身没有阶级性，强加在借贷记账法身上的种种罪名，除了难学难懂之外，都不能成立②。在此时期葛家澍教授开始提出"会计经济信息系统观"，认为会计是一个以提供财务信息为主的经济信息系统。此时期葛家澍教授的研究成果不少与会计研究领域"拨乱反正"有关，探讨社会主义经济核算、经济核算制与会计、会计

---

　　① 方荣义等：《葛家澍教授、余绪缨教授从教五十周年论文集》，厦门大学出版社1995年版。
　　② 葛家澍：《必须替借贷记账法恢复名誉——评所谓"资本主义的记账方法"》，《中国经济问题》1978年第4期。

的主要属性、会计理论的继承性、会计基本理论述评、马克思簿记理论、会计定义、会计改革等，关注西方会计理论，特别是通货膨胀会计、国际会计、20 世纪 80 年代美国的财务会计、西方实证会计理论，应该说葛家澍教授的研究视野十分宽广，能够包容性地对待西方财务会计理论，真正做到坚持实事求是，一切从实际出发。

在学术研究鼎盛期，葛家澍教授共发表论文 219 篇，主要涉及会计准则制定、财务报告趋势、财务会计概念与边界、高质量财务业绩报告、人力资源会计、财务会计概念框架与西方会计理论演化、公允价值计量属性等方面。在会计准则制定方面，他强调要充分考虑社会性质差异借鉴国际经验，并且要重视会计准则国际化过程中的沟通、协调与规范；针对企业财务报告的局限性，提出改进现行财务报告体系的主张；对财务会计的本质、特点及其边界做出归纳，认为财务会计是历史科学，它的功能就是为企业提供历史财务信息；评述了财务业绩报告改进，特别是针对传统的收益表与新增的全面收益表合并和可能产生的利弊；探讨人力资源会计重要性，揭示了人力资源会计研究困境，阐述了人力资源会计计量方面存在的问题。对美国财务会计和报告框架进行了系列化探索，研究国际会计惯例，分析美国会计准则制定方式、财务会计概念公告，对中美会计概念框架进行比较分析，借鉴 FASB 经验推进中国会计改革[1]；针对几种计量属性（如历史成本、市价、公允价值等）并存的局面，剖析其存在的合理性[2]。除此之外，葛家澍教授还针对绿色会计、会计规范研究、会计史研究、实证会计研究、智慧资本、研发支出、会计信息质量等方面进行了深入思考，为世界范围内的会计准则创新与趋同做出了重要研究贡献。

四　研究结论与启示

区别于传统的文献分析方法，本节采用科学图谱可视化技术，对两位会计学家葛家澍和余绪缨期刊研究论文成果进行了分析。

从研究主题来看，葛家澍教授在 1952—2013 年的论文研究成果主要集中在财会会计领域，研究的主题主要包括财务报表、会计准则、计量属性

---

[1]　葛家澍：《西方财务会计理论问题探索》，《财会通讯》2005 年第 1 期。

[2]　葛家澍：《关于公允价值会计的研究——面向财务会计的本质特征》，《会计研究》2009年第 5 期。

等；从研究成果影响力来看，截至 2018 年 12 月 31 日，余绪缨教授 110 篇期刊论文总下载次数为 30051 次，总被引数为 2131 次；葛家澍教授 274 篇期刊论文总下载次数为 360999 次，总被引数为 12838 次，从学术影响力来看，两位会计大师在众多会计研究学者中实属翘楚。

从研究贡献来看，葛家澍教授先后重点研究过会计对象理论，并提出了"资金运动论"；贯穿于记账方法与会计准则，讨论会计属性；完善会计准则及相关财务概念框架；关注物价变动，引领会计公允价值属性研究，葛家澍教授在规范与实证会计研究方面做出了卓越的贡献。

从研究视野来看，葛家澍教授早在研究"会计是否具有阶级性"时，就一针见血地指出："全盘否定借贷记账法，实际上是割断会计发展历史，拒绝学习和吸收外国管理方法中合乎科学的东西。"作为胸襟宽广的会计学家，以敏锐的眼光注视国际会计界的前沿，对公认会计原则做过全面分析，最早对美国财务会计准则委员会（FASB）财务会计公告进行介绍，后又出版了《现代西方财务会计理论》著作。20 世纪 90 年代，葛家澍教授对英美为代表的西方财务报告研究动态进行分析与展望，为我国会计研究国际化做出了巨大贡献。

第二节　余绪缨教授研究成果图谱分析

本节考虑采用最新版本 CiteSpace 软件，对余绪缨教授收录于"中国知网"的所有文献，进行科学图谱计量分析。在期刊文献筛选过程中，分别以第一作者"余绪缨"检索"中国知网"数据库，发现分别有 110 条记录。余绪缨教授的收录于"中国知网"数据库的最早一篇论文为 1955 年发表于《厦门大学学报》（社会科学版），题为《论流动资金节约额的计算与分析》。最后一篇论文记录为 2008 年发表于《会计之友》，题为《怀念杨时展教授》。从论文发表年度趋势看，1960—1980 年，他每年发表论文约 1 篇；1995 年与 1998 年论文发表数量最多，为 9 篇。从研究成果刊登的期刊来看，主要有《会计研究》《厦门大学学报》《中国经济问题》等核心期刊，余绪缨教授在《中国经济问题》上发表 26 篇。余绪缨教授研究成果中排名前 20 位的主题依次为财政管理、企业管理、管理会计、对内会计、企业生产经营、思想体系、会计报表、适时生产系统、市场经济、物本管理、经济体制、会计理论、会计科学、社会主义、人本管理、科学管理、中华人民共和国、决策系统、会计师、人本性。

一　文献被引情况及十大"高被引"论文分析

余绪缨教授总被引数为 1473 次，总下载数为 12249 篇，均篇被引数为 147.3 次，均篇下载数为 1224.9 篇，下载被引比为 8.32 篇。从引证文献历年分布图来看，峰值出现在 2017 年，达到 134 篇；2016 年、2017 年、2018 年引证文献数量依次为 85 篇、134 篇、66 篇。

表 6 - 4　　　　　　　　　　　**余绪缨教授 10 篇高被引论文**

序号	余绪缨教授论文成果	年份
1	简论当代管理会计的新发展	1995
2	以 ABM 为核心的新管理体系的基本框架	1994
3	柔性管理的发展及其思想文化渊源	1998
4	半个世纪以来管理会计形成与发展的历史回顾及其新世纪发展的展望	2001
5	现代管理会计新发展的主要特点	2004
6	简论《孙子兵法》在"战略管理会计"中的应用	1997
7	管理特性的转变历程与知识经济条件下管理会计的人文化趋向	2001
8	智力资产与智力资本会计的几个理论问题	2004
9	现代管理会计研究的新思维	2004
10	企业战略管理与战略管理会计基本理论问题	1999

本节选择余绪缨教授被引率前 10 篇文献进行分析。余绪缨教授期刊成果来源有 2 篇来自《会计研究》、2 篇来自《经济学家》、1 篇来自《当代财经》、2 篇《财务与会计》、3 篇来自《财会通讯》，10 篇论文皆为独立作者，论文发表年份为 1994—2004 年，被引率最高为 1995 年发表于《会计研究》上《简论当代管理会计的新发展》，被引次数为 481 次，该篇论文主要探讨第三次技术革命使得产品生产到销售的所有阶段自动化综合为一个整体，这种背景下企业生产经营管理发生革命性变革的技术条件已经完全具备。近年来众多电子商务企业脱颖而出，取得前所未有的成功，回

顾这篇20余年前的论文，似乎早已昭示着电商时代企业组织变革与战略设计革命的发生。

二 关键词聚类分析

余绪缨教授文献数量，经剔除序言等最终文献数量为110篇，时间条（Time Slicing）为1955—2008年，间隔为1，间隔连线选择系统默认值余弦值参数，默认选择任意片段"高被引数前Top50%"，文献运算结果显示最终形成60个被引文献节点和104条节点间连线，修剪方式选择"寻径"（pathfinder）方式，修剪策略选择"修剪片段网络"（pruning slice networks）方式，标签选择阈值、字体、节点大小分别为1、14、10，频率较高的10个关键词分别为适时生产系统、财政管理、会计、企业管理、企业、会计报表、市场经济、经济体制、思想体系、创造性思维（见图6-3）。相对频次较高有变动成本、指导、社会主义市场经济理论、决策、科学管理、资本主义（频次值皆为3）等，体现出余绪缨教授以管理会计为主要领域的研究特征。

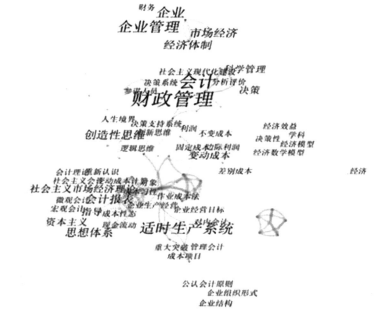

图6-3 余绪缨教授期刊研究成果关键词聚类

三　高中心度与突现性关键词及文献分析

（一）高中心度关键词分析

余绪缨教授论文文献按照中心度高低依次排列的关键词为：财政管理、会计报表、利润、会计、适时生产系统、分析评价、指导、变动成本、社会主义市场经济理论、固定成本、不变成本。财政管理中心度最大，值为0.08，起始年份为1982年；社会主义市场经济理论、固定成本、不变成本中心度最小，值为0.01，起始年份分别为1993年、1982年、1982年。其中有两点值得关注：一是频次与中心度两个参数在一定程度上成正比，财政管理、会计两个关键词在葛家澍、余绪缨教授研究成果中的中心度都较高，反映出在该历史时期会计工作的研究热点领域；二是从中心度评价指标来看，葛家澍教授研究关键词的中心度普遍要高于余绪缨教授，也从侧面反映了中国国内特定时期财务会计、管理会计研究态势与格局。

表6－5　　　　　　　　　　余绪缨教授高中心度关键词

关键词	频次	中心度	起始年份
财政管理	16	0.0800	1982
会计报表	4	0.0700	1984
利润	2	0.0700	1982
会计	11	0.0500	1982
适时生产系统	7	0.0300	1992
分析评价	2	0.0300	1982
指导	3	0.0200	1993
变动成本	3	0.0200	1982
社会主义市场经济理论	3	0.0100	1993
固定成本	3	0.0100	1982
不变成本	2	0.0100	1982

（二）高突现性关键词分析

本节针对余绪缨教授的研究文献成果，节点类型选为"Burst Terms"，分别得到突现词的时间分布图谱。余绪缨教授探测到的突现词较少，仅有"财政管理"（4.914）、"会计"（4.3345）两个。从余绪缨教授突现词的图谱来看，第一个突现词"财政管理"出现于1998年，终于2008年，突现词出现的年份为1998—2008年。

（三）主要研究贡献分析

本节根据余绪缨教授研究成果发表年度趋势及中心度、突现度（见图6-4），余绪缨教授的学术研究期间分为四个阶段：1955—1964年（奠基期）、1965—1975（低谷期）、1976—1989年（复苏期）、1990—2008年（鼎盛期）。在学术研究奠基期阶段，余绪缨教授共发表论文8篇，研究内容主要涉及资金节约、连锁替代法、人民公社成本计算、经济核算指标体系、企业报表结构原理等。在学术研究低谷期，1965—1975年，"中国知网"没有收录余绪缨教授的研究成果。

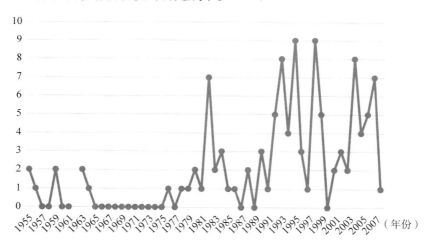

图6-4   余绪缨教授论文发表情况

在学术研究复苏期，余绪缨教授共发表了22篇论文，其中除了两篇政治学习体会、会计学科体系探讨及《试论复式记账法的理论基础——兼论资金收付记账法》外，其余文献均耕耘于管理会计领域，涉及决策最优化、现代管理会计主要特点、成本性态、本量利与盈亏临界点、经营决策分析评价、资本支出决策、现代管理会计特征、现代管理会计基本理论问题等。在此阶段，余绪缨教授提出管理会计的基本框架应该包括两部分：一是"计划与决策会计"；二是"执行会计"。他后来认为进入21世纪后，管理会计又从执行性管理会计转向决策性管理会计，从而实现了现代管理会计广度、深度和高度的提高①。

在学术研究鼎盛期，余绪缨教授在其学术研究鼎盛期共发表论文 80 篇，研究内容主要涉及行为科学与管理会计、现代管理会计特性、作业管理、战略管理会计、知识经济对管理会计的影响、管理会计的人文文化特性等方面。余绪缨教授认为以行为科学为基础形成的现代管理会计的基本框架，仍可分为"决策会计"与"执行会计"两个方面，它们不是否定了以古典理论为基础的现代管理会计，而是一种丰富和发展；现代管理会计已经成为综合性交叉学科，从工作性质来看，现代管理会计已经是"决策支持系统"的重要组成部分；"作业管理"是企业管理又一新的突破，与传统的"产品"起点管理相比，在层次上是一个大大地深化；战略管理会计主要是区别于"内向型管理会计"，主要面向全球竞争，以取得竞争优势为主要目标，面向未来的一种分析工具；论述了知识经济与创造性人才培养以及对管理会计体系产生重大影响；"由技入道"，站在历史与哲学的高度探讨了管理、管理会计学科性质的演进，强调把东方智慧融入到管理会计活动中②。除了管理会计研究，余绪缨教授也关注了会计科学发展、财务会计职能、复式记账、会计信息失真等财务会计方面问题。

四　研究结论

余绪缨教授在 1955—2008 年的论文研究成果主要侧重于管理会计领域，研究的主题主要包括财政管理、企业管理、管理会计等。契合于社会经济发展，两位会计学家学术研究重合的主题主要包括财政管理、企业管理、会计报表、会计理论四个方面。余绪缨教授先后重点研究了管理会计的对象与方法，认为现金流动是现代管理会计的对象；提出管理会计基本框架与学科性质，认为管理会计的形成与发展分为成本会计、现代管理会计和后现代管理会计三大阶段；在深入研究西方管理会计，结合中国特有国情，提出"广义管理会计"概念，并尝试构建广义管理会计理论体系，富有创新与开拓精神。余绪缨教授作为中国管理会计的奠基人和开拓者，

---

①　胡玉明等：《中国管理会计理论与实践 1978 年至 2008 年》，《会计研究》2008 年第 9 期。
②　余绪缨：《认识、研究管理与管理会计的新视野：由技入道论》，《会计之友》2006 年第 5 期。

早在改革开放之初就开始将西方管理会计理论与中国社会主义市场经济密切联系在一起，很多研究成果在促进企业管理现代化方面发挥重要作用，他还尝试将西方管理会计理论与东方智慧进行融合创新，实属独特创举。

第三节　蔡春教授研究成果图谱分析

一　引言

改革开放后中国会计审计理论研究方面一片空白，彼时会计领域涌现出一大批学者，其中蔡春教授被学术界誉为"我国会计学术研究领域系统研究审计理论结构第一人"。蔡春教授生于 1963 年，现担任西南财经大学教授、国家审计署国家审计准则咨询专家、财政部会计名家工程入选者之一、财政部内部控制标准咨询委员会委员等。蔡春教授致力于审计理论结构研究，他做出的多项研究为中国审计理论研究取得突破性进展。其在审计理论结构的研究标志着中国审计理论研究在追赶世界先进水平方面取得了重大的进步。中国实行社会主义市场经济，国家审计围绕国家经济建设为中心，服务国家经济体制。党的十七大提出了加快转变经济发展方式的战略任务，对国家审计提出了更高的要求。经济发展方式的转变，需要发挥包括审计部门在内的各级经济管理部门和公司的主导作用。为了充分有效的发挥经济管理部门和公司在转变经济发展方式中的决定性作用，既要健全自我约束机制，抑制经济管理部门和公司的经济扩张，加强各部门的监督；又要加强各部门联系，针对经济活动中出现的不利于加快转变经济发展的问题提出建议，使其加快转变经济增长方式，共同促进中国经济的发展。蔡春教授就其对企业管理、公共受托经济责任等方面做出颇多研究并发表了多篇论文。

二　文献研究成果概况分析

（一）论文发表及主题分析

在"中国知网"数据库中以第一作者"蔡春"，作者单位"西南财经大学"搜索期刊文献，时间范围为 1988—2018 年，共发现 77 篇期刊论文。运用总体趋势分析发现蔡春教授收录于"中国知网"数据库的最早一篇论文是 1988 年是发表于《会计研究》的《会计专业研究生培养质量问题的思考》；最后一篇是 2018 年发表于《会计研究》的《公允价值计量、盈余管理与审计师应对策略》。1988—2004 年，蔡春教授发表论文较少，2004 年之后每年发表论文数量大幅度增加，其中 2009 年发表 9 篇论文，数量最多。蔡春教授研究成果多刊登于《会计研究》《审计研究》《管理科学》《经济学家》《审计与经济研究》《经济学动态》《中国审计》与《会计之友》等核心期刊，其中于《会计研究》上发表 11 篇论文，《审计研究》上发表 20 篇论文。通过观察分析主题分布发现，蔡春教授发表的全部文献中前 20 的主题依次为企业管理、管理审计、公共受托经济责任、国家审计、政府审计、财政管理、真实盈余管理、经济责任审计、审计理论、现代审计、审计功能、会计师事务所、经验证据、财政金融、审计理论结构、应计盈余管理、审计师、受托经济责任观、受托经济责任、审计质量。

（二）文献被引情况及 20 大"高被引"论文分析

在论文中恰当的引用参考文献不仅能够促进个人学术进步，同时也是对他人研究成果的尊重与认可，更能促进各领域的蓬勃发展。蔡春教授研究文献数量为 77 篇，总参考数为 633 篇，总被引数为 5360 次，总下载数为155616 篇，篇均参考数为 8.22 篇，篇均被引数为 69.61 次，篇均下载数为2020.99 次，下载被引比为 29.03。从引证文献趋势分布来看，峰值 2018 年，达到 630 篇，2015、2016、2017 年引证文献数量依次为 506 篇、573 篇、594 篇。

本节将对蔡春教授被引率前 20 篇文献进行分析。根据蔡春教授 20 篇高被引论文（见表 6－6）可知，蔡春教授期刊论文中有 8 篇来自《审计研究》期刊，6 篇来自《会计研究》期刊，1 篇来自《财经科学》期刊，1篇来自《审计与经济研究》期刊，1 篇来自《经济学动态》期刊，1 篇来自《上海立信会计学院学报》期刊，1 篇来自《经济研究》期刊，1 篇来自《中国会计评论》。其中 5 篇与蔡利合作，4 篇与朱荣合作，2 篇与和辉、谢柳芳、谭洪涛合作。这 20 篇论文发表于 2005—2015 年，被引率最高的为 2005 年发表于《审计研究》上的《关于审计质量对盈余管理影响的实证研究——来自沪市制造业的经验证据》，被引次数为 675 次，这篇论文主要研究通过可操纵应计利润直接检验外部审计质量对盈余管理程度的影响，利用截面修正 Jones 模型，运用单变量分析和多变量分析得出审计后非双重审计公司或"非前十大"审计公司可操纵应计利润明显高于双重审计公司或"前十大"审计公司可操纵应计利润的结论。在此之前，很少有人直接研究盈余管理与外部审计质量之间的关系，蔡春、黄益建、赵莎教授的研究论文弥补了这方面的不足并把我国特有的双重审计制度纳入研究范围。

表6-6　　　　　　　　　　蔡春教授20篇高被引论文

论文标题	年份	被引次数	期刊
关于审计质量对盈余管理影响的实证研究	2005	681	审计研究
会计师事务所行业专长与审计质量相关性的检验	2007	522	会计研究
约束条件、IPO盈余管理方式与公司业绩	2013	366	会计研究
关于经济责任审计的定位、作用及未来发展之研究	2007	327	审计研究
关于自然资源资产离任审计的理论思考	2014	281	审计研究
国家审计服务国家治理的理论分析与实现路径探讨	2012	262	会计研究
盈余管理方式选择、行为隐性化与濒死企业状况改善	2012	255	审计研究
经济责任审计与审计理论创新	2011	243	审计研究
上市公司审计意见类型影响因素的实证分析	2005	199	财经科学
高管薪酬公平性问题研究	2010	196	会计研究
国家审计理论研究的新发展	2012	180	审计与经济研究
政府审计维护国家经济安全的基本依据、作用机理及路径选择	2009	169	审计研究
真实盈余管理研究述评	2011	164	经济学动态
高管审计背景、盈余管理与异常审计收费	2015	140	会计研究
审计质量与盈余管理	2009	123	审计研究
中国内资会计师事务所合并效果研究	2011	123	上海立信会计学院学报
关于全面推进我国绩效审计创新发展的十大思考	2011	119	会计研究
公允价值与股市过度反应	2011	110	经济研究
新准则实施会计质量实证研究	2009	101	中国会计评论
现代审计功能拓展研究的概念框架	2006	80	审计研究

三　关键词聚类分析

VOSviewer 是由荷兰莱顿大学开发的一款被广泛应于关键词分析的知识图谱分析软件。本节将蔡春教授收录于"中国知网"的所有文献按照 Refworks 格式筛选导出，进而将其导入 VOSviewer 软件中做出其研究热点可视化图谱。VOSviewer 软件提供 Network Visualization、Qverlay Visualization 和 Density Visualization 3 种视图。本节将基于这 3 种视图进行关键词聚类分析。

蔡春教授最终选取文献数量为 77 条，时间条（Time Slicing）间隔为 1988—2018 年，选取阀值 405 个。在 Network Visualization 图谱中，节点与文字的大小代表该节点的权重，节点之间的连线代表节点之间的关系。可以发现，"国家审计""企业""企业管理""财政管理""政府审计""公共受托经济责任""管理审计""盈余管理""效益审计""审计质量"等关键词出现频率较高，这些方面的相关内容可以认为是蔡春教授主要的研究方向，体现出蔡春教授以审计、财政管理为主要研究领域的特征。Qverlay Visualization 图谱是根据写作年份划分不同颜色匹配各节点的知识图谱。蔡春教授不同时期研究主题不同，1995—2000 年，侧重于"会计研究""会计科目"等方面的研究；2000—2005 年，蔡春教授研究重心转移，多偏向于"企业""财政管理""效益审计"等方面；2005—2010 年，"国际审计""受托经济责任""经济责任审计"成为蔡春教授研究新方向、新重点。Density Visualization 图谱，根据区域各节点的数量以及各节点之间联系的紧密程度匹配深浅度不同的颜色，颜色越深说明密度越高，从而蔡春教授对这领域的研究程度越深。在整个图谱中，"国家审计""受托经济责任""会计研究"等节点较之其他节点颜色较深，密度较大，说明蔡春教授大部分研究文献与之相关。

四　高中心度关键词分析及主要研究贡献分析

（一）高中心度关键词分析

在分析论文中，高中心性论文是指在作者研究结构中占有重大地位的论文，高中心度关键词是连接其他节点的桥梁，是具有转折意义的关键词。利用 CiteSpace 软件对蔡春教授研究成果进行高中心度关键词分析，可以发现，关键词按照频次高低排序依次为国家审计、科学发展观、政府审计、指导、内部审计、金融、受托经济责任、审计理论、国家治理、经济、审计监控、财政金融、效益审计、财政管理、内部审计师协会、盈余管理、监督、审计报告、环境审计。其中中心度最大的关键词是国家审计，值为 0.07，是蔡春教授在此期间的研究热点。由于文献较少，频次较低，其余关键词中心度皆为 0，在此不做过多描述。

表 6 - 7　　　　　　　　　　　　　蔡春教授高中心度关键词

关键词	频次	中心度
国家审计	4	0.07
科学发展观	3	0.00
政府审计	3	0.00
指导	2	0.00
审计监控	2	0.04
财政金融	2	0.00

（二）主要研究贡献分析

本节将蔡春教授的学术研究期间划分为四个阶段：1988—1995 年（发展期），1996—2004 年（奠定期），2005—2011 年（鼎盛期），2012—2018 年（拓展期）。

在学术研究发展期阶段，蔡春教授共发表 5 篇论文，研究内容包括会计专业研究生培养、行为会计思想史、外经企业新旧账目的调整与结转方法、纪念《簿记论》出版 500 周年、审计假设研究。20 世纪 90 年代改革开放初期，由于中央政府采取了一系列积极的财政货币政策，中国 GDP 增长保持在一个较高的水平，伴随着必然会出现高通货膨胀，各行业就业人员文化素质偏低的现象。蔡春、毛柏林教授认识到在高速发展经济的同时，要正确认识会计在经济发展中的主要地位，重视会计人员文化素养的培育，重视会计教育的发展程度与质量水平，他们提出的一系列会计专业研究生培养计划与考试方法，为当时尚未发展完全的会计考试法规做出重大贡献。到 1982 年宪法规定实行审计监督，社会主义审计制度得以确立，审计事业全面、迅速发展，蔡春教授关于"审计假设的五项假设观"的研究论文，突出审计假设在审计研究中的重要作用，拓展深化学者对审计学的研究。

在学术研究奠定期阶段，蔡春教授共发表15篇论文，其中关于审计方面的研究影响颇深。蔡春教授认为内部审计是组织内部的一种特殊经济控制①。党的十五大提出积极推进经济体制改革和经济增长方式的根本转变，努力实现"九五"计划和2010年远景目标，蔡春教授就此论述了审计在两个转变中的重要地位与作用②。受托经济责任（Accountability）是会计和审计中一个重要主题，受托经济责任乃现代会计、审计之魂，指按照特定要求或原则经管受托经济资源和报告其经营状况的义务③。随着现代企业制度的发展，企业受托人与委托人之间的受托经济责任关系更加广泛化与普通化，现代企业审计与现代企业会计得到了较大的发展，蔡春教授认为对会计和审计的认识不能继续局限于眼下，必须扩展到世界范围，认识到审计的本质目标是保证和促进受托经济责任的有效履行④。在审计理论研究中，初期探索的理论代表当属林姆佩格，但是"审计无理论观"根深蒂固，严重阻碍审计理论的探索，审计基础理论发展缓慢。蔡春教授以创新思维对审计理论结构进行新探索，更深刻全面地认识了审计之本质。此时蔡春教授研究成果不少也与实证会计有关，实证会计评价与展望，实证会计研究，实证会计研究评述，由此可见蔡春教授研究范围之广泛。

在学术研究鼎盛期阶段，蔡春教授共发表41篇论文，主要涉及上市公司审计意见类型、经济责任审计、会计师事务所、治理导向审计模式、衡量高管薪酬公平性、中国审计未来发展、全面推进绩效审计创新发展等方面。在上市公司审计意见类型方面，审计意见类型体现会计师执行过程中的独立性，他指出影响上市公司审计意见类型的关键因素是事务所规模和公司内部管理水平，为构建审计意见预测模型奠定基础⑤。经济责任审计是一项有中国特色的经济监督制度。当时国内对其研究尚未深入，指导实践难以有效开展，蔡春教授对其定位、作用以及未来发展三个方面做出了

---

① 蔡春：《论内部审计的功能、目标及其实现条件》，《会计之友》1996年第1期。
② 蔡春：《审计在两个根本转变中的地位与作用》，《审计研究》1998年第3期。
③ 蔡春：《受托经济责任——现代会计、审计之魂》，《会计之友》2000年第10期。
④ 蔡春：《论现代审计特征与受托经济责任关系》，《审计研究》1998年第5期。
⑤ 蔡春、杨麟、陈晓媛、陈钰泓：《上市公司审计意见类型影响因素的实证分析》，《财经科学》2005年第5期。

理论上的探索与思考，对其在审计理论的创新做出了十方面的描述，进一步推动了责任审计制度在中国的建立①。分析评价了会计师事务所，认为行业专长在会计师事务所中非常重要，但是我国审计师行业专长与审计质量呈负相关，表明国内会计师事务所独立性较低，容易被行业经济负面影响，审计师行业专长水平较低②。同时，发行公司在选择会计师事务所时，为了使成本和费用之和最小，根据自身规模和特性，制定成本最小化战略③。随着审计知识变化与发展，蔡春教授提出正确把握"导向"在审计模式中的重要地位，探讨出治理导向审计模式，进而推进国内审计模式的发展④。在经济危机下，高管薪酬成为国内外政府管束的热点，公关薪酬公平与否成为社会各界人士关注的焦点问题，蔡春教授设计的权衡高管薪酬是否公平的量化分析方法，科学准确的解决了这一问题⑤。

在学术研究拓展期阶段，蔡春教授共发表16篇论文，研究方向较之前有所不同，更加侧重于国家审计和盈余管理等方面。法制性是国家审计的主要特征之一。国家审计是一种法定审计，审计机关做出的审计决策，被审计单位必须执行不得拒绝。在国家审计恢复的初期阶段，国家审计被认为是无风险的。随着社会经济的进步与发展，由于受环境因素、法律因素和自身因素的影响，国家审计的风险逐渐显现。在当时为了加快社会主义民主政治的建立，必须加强国家的治理工作。国家审计是国家治理的重要组成部分，其不断创新与发展尤其重要。以国家治理为基础对国家审计理论进行研究，引导国家审计实践朝着新方向前进⑥。蔡春教授基于受托经济责任观对国家审计与国家治理之间的关系进行了深刻探讨，认为构建全新的公共受托经济责任体制是确保充分有效地履行公共信托经济责任的重

---

①　蔡春、陈晓媛：《关于经济责任审计的定位、作用及未来发展之研究》，《审计研究》2007年第1期；蔡春、田秋蓉、刘雷：《经济责任审计与审计理论创新》，《审计研究》2011年第2期。

②　蔡春、鲜文铎：《会计师事务所行业专长与审计质量相关性的检验——来自中国上市公司审计市场的经验证据》，《会计研究》2007年第6期。

③　蔡春、赵莎：《市场审计质量的成本效益自选择分析——来自沪深股市的经验证据》，《中国会计评论》2008年第1期。

④　蔡春、杨晓磊、刘更新：《关于构建治理导向审计模式的探讨》，《会计研究》2009年第2期。

⑤　蔡春、谭洪涛、唐国琼：《会计盈余的规模、账面、市值因素实证研究——来自中国上市公司的经验数据》，《中国会计评论》2006年第1期。

⑥　蔡春、蔡利：《国家审计理论研究的新发展——基于国家治理视角的初步思考》，《审计与经济研究》2012年第2期。

要保障，从而能够更好地建立国家审计的对象载体，更好地为国家治理服务①。国家审计的目的是对财政和财政收支的真实性、合法性和有效性进行审计，最终实现国家财政和经济秩序的维护，促进廉政建设，保证国民经济的健康持久发展。蔡春教授对国家审计的研究与思考对我国审计理论的发展至关重要。盈余管理（Earning Management）一直是经济学家和会计学家研究的热点问题。关于盈余管理的概念会计学有诸多见解，其中比较权威的两种定义分别是，美国会计学家 William K. Scott 提出的，盈余管理是通过在 GAAP 允许的范围内选择会计政策，最大限度地提高经营者自身利益或公司市场价值的行为；美国会计学家 Katherine Schiper 提出的，盈余管理本质上是一种"披露管理"，在这种管理体系中，业务经理控制外部财务报告过程，最终获得某种私人利益。盈余管理方式有应计盈余管理和真实盈余管理，二者采取的手段与产生的经济后果不同，但最终目的都是实现企业价值最大化。企业发展状况与盈余管理方式选择息息相关，蔡春教授认为濒死企业在制定和完善上市公司监管制度时，应综合考虑权责发生制收益管理和实际收益管理所形成的不同经济后果②。以往 IPO 盈余管理研究大多是从应计盈余管理的角度开展的，然而随着会计制度的不断完善以及法律制度的充分保障，公司为了使股票发行价最大化，在选择盈余管理方式时要充分考虑对公司未来绩效的影响，应计盈余管理主要对公司的短期绩效产生影响，而真实盈余管理将会对公司的长期绩效产生较大的影响③。由于证券市场的高速发展，公司高管中审计师比例大幅度增加，此类公司为了在较低的风险水平上最大限度地提高私人收入，有一种从应计盈余管理向真实盈余管理转变的趋势④。蔡春教授研究成果为增强对高管审计背景公司的监管以及完善审计师跳槽政策提供了实证依据，加速了普遍接受的会计原则的改进和发展，特别是在提高外部财务报告的透明度方面。盈余管理实证研究不仅成为现代会计理论研究的重要组成部分，而

　　① 蔡春、朱荣、蔡利：《国家审计服务国家治理的理论分析与实现路径探讨》，《审计研究》2012 年第 1 期。

　　② 蔡春、朱荣、和辉、谢柳芳：《盈余管理方式选择、行为隐性化与濒死企业状况改善——来自 A 股特别处理公司的经验证据》，《会计研究》2012 年第 9 期。

　　③ 蔡春、李明、和辉：《约束条件、IPO 盈余管理方式与公司业绩——基于应计盈余管理与真实盈余管理的研究》，《会计研究》2013 年第 10 期。

　　④ 蔡春、谢柳芳、马可哪呐：《高管审计背景、盈余管理与异常审计收费》，《会计研究》2015 年第 3 期。

且极大地促进了现代会计理论及其研究方法的发展。同时蔡春教授的研究还涉及自然资源资产离任审计、法治精神与审计理论的创新、政策执行效果审计、新时代审计理论创新等方面，可见这一时期蔡春教授研究领域更加广泛，进入研究"拓展期"。

五　研究结论

蔡春教授早期致力于对审计理论结构的研究，发表的观点多与当时改革开放与发展社会主义市场经济的背景相联系，从市场经济、公司管理、政府政策等角度出发，做出假设，根据国外审计会计理论基础，进行实验论证，从而促进中国审计理论结构新发展。后期作为国家审计署咨询专家，发表论文多与国家审计相关，在旧的审计理论基础上提出新问题，做出新思考，丰富发展了会计审计理论。

第四节　陈汉文教授研究成果图谱分析

一　引言

40 多年前开启的改革开放的征程，让中国走向世界并且融入了世界，使其从一个相对封闭、贫困落后的国家逐渐发展成为世界第二大经济体，也让世界充分分享中国发展的红利。自改革开放以来，会计科学领域产生了很多名家。陈汉文教授 1986 年毕业于四川省梁平县红旗中学，同年就读于厦门大学会计系，1990—1995 年从事共青团工作，1994 年以第一名的好成绩提前攻读了博士学位，成为吴水澎教授的博士研究生，1997 年获得经济学博士学位，1999 年破格晋升成为教授，2000—2001 年以中加政府交换学者的身份在圣玛丽大学、滑铁卢大学学术访问，在滑铁卢大学期间，他得到了世界著名的会计教育家 William R. Scott 教授的指导，2001 年年初遴选为博士生导师，成为当时厦门大学以及中国会计学界最年轻的教授和博士生导师。2008 年 8 月份在哈佛大学商学院（HBS）学习。2010—2011年，在英国牛津大学商学院学习。现任对外经济贸易大学国际学院特聘教授、《中国会计研究》（CJAS）联合主编与《审计研究》编委。曾任国家重点学科厦门大学会计学学术带头人、"闽江学者"特聘教授、《中国经济问题》编委、《财会通讯》特约编审、福建省高级审计师评审委员会评委、厦门大学学术委员会秘书长、会计系主任等。曾主持国家自然科学基金重点项目、国家社会科学基金项目以及教育部、财政部高等学校本科教学质量与教学改革工程项目。几十年来，陈汉文教授创作了许多论文，也取得不少的研究成果，是一位享有较高声誉的青年会计学家。本文中我们将采用 CiteSpace 软件对陈汉文教授收录在"中国知网"的所有文献，进行科学图谱计量分析，整理他迄今为止的研究科学图谱，便于我们研究。

二 文献研究成果概况分析

(一) 论文发表及主题分析

在期刊文献筛选过程中，以作者"陈汉文"，作者单位分别为"厦门大学""对外经济贸易大学"检索"中国知网"数据库，发现一共有 182 条记录。通过总体趋势分析发现陈汉文教授的收录在"中国知网"数据库里的最早一篇论文为 1991 年发表于《审计研究》，题目为《现代西方民间审计中的一个新概念》。到目前为止最后一篇论文记录为 2019 年发表于《经济管理》，题目为《独立董事联结与内部控制对盈余管理的治理效应》。从论文发表年度趋势看，1991—2019 年，陈汉文教授几乎每年都发表论文，其中 2003 年发表的论文数目最多，为 19 篇。从陈汉文教授研究成果刊登的期刊来看，主要有《会计研究》《审计研究》《财会通讯》《财会月刊》《经济管理》《审计与理财》《厦门大学学报》(哲学社会科学版)、《当代财经》《财经研究》等核心期刊，其中陈汉文教授在《审计研究》上发表 24 篇，《财会通讯》上发表 23 篇。从研究主题来看，陈汉文教授研究成果中排名前 20 的主题依次为内部控制、注册会计师、北美洲、美利坚合众国、美国、注会、报表附注、会计准则、公司治理、会计概念框架、审计师、民间审计人员、社会审计人员、内部控制质量、会计原则、会计报表、成本与市价孰低法、所有者权益、民间审计、社会审计。

(二) 文献被引情况及 20 篇"高被引"论文分析

文献的被引情况在一定程度上反映了研究成果的价值与认可度。陈汉文教授研究成果文献总被引数为 12868 次，总下载数目为 257264 篇，下载被引比为 19.99，从引证文献历年分布来看，峰值出现在 2000 年，达到了

2292 篇，2016 年、2017 年、2018 年引证文献数量依次为 145 篇、115 篇、13 篇。

本节选择陈汉文教授被引率的前 20 篇进行分析。从陈汉文教授 20 篇高被引的论文来看（见表 6 - 8），陈汉文教授期刊成果来源其中有 9 篇来自《会计研究》期刊，6 篇来自《审计研究》期刊，2 篇来自《南开管理评论》期刊，1 篇来自《经济研究》期刊，1 篇来自《经济科学》期刊，1 篇来自《中国会计评论》期刊，20 篇合作作者有吴水澎、邵贤弟、张宜霞、刘启亮、张雅曼、林志毅、陈向民、王艳艳、何威风、董望、周中胜、吴益兵、徐臻真、于李胜等。论文发表年份为 1999—2015 年，被引率最高的是 2000 年发表于《会计研究》期刊上的《企业内部控制理论的发展与启示》，被引次数为 2292 次，该篇论文主要从控制论原理出发对内部控制进行多层面的理解，研究了内部控制理论最新出台的背景、具体内容以及创新特点。新修订的《中华人民共和国会计法》着重强调了企业内部控制制度的建设问题。如企业经营失败、会计信息失真及不守法经营在很大程度上都可以归类于企业内部控制的缺失或者是失效。但是目前学界对内部控制的认识还不充分，不统一，并且存在不少的错误。近年来企业越来越重视他们的内部控制，越来越多的企业脱颖而出，再回看距离现在近 20 年的这篇论文，更多企业的成功，他们所持有的优越性也不无道理。

表 6 - 8   陈汉文教授 20 篇高被引论文

序号	论文成果	被引数（次）	期刊	年份
1	企业内部控制理论的发展与启示	2292	会计研究	2000
2	企业内部控制的有效性及其评价方法	1136	审计研究	2008
3	论改进我国企业内部控制——由"亚细亚"失败引发的思考	596	会计研究	2000
4	高管集权、内部控制与会计信息质量	565	南开管理评论	2013
5	公司治理结构与会计信息质量——由"琼民源"引发的思考	540	会计研究	1999
6	证券价格的事件性反应——方法、背景和基于中国证券市场的应用	498	经济研究	2002

序号	论文成果	被引数（次）	期刊	年份
7	审计质量与会计信息透明度——来自中国上市公司的经验数据	482	会计研究	2006
8	产权性质、制度环境与内部控制	479	会计研究	2012
9	内部控制、应计质量与盈余反应 ——基于中国 2009 年 A 股上市公司的经验证据	443	审计研究	2011
10	内部控制质量与企业债务融资成本	359	南开管理评论	2014
11	萨班斯法案 404 条款：后续进展	284	会计研究	2005
12	会计信息透明度与资源配置效率	260	会计研究	2008
13	代理冲突与高质量审计需求——来自中国上市公司的经验数据	227	经济科学	2006
14	大股东资金占用与外部审计监督	215	审计研究	2006
15	内部控制监督要素之应用性发展——基于风险导向的理论模型及其借鉴	191	会计研究	2009
16	内部控制、并购整合能力与并购业绩	188	审计研究	2014
17	产品市场竞争、竞争地位与审计收费——基于代理成本与经营风险的双重考量	182	审计研究	2013
18	会计师事务所的行业专门化是一种有效的竞争战略吗？	178	审计研究	2008
19	增长、盈余管理和应计持续性	166	中国会计评论	2005
20	融资约束、代理成本对企业 R&D 投资的影响——基于我国上市公司的经验证据	153	会计研究	2015

三　关键词聚类分析

VOSviewer 系统聚类分析功能的实现原理是基于文献之间的共引和共被引原理，来绘制各个领域的科学图谱，将知识网络中的参考文献进行综合计量分析，通过对文献之间关键词的整合，体现研究的发展概况与关联。

　　陈汉文教授文献数量，剔除了序言等最终的文献数量有 182 条记录，在选择数据类型的时候我们选择创建一个基于 bibliographic 数据的地图，数据源则选择从引用管理文件中读取数据，选定 RefWorks 形式的文件，分析的类别选择关键词的共现网络，计数法选择全部计算法，关键词出现的最小数值为 2，文献运算结果共有 135 条数据，将关键词中的英文关键词选中并删除之后共有 120 条数据，标签选择比例，尺寸变化，线条尺寸变化大小分别为 1、0.5、0.5，集群最小尺寸为 1。频率较高的 10 个关键词分别为内部控制、北美洲、美国（美利坚合众国）、注册会计师、注会、报表附注、会计概念框架、公司治理、民间审计、社会审计。相对频次较高的有会计原则、会计报表、成本与市场孰低法、所有者权益、民间审计人员、社会审计人员、稳健性准则、财务、财务会计概念公告和财务状况变动表（频次数值皆为 24），体现出陈汉文教授以内部控制理论与实务、审计市场与审计行为为主要领域的研究特征。知识网络的聚类指标，选取以"Network Visualization"的形式进行分析，图谱中呈现出了 8 个聚类点，分别为注册会计师、民间审计、内部控制、报表附注、会计准则、会计信息质量、公司治理、政府审计。

　　1. 聚类#1：注册会计师

　　注册会计师，是指完成注册会计师全国统一考试并且取得注册会计师证书在会计师事务所执业的人员，英文为 Certified Public Accountant（CPA）。对于执业注册会计师来说，职业素质体现在职业专业素质和职业道德素质这两个方面。社会对注册会计师的专业素质要求越来越高，根据市场需求，注册会计师想有较好的职业前景，要拿到注册会计师、注册资产评估和注册审计师这三个证书，还可考取国际的注册会计师证书。执业注册会计师的职业道德守则是国际职业会计师资格指南的重要组成部分。我们有必要借鉴其他注册会计师职业组织的现成经验，将我国注册会计师职业道德准则分为指明注册会计师理想行为的基本准则和规定注册会计师最低行为标准的规则①。

　　2. 聚类#2：民间审计

　　民间审计是"官厅审计"的对称，也称"社会审计"。是指由注册会

---

　　① 陈汉文：《论注册会计师职业道德准则性质和框架》，《会计之友》2003 年第 1 期。

计师、审计师组成的会计师事务所和审计师事务所，接受当事人的委托，对经济组织的经济事项进行的审计查证业务。审计人员应当对审计结果承担相应的法律责任，陈汉文教授认为，随着社会的发展，民间审计人员应承担的法律责任必将日益增长的趋势是不可避免的①。

3. 聚类#3：内部控制

内部控制是指经济单位和各个组织在经济活动中建立的一种相互制约的业务组织形式和职责分工制度。内部控制的目标是改善经营管理、提高经济效益。随着商品经济的发展和生产规模的扩大，越来越复杂的经济活动、内部控制系统逐步形成。内部控制贯穿于企业运营的全过程，涉及企业所有的部门。内部控制的改善有助于提升公司的价值，监管机构应当进一步推进中国上市公司的内部控制建设②。中国中小企业发展迅速，但是内部控制管理不太乐观。中小企业需要结合自身的优点，优化环境，明确目标，改善技术，不断地完善控制系统，进而达到提高内部控制的效果。

4. 聚类#4：报表附注

报表附注就是对会计报表的编制基础、原理和方法以及主要项目等所做的解释和进一步说明，帮助使用者全面、正确地理解会计报表。编制会计报表附注拓展了企业财务信息的内容，不局限于项目必须使用货币加以计量，提高会计信息的可理解性和可比性。

5. 聚类#5：会计准则

会计准则是会计人员从事相关会计工作必须遵循的基本原则，是会计核算工作的规范。具体准则的制定、颁布和实施，很大程度上改善了中国上市公司的会计信息质量和企业财务状况的透明度，推动了企业经营机制的转换、证券市场的发展和国际之间的经济技术交流。以经济因素为主线分析，发现会计准则制定"双目标"运作体系的建立可以较好地适应社会主义市场经济体系的建立③。

6. 聚类#6：会计信息质量

根据国际标准化组织颁布的《质量管理和质量保证——术语》中的定

---

① 陈汉文、池晓勃：《试论民间审计人员的法律责任》，《审计研究》1997 年第 2 期。

② 姚瑶、张雅曼、刘启亮、陈汉文：《内部控制有助于提升公司价值吗》，《科学决策》2015 年第 1 期。

③ 薛云奎、陈汉文、李树华：《中国会计准则制定的"双目标"论》，《会计研究》1997 年第 2 期。

义，会计信息质量是会计信息满足明确和隐含需要能力的特征总和。1980年5月，在美国首次将会计信息质量作为一个专门的研究项目之后，许多国家和组织着手研究会计信息质量这个话题。中国处于会计信息的需求大于会计信息的供给阶段，许多公司、企业不愿意公布内部重要的会计信息，所以会计信息不能充分、真实地反映企业经营业绩，在一定程度上影响了会计信息的有效性和真实性。

7. 聚类#7：公司治理

公司治理是建构在企业"所有权层次"上的一门科学，注重科学的向职业经理人授权和向职业经理人进行监管。公司治理是现代企业制度的核心内容，是影响企业绩效的重要因素之一。良好的公司治理可以加强企业的内部控制，增强企业的核心竞争力，降低企业的代理成本，提高企业的经营业绩，实现企业的可持续发展。通过研究美林公司的财务危机，陈汉文教授认为中国金融机构应当建立完善的董事会制度，培育良好的风险控制氛围，经理人员激励与监督并重，在国际统一和多方面实施的基础上，外部监管机构应当加强对金融机构的监管①。

8. 聚类#8：政府审计

政府审计是指国家审计机关对中央和地方政府各部门及其他公共机构财务报告的真实性、公允性，运用公共资源的经济性、效益性、效果性和提供公共服务的质量进行审计。作为政府加强经济管控的工具，加强对国家权利的制约和监督，维护国家的经济安全。"审计风暴"过后，我国政府审计的运行效果明显增强，但是审查出来的一系列问题解决不了，在理论上很难取得实质性的突破。陈汉文提出，在中国已经加入世界贸易组织的背景下，非行政模式政府审计或许是中国政府审计的未来变革之路的假说②。

四　高中心度关键词及文献分析

（一）高中心度关键词分析

在引文分析原理中，高中心性文献意味着在结构上占据着重要位置的

---

① 王虎超、麦志坚、陈汉文：《美林财务危机与公司治理缺陷》，《财会通讯》2009年第10期。

② 陈汉文：《政府审计变革：一种假说》，《审计与理财》2003年第4期。

论文，主要体现为它们在连接其他节点或者几个不同的聚类上发挥着重要作用。这些关键词文献可视为具有里程碑意义的研究成果①。

从表6－9中可以看出陈汉文教授论文文献按照中心度高低依次排列的关键词为 FASB（财务会计准则委员会）、审计师、报表附注、注册会计师、会计准则、注会、会计师事务所、有限责任公司制、会计实务、外部审计、企业、企业管理。FASB（财务会计准则委员会）和审计师中心度最大，数值为0.06，起始年份都是2003年；报表附注中心度数值为0.03，起始年份为1994年；注册会计师、会计准则、注会、会计师事务所、有限公司责任制的中心的数值皆为0.02，起始年份分别为1998年、1996年、1998年、2003年、2003年，会计实务、外部审计、企业、企业管理的中心度最小，数值为0.01，起始年份分别是1997年、2003年、1996年、1996年。从这个表格当中我们可以观察到，频次与中心度这两个指标在一定程度上成正比，FASB（财务会计准则委员会）和审计师两个关键词在陈汉文教授的研究成果中呈现的中心度数值都较高，反映出当时陈汉文教授在该时期研究的热点集中在这个领域。

表6－9　　　　　　　　　　　**陈汉文教授高中心度关键词**

关键词	频次	中心度	起始年份
FASB	4	0.06	2003
审计师	4	0.06	2003
报表附注	4	0.03	1994
注册会计师	8	0.02	1998
会计准则	4	0.02	1996
注会	8	0.02	1998
会计师事务所	2	0.02	2003
有限责任公司制	2	0.02	2003
会计实务	3	0.01	1997
外部审计	2	0.01	2003
企业	2	0.01	1996
企业管理	2	0.01	1996

---

①　陈悦、陈超美、胡志刚等：《引文空间分析原理与应用》，科学出版社2018年版。

（二）主要研究贡献分析

本节根据陈汉文教授研究成果发表年度的趋势及中心度、突现度（见图 6 - 5），可以将陈汉文教授的学术研究期间分为四个阶段：1991—2000年（奠基期）、2001—2010 年（成长期）、2011—2019 年（成熟期）。

在学术研究奠基阶段，陈汉文教授一共发表了 45 篇论文，研究内容涉及对西方现代民间审计 4P 理论的看法、审计营销的一些基础问题研究、会计信息质量失真、企业内部控制等方面。联系当时西方国家的历史背景，主要是由于市场经济高度发展所带来的冲击，使得原先基于职业道德准则中的许多禁令被打破，同行之间日益紧张的竞争、客户因支出审计酬金的多少与民间审计组织之间产生了摩擦以及审计实务所带来的被指控的风险，迫使现代西方民间审计不得不将审计这项活动当作商品经济事务来经营，因而提出了"审计营销"这个新概念。在我国审计理论界，当人们研究西方审计，尤其是研究西方的民间审计的时候，通常都将其看作是一种职能，由此研究它的理论、准则以及相关理论。虽然从这个角度来看有优点可言，但是我们忽视了现代西方资本主义最本质的关系——商品经济关系，容易将西方民间审计看成是一种超然的纯监督活动。我国国家审计面临的审计力量的有限性与审计任务的无限性之间的矛盾的这个难题，陈汉文教授借鉴西方民间审计的 4P 理论，认为如果在中国的审计活动中，能充分发挥这个新概念，强调审计效率、审计效益和审计的科学性，可以在一定程度上缓和这项矛盾[1]。中国的民间审计组织规模要进一步扩大，还要走向国际民间审计市场，我们要根据具体的营销环境，摒弃以前单调的组合，构建新的营销组合[2]。揭示了企业会舞弊、会计信息失真不可避免是由现行的公司治理结构所造成的[3]；由反虚假财务报告委员会的赞助组织委员会（COSO）报告指出加强内部控制短时间是不能完成的，需要我国立法机关或其他职业团体对其进行全面的研究，提供一个框架和参考

---

① 李若山、陈汉文：《现代西方民间审计中的一个新概念》，《审计研究》1991 年第 4 期。

② 陈汉文、黄京菁：《关于审计营销的若干基础问题研究》（上），《新疆财经》1995 年第 2 期。

③ 陈汉文、林志毅、严晖：《公司治理结构与会计信息质量——由"琼民源"引发的思考》，《会计研究》1995 年第 5 期。

依据，同时，外界也可施加适当的压力①；由"亚细亚"失败引发思考，认为在中国上市公司中进行内部控制审计是可行的，也是必需的②。此外，陈汉文教授还研究了中美财务会计概念框架的对比、会计理论体系、研究规范与实证会计理论、注册会计师职业行为准则、会计政策变更、会计信息质量等方面。

在学术研究发展阶段，陈汉文教授一共发表了76篇论文，主要涉及审计未来发展方向、高质量审计需求、盈余报告及时性、外部审计监督、企业内部控制的有效性、内部控制监督要素等方面。针对注册会计师审计出现收入难以增长甚至下滑的现象，积极发展认证服务；审计的价值实际上是由审计的信息价值和审计的保险价值③；从上市公司年度盈余报告及时性与业绩变动的关联性中发现这种关联性明显地表现为好消息早的现象④；由中国上市公司的经验数据发现我国审计质量对会计透明度有着差异化的影响⑤；代理冲突严重的企业对审计质量有着高要求，高质量审计可以提高盈余的信息含量，降低代理成本⑥；实证结果表明了中国目前没有高质量的审计需求，但是审计师能通过对大股东的资金做出反应从而在一定程度上抑制了大股东的行为⑦；从中国企业内部控制建设和评价的情形来看，政府应当加大研究力度，制定统一的标准，在此基础上倡导风险基础评价法，企业应当考虑企业的具体情况，采用自上而下、风险基础的方法⑧；中国企业在监督基础的建设和中间的执行中都由较大的问题，出现了监督的低效或者无效的情况。除此之外，陈汉文教授还针对证券价格的事件性

---

①　吴水澎、陈汉文、邵贤弟：《企业内部控制理论的发展与启示》，《会计研究》2000年第5期。

②　吴水澎、陈汉文、邵贤弟：《论改进我国企业内部控制——由"亚细亚"失败引发的思考》，《会计研究》2000年第9期。

③　薛祖云、陈靖、陈汉文：《审计需求：传统解释与保险假说》，《审计研究》2004年第5期。

④　陈汉文、邓顺永：《盈余报告及时性：来自中国股票市场的经验数据》，《当代财经》2004年第4期。

⑤　王艳艳、陈汉文：《审计质量与会计信息透明度——来自中国上市公司的经验数据》，《会计研究》2006年第4期。

⑥　王艳艳、陈汉文、于李胜：《代理冲突与高质量审计需求——来自中国上市公司的经验数据》，《经济科学》2006年第2期。

⑦　周中胜、陈汉文：《大股东资金占用与外部审计监督》，《审计研究》2006年第3期。

⑧　陈汉文、张宜霞：《企业内部控制的有效性及其评价方法》，《审计研究》2008年第3期。

反应、财务披露管理方式、审计市场、盈余管理、政府审计功能的多维立体观、风险管理、不确定性风险、法律环境等方面进行了深入思考，对世界范围内的会计准则的创新和跟进做出了重要的研究贡献。

在学术研究成熟阶段，陈汉文教授一共发表了48篇论文，内容涉及内部控制质量和会计信息质量、企业债务融资成本、融资约束、上市公司内部控制指数等方面。地方政府控制的公司内部控制质量较中央控制的公司来说相对较差，上市公司所在地区的市场化程度越高，公司的内部控制质量越高；实证发现，企业内部控制质量越好，获得的银行债务融资成本越低；融资约束与研究和发展投资呈显著负相关的关系，代理成本与研究和发展呈显著正相关的关系；以"过程观"为核心理念构建了我国上市公司的内部控制指数，指出未来可以打破财务报告内部控制的思维定式，更多的去检验内部控制在风险管理中的作用。除此之外，还涉及产权性质、国家审计、海外首次公开募股定价低估、内部控制管制变迁、产品市场竞争与审计收费、并购业绩、企业债务融资成本、审计委员会质量、首席财务官（CFO）排序、银行资本充足率、独立董事联结等方面进行研究。

第五节　谢志华教授研究成果图谱分析

一　引言

中华人民共和国成立以来，特别是改革开放以来，会计科学领域产生了一大批的"审计人才"。谢志华，师从中国审计届四大泰斗之一——杨纪琬，在财政部科学研究所攻读博士学位。笔者梳理"中国知网"期刊论文研究文献，发现谢志华教授比较具有代表性的论文有：《会计稳健性运行机制研究》（2011）、《董事会结构与决策效率》（2011）、《内部资本市场效率实证测度模型的改进与验证》（2010）、《内部控制：本质与结构》（2009）、《论政府审计与国家经济安全》（2009）、《关于公司治理的若干问题》（2008）、《内部控制、公司治理、风险管理：关系与整合》（2007）、《风险导向审计：机理与运用》（2006）、《政府绩效审计职能之二维层面：解除受托责任与实现决策有用》（2006）、《信息披露水平：市场推动与政府监管——基于中国上市公司数据的研究》（2005）。

二　文献研究成果概况分析

在期刊文献筛选过程中，以第一作者"谢志华"检索"中国知网"数据库，发现分别有 317 条。通过总体趋势分析发现谢志华教授的收录于"中国知网"数据库的最早一篇论文为 1986 年发表于《会计研究》，题为《会计控制方法体系试探——控制论在会计中的运用》。最后一篇论文记录发表于 2019 年《财会月刊》，题为《中小企业融资难融资贵问题辨析》。

从论文发表年度趋势看，1982—2004 年，谢志华教授每年发表论文约 5 篇，2004 年之后谢志华教授论文成果迅速增加，谢志华教授 2007 年和 2016 年论文发表数量最多，为 25 篇，从刊登学者研究成果的期刊来看，主要有《会计研究》《审计研究》《北京工商大学学报》（社会科学版）、《当代经理人》《财务与会计》《财务与会计》（理财版）、《首席财务官》等核心期刊，其中谢志华教授在《财务与会计》（理财版）上发表了 56 篇。从研究主题来看，谢志华教授研究成果中排名前 20 的主题依次为财政管理、企业、企业管理、经营者、出资者财务、预算、公司制企业、变现能力、数量变动、目标利润、预算管理体系、出资者、明细表、所有者、利润、会计报表、责任主体、岗位、成本费用。其中财政管理、企业、企业管理、经营者分别出现频次是 35 次、32 次、32 次、21 次。

文献的被引情况在一定程度上可以反映研究成果的价值与认可度，它是衡量一个国家科研文献被其他国家或机构的认可度的标志（或数据等）。谢志华教授研究成果文献总被引数为 4355 次，总下载数为 162409 次，均篇被引数为 21.78 次，均篇下载数为 812.04 篇，下载被引比为 37.29，从引证文献历年分布图来看，峰值出现在 2019 年，达到 28 篇，2015 年、2016 年、2014 年引证文献数量依次为 21 篇、17 篇、16 篇。

本文选择谢志华教授被引率前 20 篇文献进行分析。从谢志华教授 20 篇高被引论文看（见表 6 - 10），谢志华教授期刊成果来源有 6 篇来自《会计研究》期刊，5 篇来自《审计研究》期刊，17 篇合作作者有王靖雯、张栋、陶玉侠、崔学刚、杜海霞、杜勇、柯剑、刘红晔、刘恋、刘婷、马建威、毛新述、穆林娟、牛红军、粟立钟、孙玥璠、王峰娟、王纪平、王简、王欣冬、杨有红、张宏亮、张继德、支春红等。论文发表年份为 2000—2016 年，被引率最高为 2007 年发表于《会计研究》上的《内部控制、公司治理、风险管理：关系与整合》，被引次数为1096次，该篇论文主要从历史回顾和逻辑推理的角度探讨了内部控制、公司治理和风险管理的关系，并在论述了三者本质的相同性基础上，对三者进行了整合。近年来随着财政部《企业内部控制规范——基本规范》的发布以及COS《企业风险管理——整体框架》的出台，越来越多的企业重视内部控制、公司治理和风险管理在实践中的具体运用。回顾十余年前的这篇论文，似乎早已预示着企业对管理体系一体化的需求。

表6-10　　　　　　　　　谢志华教授20篇高被引论文

序号	谢志华教授论文成果	来源	年份	被引次数
1	内部控制、公司治理、风险管理：关系与整合	会计研究	2007	1096
2	自然资源资产离任审计相关问题思考	会计研究	2014	366
3	会计的投资者保护功能及评价	审计研究	2014	158
4	预算松弛的成因、影响及其规避	会计研究	2014	124
5	民间金融、制度环境与地区经济增长	中国工业经济	2014	119
6	审计与经济研究	审计研究	2011	114
7	董事会结构与决策效率	管理世界	2011	100
8	内部资本市场效率实证测度模型的改进与验证	会计研究	2010	96
9	内部控制：本质与结构	审计研究	2009	87
10	论政府审计与国家经济安全	会计研究	2009	83
11	关于公司治理的若干问题	审计研究	2008	72
12	论资产负债观在新会计准则中的运用与思考——历史演进、表征与思考	会计研究	2008	70
13	中国僵尸企业及其认定——基于钢铁业上市公司的探索性研究	会计研究	2016	58
14	企业社会责任若干问题研究	审计研究	2007	54
15	风险导向审计：机理与运用	财会通讯	2006	54

续表

序号	谢志华教授论文成果	来源	年份	被引次数
16	政府绩效审计职能之二维层面：解除受托责任与实现决策有用	会计研究	2006	53
17	信息披露水平：市场推动与政府监管——基于中国上市公司数据的研究	学术论坛	2005	51
18	关于审计的若干理论思考	审计研究	2003	51
19	审计职业判断、审计风险与审计责任	审计研究	2000	47
20	内幕信息、私下披露及其控制	会计之友	2000	46

三 关键词聚类分析

VOSviewer 是一款文献计量分析软件，它采用词频统计和基于共现关系的关键词聚类方法构建图谱，能够准确获得该领域的主流研究主题，并将聚类结果直观地展示出来。主要可以通过构图技术和聚类技术对网络数据绘制图谱，并且可以用来查看和浏览图谱，主要用于网络计量分析。基于共引网络，可用于构建作者分析或共词分析图谱，实例丰富。能够帮助刚刚接触某一科研领域的学者快速了解该领域的主流研究主题、理论和技术，是挖掘领域性热门研究主题的一种方法。

VOSviewer 主要的分析字段有国家共现、机构共现、作者共现、作者共被引和文献共被引等，以四种图形方式展示：标签视图、密度视图、聚类密度视图和散点视图。热点图的展现视图是这款软件中的一大特色。图中节点与字体的大小取决于该节点的权重，权重越大，字体与节点越大；节点间的连线表示节点间曾经共同出现过，当鼠标放在线条上时，能够显示该线条所连接的节点以及共现频次。

谢志华教授文献数量，经剔除序言等最终文献数量为 281 条记录，时间条（Time Slicing）间隔为 1986—2019 年，基于 CNKI 数据在 VOSviewer 选择创建 "Create a map on bibliographic data"，可以对文献合著者、关键词共现、引文、书目耦合等进行图谱分析。选择 "Co-occurrence" 关键词字段调整适合分析共现词条件，选择最小文献数量为 5，得到符合条件关键词 1235 个，阈值为 39。选择 39 个高凸性关键词，可通过 VOSviewer 进行聚类操作生成可视化图谱如图 6-5 所示，图中的每个圆圈和上面所显示的标签共同代表一个元素，圆圈和标签大小决定了每个元素的重要性，圆圈和标签越大表示越重要，被提及越多研究越热门。节点与字体大小取决于该节点的权重，权重越大，字体与节点越大。不同颜色代表不同的类别，如图中绿红蓝黄分别代表4个聚类。中心区域元素与周边连线越密集表示被引强度越高，连线越少表示与其他元素的关联程度越小。

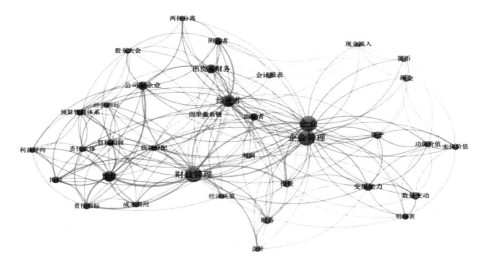

图6－5　谢志华教授期刊研究成果关键词聚类

文献运算结果显示最终形成39个被引文献结点和1000条节点间连线。频率较高的10个关键词分别为财政管理、企业、企业管理、经营者、出资者财务、预算、公司制企业、变现能力、数量变动、目标利润（见图6－5）。相对频次较高的有企业、企业管理、财政管理、出资者财务等，体现出谢志华教授以内部控制、出资者财务为主要领域的研究特征。知识网络的聚类指标，图谱中呈现出5个聚类点，分别为企业管理、预算、会计报表、财政管理、经营者。

四　主要研究贡献分析

根据谢志华教授研究成果发表年度趋势（见图6－6），将谢志华教授的学术研究期间分为三个阶段：1986—1995年（奠基期）、1995—2005年（上升期）、2005—2019年（鼎盛期）。

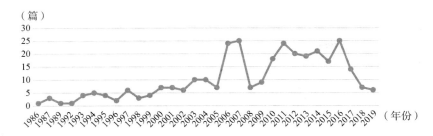

图 6 - 6　谢志华教授研究成果发表年份分布

(一) 学术研究奠基期论文分析

在学术研究奠基期阶段，谢志华教授共发表论文 19 篇，研究内容有《会计控制方法体系试探——控制论在会计中的运用》①《会计制度的系统构想》②《试论复合财务系数在我国的应用》③《论所有权监督与管理权监督——兼论与审计的关系》④《现代企业制度与审计运行模式》⑤ 等方面。联系当时的历史背景，主要是改革开放 40 年来，为保障经济的健康发展，客观上要求加强对财政财务的管理，建立健全经济监督机制，我国也初步建立起具有中国特色的社会主义审计制度，1985 年发布了《国务院关于审计工作的暂行规定》，审计监督工作开始全面展开。事实上，谢志华教授的"系统结构原理"⑥ 在此阶段萌芽。随着市场经济体制的逐步健全以及财务会计制度的改革，谢教授开始认识到财务会计人员对会计报表的分析不能再以计划的完成情况和财务成果的总量分析为重心，而是必须透过会计报表的结构分析。需要了解企业融资、投资和资金的情况以及它们对企业成本或收益产生的影响，以此决定怎样进行财务运作⑦。为此，谢志华教授发表了多篇论文并于 1994 年完成专著《会计报表结构分析》，此书是国内首次利用系统结构分析原理进行报表分析的专著，能相应地揭示出企

---

①　谢志华：《会计控制方法体系试探——控制论在会计中的运用》，《会计研究》1986 年第 4 期。

②　谢志华：《会计制度的系统构想》，《会计研究》1987 年第 3 期。

③　谢志华：《试论复合财务系数在我国的应用》，《会计研究》1989 年第 5 期。

④　谢志华：《论所有权监督与管理权监督——兼论与审计的关系》，《审计研究》1993 年第 2 期。

⑤　谢志华：《现代企业制度与审计运行模式》，《审计理论与实践》1994 年第 4 期。

⑥　谢志华：《论会计公开政策》，《会计研究》1994 年第 4 期。

⑦　谢志华：《试论市场经济条件下财务的微观性》，《会计研究》1993 年第 6 期。

业可能存在的经营风险①。

（二）学术研究上升期论文分析

在学术研究上升期，谢志华教授在1995—2005年发表了66篇论文，他又将敏锐的目光投向了商品经济理论，大胆地向传统挑战，提出新的思想和观点即财务不应再从属于实物商品经营而是一种独立的货币商品活动。谢志华教授首次提出商品交换分为三个阶段，商品交换经历了由物物交换、货币为媒介的商品交换到直接把货币及其衍生物作为商品交换②。同时，在中国经济模式由计划经济向市场经济转轨的过程中，谢志华教授发现我国在财务理论上仍然是宏观财务和国家财务理论占主导地位③，这与市场经济的要求存在较大的差距。因此，他首次在中国提出财务微观性观点即随着中国由计划经济向市场经济的转变，作为出资人的财务主体也由政府宏观主体转为代表国家所有者的投资公司等微观主体。财务运作也由宏观运作转变为微观运作，财务改革和制度转为一种微观改革和制度，这些观点对中国财务工作的改革实践有重要作用。

（三）学术研究鼎盛期论文分析

在学术研究鼎盛期，谢志华教授在2005—2019年共发表论文219篇，主要涉及企业管理、企业改制、财政管理、经营者、出资者财务、所有者、出资者、变现能力、两权分离、数量变动、目标利润、成本费用、会计报表、责任主体等方面。首先，在企业管理方面，他强调要充分考虑企业收益分配博弈。提出要重视企业经济制度改革，在保持现金流入流出的平衡同时获取企业价值。针对企业内部控制的局限性，提出必须弄清楚控制的本质是由企业内的组织关系特征决定的，而控制的结构则由控制的本质决定④。其次，在企业改制方面，谢志华教授着眼于企业制度创新，从改革开放40年国企财务制度变革规律与发展趋势入手，分析国企财务制度、财务管理体制和财务运行机制⑤。认为传统的公司治理在治理目标、治理方式、外部治理与内部治理的协调以及激励与约束关系上仍然存在一

---

① 谢志华：《现代企业制度与审计运行模式》，《审计理论与实践》1994年第4期。
② 谢志华：《货币商品论》，《会计研究》1995年第9期。
③ 谢志华：《出资者财务论》，《会计研究》1997年第5期。
④ 谢志华：《内部控制：本质与结构》，《会计研究》2009年第12期。
⑤ 谢志华：《关于公司治理的若干问题》，《会计研究》2008年第12期。

定的缺陷①，他运用历史的、逻辑的和比较的方法，对深化我国国有企业改革和国有资产管理体制改革，进行了富有创造性的理论探索，提出了一系列较强针对性与可行性的企业制度建设的基本思路和操作方案，成为企业制度设计的蓝本，广为企业所接受②。最后，在财政管理方面，他致力于会计通过法律机制、社会规范和市场机制对保护投资者利益的影响，对本质、特点及其边界做出归纳。认为会计通过多种机制发挥重要的投资者保护功能，从这个角度建立投资者保护的评价体系，具有可行性，这对提升中国上市公司会计投资者保护指标及其指数在中国资本市场中的作用也具有重要意义③。

五　研究结论与启示

区别于传统的文献分析方法，本节采用科学图谱可视化技术，对会计学家谢志华期刊研究论文成果进行了分析。首先，通过文献研究成果概况分析，比较清晰地了解了谢志华教授是论文发表及主题分析和文献被引情况及十大"高被引"论文分析。其次，运用 VOSviewer 的词频统计和关键词聚类法构建图谱，并结合二次检索和文本资料阅读，通过关键词聚类网络准确把握了谢志华教授的研究热点在财政管理、企业、企业管理处理得到高中心性关键词，进而归纳总结了内部控制未来的研究趋势。最后，通过根据谢志华教授研究成果发表年度趋势及中心度、突现度，进而归纳总结他在各个时期的研究重点和方向。

---

① 谢志华、杨超：《财务管理改革四十年：历史逻辑与经验启示》，《财务研究》2019 年第 2 期。

② 粟立钟、马巾英、谢志华：《改革开放 40 年国企财务制度变革规律与发展趋势》，《财务研究》2019 年第 2 期。

③ 谢志华等：《会计的投资者保护功能及评价》，《会计研究》2014 年第 4 期。

第七章

会计研究图谱化分析启示与对策研究

近年来，中国经济的发展取得了举世瞩目的成就，国际地位不断攀升，在国际的舞台上扮演着越来越重要的角色。探讨原创性、富有中国特色的财务会计问题，允许多元化借鉴其他学科的研究方法和研究理论，致力于解决经济社会变革中的现实问题显得十分重要。本书利用知识图谱分析工具，分别选择了会计准则、公允价值、环境会计、会计信息质量、融资约束、会计制度六项财务会计主题。研究了六项管理会计主题包括公司治理、盈余管理、独立董事、审计质量、内部控制、风险管理，利用知识图谱计量工具，分析研究趋势，绘制共被引作者与机构图谱，揭示相关研究主题的现状，并结合重要权威文献进行脉络梳理。

会计准则图谱研究发现国际趋同是一个不断发展的动态过程，中国必须充分结合中国的实际情况，把握好工作进度，权衡利弊得失，不断对中国现行的企业会计准则进行修订和完善，以实践工作为基础持续推进中国企业会计准则的国际趋同工作，更平稳、更有效地实现中国企业会计准则的国际趋同。企业会计准则可以大胆引入国际会计准则委员会已有的研究成果，享受会计制度变迁过程中的创新收益。

公允价值图谱研究启示是我们要时刻关注国际对公允价值研究的最新动向，从而可以比较我们对公允价值研究与国外的差距，以此取长补短，建立健全公允价值体制，同时加强国际交流沟通。在借鉴的过程中，我们应立足国情响应社会主义新时代要求，并结合实际情况不断推进公允价值研究与创新。

环境会计知识图谱研究发现基于实际分析得到的数据运用相应的理论，要找出符合研究的前提、适合环境会计研究的理论逻辑，保证环境会计分析结果的准确性。

会计信息知识图谱研究发现会计信息质量的合理保证，一方面要看企业内部控制做得如何；另一方面，则要求审计人员有社会责任感，坚守职业道德，客观公正地做出审计报告。在内部控制方面，企业要建立一套标准，在信息化管理时代，最好是有建立在信息平台之上的内部控制体系。在审计方面，有的企业为了在激烈的竞争环境中获得有利的审计评价，甚至向审计单位购买审计意见。因此，中国应重视会计事务所的审计工作，发挥好会计事务所对上市公司的监督作用。此外，要加快高端财务人员的培养，提高会计与审计服务行业自律性，构建良好的会计信息质量供给环境。

从会计制度图谱突现词的研究结果可知，国内学者对于会计制度的研究是基于中国社会主义的政策环境下的，随着市场经济体制的完善，研究由理论推进到实践，通过分析会计实操中的问题，不断完善会计制度，同时联系中国国情从面到点的研究会计改革的推进。这些研究使得会计制度的研究趋于全面性、实践性。

融资约束图谱分析发现由于中国融资约束主题相关研究起步较晚，相对于国外的研究成果而言，国内研究成果数量仍然较少，多数研究主要都是以规范研究为主，定量实证研究相对较少。考虑到中国社会制度、经济、文化与其他国家存在差异，在积极借鉴学习的基础上找出属于融资约束的理论逻辑和主线，保证融资约束研究的相对独立性，构建符合中国国情的融资约束理论体系。

公司治理知识图谱研究发现中国上市公司结构上存在一些问题，更为严重的是出现违规行为。追其上市公司违规行为的根源，政府监管能力和执法能力有待加强，政府关于惩罚公司违规行为的相关法律不完善或法律范围不具有广泛性，所以政府应通过相关法律法规政策性制度完善上市公司的监督能力，能够对其进行及时监督并有较强的执行力，最大程度上发挥政府监督管理作用。同时政府也应该加强与公司之间的配合协调发展，从中华人民共和国成立到现在，从政企不分到政府慢慢减政放权，给予企业更多的自主性和独立性，与此同时我国上市公司治理结构逐渐完善。因此我们应加强政府对企业的监督能力、政府和企业之间的配合协调能力。

　　盈余管理知识图谱分析发现中国盈余管理的合作研究不多，作者间的合作范围较小，而且大多属于同机构合作或师生、校友之间的合作，这种小范围的合作虽然容易达成共识，容易产生高质量的研究成果，但是不利于我国盈余管理研究的发展。因此学者需要积极加强合作，主动扩大合作的范围，广泛推动不同机构之间的合作。同时，中国盈余管理的研究不应局限于会计、财务领域，可以与其他学科进行跨领域的合作，如可以与经济学、法学、公共管理等融合发展，促进研究的多元性和层次性。

　　独立董事知识图谱研究发现在经济高速发展、国际竞争愈发激烈的当今社会，学术界的研究也不甘落后。本节仅针对独立董事研究主题，提出具体的建议。学者和高校作为研究的主体，应多方面学习、借鉴国外学者对于独立董事主题研究的丰富经验，要密切关注独立董事研究国内外的新动向、新热点，并且加强与国外学者的交流与合作，促进中国独立董事研究的发展，当然，在学习的同时，也不要忘记对外积极宣传中国已形成的独立董事研究的丰硕成果，方便国外学者的学习。独立董事研究要立足于本国公司的治理结构的特点，结合国外对独立董事的研究，随时掌握该领域最新研究动向，不断完善、充实独立董事研究体系。

　　纵观审计质量知识图谱研究发现，大多数文献研究关注事务所规模、审计成本、公司治理、审计师选择对审计质量的影响，缺少从审计风险、财务重述、内部控制、审计需求、事务所转制等角度思考其与审计质量之间的关系，而且通过观察一些对审计质量研究工作贡献比较大的学术成果，发现这些研究选取的数据大多处于2010—2013年的学者们主要从内部控制质量角度出发，阐述了内部控制质量会对企业税收产生影响，内部控制质量还会对上市公司股价崩盘风险产生影响。通过大量的研究，学者们对影响内部控制质量的因素进行了分析。

　　风险管理知识图谱中其他的关键词如"税收风险""PPP项目""项目管理""财务管理"等都围绕着"风险管理"展开。其中"内部控制""商业银行""经济管理""互联网经融""内部审计""美国"和"金融机构"等关键词出现的频率也比较高。这些高频次的关键词也在一定程度上反映了中国关于风险管理研究的重心以及倾向，说明目前乃至今后我国风险管理研究的领域会倾向于税收风险、内部控制和商业银行这些方面。

　　此外选择了 5 名当代"会计名家"葛家澍、余绪缨、蔡春、陈汉文、谢志华，分别对他们进行研究文献的梳理，按照知识图谱分析工具的主要功能进行关键词聚类分析，共被引网络分析等，结合"中国知网"核心期刊数据库，揭示他们的研究贡献。

参考文献

一　中文文献

包晓芸:《高新技术企业所得税优惠事项风险管理浅析》,《税务研究》
　2017 年第 11 期。

蔡春、蔡利:《国家审计理论研究的新发展——基于国家治理视角的初步
　思考》,《审计与经济研究》2012 年第 2 期。

蔡春、陈晓媛:《关于经济责任审计的定位、作用及未来发展之研究》,
　《审计研究》2007 年第 1 期。

蔡春、李明、和辉:《约束条件、IPO 盈余管理方式与公司业绩——基于应
　计盈余管理与真实盈余管理的研究》,《会计研究》2013 年第 10 期。

蔡春:《论内部审计的功能、目标及其实现条件》,《会计之友》1996 年第
　1 期。

蔡春:《论现代审计特征与受托经济责任关系》,《审计研究》1998 年第
　5 期。

蔡春:《审计在两个根本转变中的地位与作用》,《审计研究》1998 年第
　3 期。

蔡春:《受托经济责任——现代会计、审计之魂》,《会计之友》2000 年第
　10 期。

蔡春、谭洪涛、唐国琼:《会计盈余的规模、账面、市值因素实证研
　究——来自中国上市公司的经验数据》,《中国会计评论》2006 年第
　1 期。

蔡春、田秋蓉、刘雷:《经济责任审计与审计理论创新》,《审计研究》
　2011 年第 2 期。

蔡春、鲜文铎:《会计师事务所行业专长与审计质量相关性的检验——来

自中国上市公司审计市场的经验证据》,《会计研究》2007 年第 6 期。

蔡春等:《高管审计背景、盈余管理与异常审计收费》,《会计研究》2015
年第 3 期。

蔡春、杨麟、陈晓媛、陈钰泓:《上市公司审计意见类型影响因素的实证
分析》,《财经科学》2005 年第 5 期。

蔡春、杨晓磊、刘更新:《关于构建治理导向审计模式的探讨》,《会计研
究》2009 年第 2 期。

蔡春、赵莎:《市场审计质量的成本效益自选择分析——来自沪深股市的
经验证据》,《中国会计评论》2008 年第 1 期。

蔡春、朱荣、蔡利:《国家审计服务国家治理的理论分析与实现路径探
讨》,《审计研究》2012 年第 1 期。

蔡春、朱荣、和辉、谢柳芳:《盈余管理方式选择、行为隐性化与濒死企
业状况改善——来自 A 股特别处理公司的经验证据》,《会计研究》2012
年第 9 期。

曹廷求、刘海明:《股权分置改革的中期检验:透析内在机理》,《资本市
场》2014 年第 7 期。

曹伟、蒋砚章:《现行会计准则及概念框架在计量属性运用中的矛盾与问
题》,《甘肃社会科学》2016 年第 2 期。

曹亚勇、刘计含、王建琼:《企业社会责任与融资效率》,《软科学》2013
年第 9 期。

陈爱华:《内部控制质量与年报披露及时性关系研究》,《财会通讯》2013
年第 6 期。

陈超美:《科学前沿图谱知识可视化探索》,科学出版社 2018 年版。

陈汉文、池晓勃:《试论民间审计人员的法律责任》,《审计研究》1997 年
第 2 期。

陈汉文、邓顺永:《盈余报告及时性:来自中国股票市场的经验数据》,
《当代财经》2004 年第 4 期。

陈汉文、黄京菁:《关于审计营销的若干基础问题研究》(上),《新疆财
经》1995 年第 2 期。

陈汉文、林志毅、严晖:《公司治理结构与会计信息质量——由"琼民谣"
引发的思考》,《会计研究》1995 年第 5 期。

陈汉文：《论注册会计师职业道德准则性质和框架》，《会计之友》2003 年
　　第 1 期。

陈汉文、张宜霞：《企业内部控制的有效性及其评价方法》，《审计研究》
　　2008 年第 3 期。

陈汉文：《政府审计变革：一种假说》，《审计与理财》2003 年第 4 期。

陈静：《上市公司财务恶化预测的实证分析》，《会计研究》1999 年第
　　4 期。

陈俊弛、姚秀娟：《利用文献计量法分析国内成人教育财务管理研究》，
　　《成人教育》2013 年第 7 期。

陈克兢：《媒体关注、政治关联与上市公司盈余管理》，《山西财经大学学
　　报》2016 年第 11 期。

陈雷、李国正：《独立董事声誉、管理层行为与公司治理》，《财经问题研
　　究》2016 年第 12 期。

陈宋生：《资产减值会计准则中公允价值应用刍议》，《当代财经》2007 年
　　第 5 期。

陈炜煜、张黎锦：《内部审计职能拓展研究：第三方风险管理》，《会计之
　　友》2017 年第 2 期。

陈西婵：《审计质量、产权性质与非效率投资》，《财会月刊》2017 年第
　　7 期。

陈晓、陈小悦、刘钊：《A 股盈余报告的有用性研究》，《经济研究》1999
　　年第 6 期。

陈晓、陈治鸿：《中国上市公司的财务困境预测》，《中国会计与财务研究》
　　2000 年第 3 期。

陈信元、陈冬华、朱红军：《净资产、剩余收益与市场定价：会计信息的
　　价值相关性》，《金融研究》2002 年第 4 期。

陈艺云、贺建风、覃福东：《基于中文年报管理层讨论与分析文本特征的
　　上市公司财务困境预测研究》，《预测》2018 年第 7 期。

陈英梅、邓同钰、张彩虹：《企业信息披露、外部市场环境与商业信用》，
　　《会计与经济研究》2014 年第 6 期。

陈佑昌：《制度环境对会计准则执行的影响》，《财会学习》2017 年第
　　21 期。

陈玉清：《论内部控制对公司治理的影响》，《山西财经大学学报》2012 年第 8 期。

陈悦等：《引文空间分析原理与应用》，科学出版社 2018 年版。

陈震：《政治关联视角下会计信息披露质量与贷款融资实证研究》，《财会通讯》2016 年第 21 期。

成静、彭代斌：《大数据管理与会计信息质量》，《中国注册会计师》2018 年第 9 期。

成圣树、郭亚雄：《我国社会保障会计理论问题探讨》，《当代财经》2001 年第 6 期。

程琳：《浅议当前我国会计环境》，《企业与经济》2008 年第 7 期。

程昔武、纪纲、张泽云、张顺：《真实盈余管理影响内部控制审计收费吗》，《南京审计大学学报》2018 年第 3 期。

崔慕华：《基于会计信息价值相关性角度的会计准则实施效果检验》，《财会月刊》2010 年第 8 期。

崔学刚：《公司治理机对公司透明度的影响——来自上市公司的经验数据》，《会计研究》2004 年第 8 期。

崔学刚、叶康涛、荆新、刘子琰：《权责发生制、政府会计改革与国家治理——第六届"政府会计改革理论与实务研讨会"综述》，《会计研究》2015 年第 7 期。

崔雅文：《我国上市公司环境会计信息披露问题及对策研究》，《财会月刊》2017 年第 8 期。

戴禹尧：《企业资产减值会计信息中的问题与决策研究》，《中国注册会计师》2017 年第 4 期。

邓传洲：《公允价值的价值相关性：B 股公司的证据》，《会计研究》2005 年第 10 期。

董诗怡、文桂江：《会计信息质量核算的多维会计思考》，《财会通讯》2010 年第 16 期。

杜兴强：《公允价值会计计量属性试探》，《河北经贸大学学报》1998 年第 3 期。

樊燕萍、崔怀谷：《环境不确定性、会计稳健性与融资约束》，《会计之友》2018 年第 12 期。

范年茂、郭冰：《浅议会计集中核算》，《经济问题》2003 年第 5 期。

方荣义、葛家澍、李松玉：《葛家澍教授、余绪缨教授从教五十周年论文集》，厦门大学出版社 1995 年版。

方拥军：《我国会计教育问题研究的轨迹与展望——近十年研究述评》，《财会通讯》2005 年第 4 期。

费雅雯：《浅析我国会计信息使用者的需求及其变化趋势》，《时代金融》2017 年第 14 期。

冯春妮：《企业环境会计信息披露的研究——以重污染企业为例》，《财会学习》2019 年第 12 期。

冯璐、冷伏海：《共词分析方法理论进展》，《中国图书馆学报》2006 年第 2 期。

冯汝婷：《国内外独立董事薪酬制度比较研究》，《财会通讯》2015 年第 15 期。

冯志华：《现金持有、公司治理与代理成本——基于产权的调节效应》，《会计与金融》2017 年第 8 期。

傅贵勤、李卓翊：《研发支出的盈余管理发现与抑制——以 A 医药股份公司为例》，《财会月刊》2018 年第 14 期。

干春晖、郑若谷、余典范：《中国产业结构变迁对经济增长和波动的影响》，《经济研究》2011 年第 5 期。

高凤莲、王志强：《独立董事社会资本与高管薪酬——绩效敏感度》，《经济管理》2016 年第 8 期。

高婷：《财务与会计理论研究热点追踪：五种核心期刊关键词的分析》，《审计与经济研究》2018 年第 6 期。

葛家澍：《八十年代美国的财务会计》，《财会通讯》1987 年第 10 期。

葛家澍：《必须替借贷记账法恢复名誉——评所谓"资本主义的记账方法"》，《中国经济问题》1978 年第 4 期。

葛家澍、陈少华：《西方国家的实证会计理论》，《财会通讯》1988 年第 10 期。

葛家澍：《关于公允价值会计的研究——面向财务会计的本质特征》，《会计研究》2009 年第 5 期。

葛家澍、刘峰：《新中国会计理论研究 50 年回顾》，《会计研究》1999 年第 10 期。

葛家澍：《论美国的会计概念框架与我国的基本会计准则》，《厦门大学学报》2006 年第 4 期。

葛家澍：《西方财务会计理论问题探索》，《财会通讯》2005 年第 1 期。

葛家澍、徐跃：《会计计量属性的探讨——市场价格、历史成本、现行成本与公允价值》，《会计研究》2006 年第 4 期。

葛燕：《管理会计研究十年回顾》，《财会通讯》2002 年第 7 期。

耿海英、肖仙桃：《国外共引分析研究进展及发展趋势》，《情报杂志》2006 年 12 期。

龚素英：《利益相关者对会计信息质量的层次需求》，《财会研究》2011 年第 21 期。

管考磊：《公允价值的经济学分析》，《当代财经》2013 年第 3 期。

郭弘毅、步丹璐：《中美会计高等教育的定位差异：基于会计准则导向的思考》，《会计与经济研究》2017 年第 6 期。

郭弘毅、步丹璐：《中美会计高等教育的定位差异——基于会计准则导向的思考》，《会计与经济研究》2017 年第 6 期。

郭轲：《我国上市公司企业社会责任会计信息披露问题研究》，《财会学习》2019 年第 12 期。

郭亚雄：《论财务会计报告中的几个理论问题》，《当代财经》2001 年第 1 期。

韩少真、潘颖、张晓明：《公司治理水平与经营业绩——来自中国 A 股上市公司的经验证据》，《中国经济问题》2015 年第 1 期。

韩少真、张晓明：《中国会计信息研究文献统计及演进分析——基于我国经济管理类权威核心期刊文献数据》，《未来与发展》2018 年第 6 期。

韩云：《代理问题、机构投资者监督与公司价值》，《会计与金融》2017 年第 10 期。

何燕：《企业价值评估中 EXCEL2007 的应用》，《财会月刊》2011 年第 30 期。

贺建刚、王建明、孙铮：《计量观、准则质量与信息有用性：公允价值论争之解释》，《华东经济管理》2013 年第 3 期。

贺敬平、王森林、杨晓林：《权责发生制在我国政府财务会计中的应用——基于海南政府会计改革试点的案例分析》,《会计研究》2011 年第 6 期。

侯剑华、杨秀莲、李莲姬:《科学计量学研究中心转移特征的可视化分析》,《科学学研究》2018 年第 2 期。

胡景涛、侯一凡:《基于政府会计信息披露的内部控制问题探析》,《中国注册会计师》2019 年第 1 期。

胡玲、张志宏:《市场融资结构、现金持有与企业价值》,《会计之友》2017 年第 16 期。

胡曲应:《公司治理结构、股利分配与企业创新绩效三元关系实证研究》,《科技进步与对策》2017 年第 1 期。

胡奕明、饶艳超、陈月根、李鹏程:《证券分析师的信息解读能力调查》,《会计研究》2003 年第 11 期。

胡玉明等:《中国管理会计理论与实践 1978 年至 2008 年》,《会计研究》2008 年第 9 期。

胡运会:《从会计人员角度探讨会计信息的真实性》,《商业研究》1999 年第 210 期。

黄俊、黄超、位豪强:《卖空机制提高了分析师盈余预测质量吗?》,《南开管理评论》2018 年第 4 期。

黄平:《基于"巴林银行事件"的思考》,《合作经济与科技》2008 年第 341 期。

黄世忠:《后危机时代公允价值会计的改革与重塑》,《会计研究》2015 年第 6 期。

黄政、吴国萍:《内部控制质量与股价崩盘风险》,《审计研究》2017 年第 8 期。

汲铮、董申:《中国公司治理制度的"痛点"》,《河北经贸大学学报》2017 年第 7 期。

江天宇:《基于环境不确定性的管理会计对策研究》,《会计研究》2016 年第 9 期。

焦健、刘银国、刘想:《股权制衡、董事会异质性与大股东掏空》,《经济学动态》2017 年第 8 期。

雷光勇、陈琼香:《交易费用、纳什均衡与会计准则》,《经济科学》1999

年第 4 期。

李宾、杨济华：《上市公司的盈余管理必然导致会计稳健性下降吗?》，《会计研究》2017 年第 11 期。

李秉祥、牛晓琴：《论内部控制对公司治理的影响》，《企业管理》2016 年第 4 期。

李伯华、罗琴、刘沛林、张家其：《基于 CiteSpace 的中国传统村落研究知识图谱分析》，《经济地理》2017 年第 9 期。

李博：《关于政府会计制度改革的思考——基于事业单位财务管理的角度》，《产业经济评论》2018 年第 5 期。

李超颖、张玥、李烜博、梁上坤：《公允价值下的盈余管理：平稳利润下的危机——以 A 上市公司为例》，《会计经济研究》2018 年第 4 期。

李成、吴育辉：《董事会内部联结、税收规避与企业价值》，《会计研究》2016 年第 7 期。

李昊洋、程小可：《投资者调研与创业板公司研发资本化选择》，《财贸研究》2018 年第 3 期。

李红霞、田辰宁：《基于 CiteSpaceV 的国外管理审计研究综述》，《财会月刊》2018 年第 13 期。

李键、谢华王：《政府财务信息网络披露质量评价及策略选择》，《会计之友》2016 年第 4 期。

李静、万继峰：《我国会计准则评价机制初探》，《当代财经》2005 年第 8 期。

李力、杨园华、牛国华、孙璐：《会计信息披露研究综述》，《科技管理研究》2014 年第 7 期。

李辽宁、张晓明：《我国公允价值研究的演进特征分析——基于会计类核心期刊 1997—2009 年的文献统计数据》，《生产力研究》2012 年第 8 期。

李明辉、刘笑霞：《客户重要性与审计质量关系研究：公司治理的调节作用》，《财经研究》2013 年第 3 期。

李睿瑶、赵金玲、陈森：《反倾销会计研究文献的统计与分析综述》，《会计之友》2009 年第 8 期。

李若山、陈汉文：《现代西方民间审计中的一个新概念》，《审计研究》1991 年第 4 期。

李莎：《企业会计的政策选择》，《企业管理》2001 年第 15 期。

李爽、吴溪：《中国会计理论研究的国际化：基于国际会计与财务学术期刊的初步分析》，《会计研究》2017 年第 12 期。

李琬、孙斌栋：《西方地理学的知识结构与研究热点》，《经济地理》2014 年第 4 期。

李霞：《运用"市净率法"评估企业的价值》，《财务与管理》2012 年第 11 期。

李小光、邱科科、周易辰：《媒体关注、审计投入与审计质量》，《会计与经济研究》2018 年第 3 期。

李亚琴：《"一带一路"倡议下的中国会计研究主题热点述评》，《商业会计》2019 年第 2 期。

李延喜、陈克兢、姚宏、刘伶：《基于地区差异视角的外部治理环境与盈余管理关系研究——兼论公司治理的替代保护作用》，《南开管理评论》2012 第 4 期。

李妍锦：《发布综合报告是否有助于降低企业的信息不对称》，《财经科学》2017 年第 4 期。

李艳平：《环境会计研究述评——基于对国内 17 种会计类核心期刊近六年载文的分析》，《常熟理工学院学报》2006 年第 5 期。

李祎、刘启亮、李洪：《IFRS、财务分析师、机构投资者和权益资本成本》，《会计研究》2016 年第 6 期。

李玉菊、张秋生、谢纪刚：《商誉会计的困惑、思考与展望——商誉会计专题学术研讨会观点综述》，《会计研究》2010 年第 4 期。

李宗彦、郝书辰：《权责发生制政府财务报告审计制度探讨——英、澳两国实践经验及启示》，《审计研究》2018 年第 1 期。

梁权熙、曾海舰：《独立董事制度改革、独立董事的独立性与股价崩盘风险》，《管理世界》2016 年第 3 期。

梁爽：《从具体准则看我国会计准则的国际化协调》，《财经问题研究》2001 年第 2 期。

梁小红：《可持续发展战略下的环境会计体系构建》，《经济管理》2013 年第 10 期。

林雨晨、林洪、孔祥婷：《境内外机构投资者与会计稳健性——谁参与了公司治理》,《江西财经大学学报》2015 年第 2 期。

林钟高、吴利娟:《会计准则制定模式:原则导向抑或规则导向》,《财经理论与实践》2003 年第 5 期。

刘爱东、李小霞、禹露:《基于 CiteSpace Ⅲ 的国外管理会计研究综述》,《中南大学学报》(社会科学版)2016 年第 2 期。

刘春、李善民:《独立董事具有咨询功能吗?——异地独董在异地并购中的功能经验研究》,《管理世界》2015 年第 3 期。

刘芬芬、谢获宝、惠丽丽:《能力不足还是独立性缺失——基于污点审计师审计质量的实证检验》,《审计研究》2018 年第 3 期。

刘峰、吴风、钟瑞庆:《会计准则能提高会计信息质量吗——来自中国股市的初步证据》,《会计研究》2004 年第 5 期。

刘峰:《制度安排与会计信息质量:红光实业的案例分析》,《会计研究》2001 年第 7 期。

刘立国、杜莹:《公司治理与会计信息质量关系的实证研究》,《会计研究》2003 年第 2 期。

刘芍佳、孙霈、刘乃全:《终极产权论、股权结构及公司绩效》,《经济研究》2003 年第 4 期。

刘文军、米莉、傅倞轩:《审计师行业专长与审计质量——来自财务舞弊公司的经验证据》,《审计研究》2010 年第 1 期。

刘文军:《上市公司选择审计师为何舍近求远?》,《中南财经政法大学学报》2015 年第 5 期。

刘艳华、于建朝:《我国高校财务管理研究的文献计量学分析》,《河北工业大学学报》2011 年第 3 期。

刘银国、朱龙:《公司治理与企业价值的实证研究》,《管理评论》2011 年第 23 期。

刘永泽、孙嵩:《我国上市公司公允价值信息的价值相关性——基于企业会计准则国际趋同背景的经验研究》《会计研究》2011 年第 5 期。

刘玉平、牛晓燕:《现代公司治理机制下的内部控制研究》,《现代管理学》2011 年第 5 期。

刘运国、陈国菲:《BSC 与 EVA 相结合的企业绩效评价研究》,《会计研究》2007 年第 5 期。

刘忠璐：《互联网金融对商业银行风险承担的影响研究》，《财贸经济》2016 年第 4 期。

柳木华：《业绩快报的信息含量：经验证据与政策含义》，《会计研究》2005 年第 7 期。

陆宇峰：《净资产倍率和市盈率的投资决策有用性》，博士学位论文，上海财经大学，1999 年。

鹿尧：《民企上市公司关联交易程度与盈余管理》，《吉首大学学报》2018 年第 2 期。

罗栋梁：《机构投资者与上市公司年报披露及时性的实证研究》，《财务与金融》2010 年第 5 期。

罗式胜：《文献计量学引论》，书目文献出版社 1987 年版。

马永义：《政府会计准则第 7 号——会计调整解析》，《财会月刊》2018 年第 23 期。

马志奇、马立群：《上市公司治理结构研究》，《东南大学学报》2018 年第 6 期。

孟彬：《资产负债表债务法下所得税核算的局限性》，《税务研究》2018 年第 6 期。

孟焰、袁淳：《亏损上市公司会计盈余价值相关性实证研究》，《会计研究》2005 年第 5 期。

牛华勇、裴艳丽：《次贷危机后再谈公允价值在我国会计准则中的应用》，《经济经纬》2009 年第 3 期。

欧纯智、贾康：《PPP 项目健康运行的风险分担研究》，《社会科学战线》2018 年第 9 期。

欧阳宗书、狄恺、张娟、米传军、邱颖：《美国、加拿大政府会计改革的有关情况及启示》，《会计研究》2013 年第 11 期。

潘飞：《中国管理会计研究如何走向世界》，《上海立信会计学院学报》2008 年第 5 期。

潘雅琼、邹亚霏：《金融危机冲突、融资约束与企业价值研究》，《财会通讯》2016 年第 36 期。

庞碧霞：《会计准则制定模式三要素在我国的现实选择》，《求索》2005 年第 6 期。

齐鲁光、韩传模：《客户产权差异、审计收费和审计质量关系研究》，《审计研究》2016 年第 2 期。

齐绍洲、崔静波：《环境权益交易市场能否诱发绿色创新?》，《经济研究》2018 年第 12 期。

乔欢：《中国财务管理研究的发展趋势——基于 2004—2008 年会计研究刊载论文》，《技术与市场》2009 年第 7 期。

秦兴俊、王柏杰：《股权结构、公司治理与企业技术创新能力》，《财经问题研究》2018 年第 7 期。

邱海燕：《内部控制、会计信息质量与债务融资成本》，《会计之友》2018 年第 21 期。

邱均平、段宇锋、陈敬全：《我国文献计量学发展的回顾与展望》，《科学学研究》2003 年第 2 期。

邱均平：《文献信息引证规律和引文分析法》，《情报理论与实践》2001 年第 3 期。

容欣、李青原：《美国会计准则与国际财务报告准则协调进展及对我国的启示》，《财务与会计》2016 年第 10 期。

尚兆燕、扈唤：《独立董事主动辞职、内部控制重大缺陷及非标审计意见——来自中国上市公司的经验证据》，《审计研究》2016 年第 1 期。

邵东亚：《上市公司收购：动因、效率与机制优化——对一起失败的"买壳上市"案例的反思》，《中国工业经济》2000 年第 11 期。

邵瑞庆、陈春华、俞俊利：《21 世纪以来中国会计研究的特征与启示——基于会计类核心期刊 2001—2008 年的数据》，《会计研究》2015 年第 2 期。

沈国军：《新世纪会计研究趋势思考——基于会计研究的文献计量和知识图谱分析》，《会计之友》2013 年第 1 期。

沈洪涛、廖菁华：《会计与生态文明制度建设》，《会计研究》2014 年第 7 期。

沈华玉、吴晓晖：《上市公司违规行为会提升股价崩盘风险吗》，《山西财经大学学报》2017 年第 39 期。

沈烈、郭胜：《管理者能力与内部控制质量：抑制还是促进》，《中南财经政法大学学报》2017 年第 5 期。

石荣方：《企业项目风险管理现状及完善措施》，《管理研究》2019 年第 6 期。

史芳芳：《自由现金流量在企业价值评估中的应用》，《中国乡镇企业会计》2016 年第 11 期。

苏文兵、李心合、段治翔：《基于成本粘性的盈利预测及其精度检验》，《数理统计与管理》2012 年第 9 期。

粟立钟、马巾英、谢志华：《改革开放 40 年国企财务制度变革规律与发展趋势》，《财务研究》2019 年第 2 期。

孙多娇、杨有红：《公司治理结构和分析师预测对隐含资本成本影响及实证研究》，《中国软科学》2018 年第 7 期。

孙晶：《环境成本会计中外比较与借鉴》，《会计研究》2006 年第 11 期。

孙梦男、吴迪：《中国上市公司并购中盈余管理的择机行为研究》，《云南财经大学学报》2017 年第 6 期。

孙铮、李增泉：《收益指标价值相关性实证研究》，《中国会计与财务研究》2001 年第 2 期。

孙志茹、张志强：《文献计量法在战略情报研究中的应用分析》，《情报理论与实践》2008 年第 5 期。

谭浩娟：《我国会计研究学术论文产出现状与思考》，《科技情报开发与经济》2010 年第 9 期。

谭劲松：《独立董事"独立性"研究》，《中国工业经济》2003 年第 10 期。

谭兴民、宋增基、蒲勇健：《公司治理影响信息披露了吗？——对中英资本市场的实证比较研究》，《金融研究》2009 年第 8 期。

谭艳艳：《中美会计研究方向的差异分析：来自两国权威期刊的数据》，《财会通讯》2006 年第 2 期。

汤晓健、张俊生：《自愿性披露内部控制审计费用能够提高内部控制审计独立性吗?》，《审计研究》2017 年第 3 期。

唐国平、郑海英：《会计、企业、市场经济：会计信息失真的广角透视与思考》，《会计研究》2001 年第 5 期。

陶宝山、苏长洋：《会计准则国际化：基于制度经济学的解释》，《生产力研究》2005 年第 10 期。

田峰、杨瑞平：《第三层次公允价值计量异质性与会计信息相关性》，《经济问题》2018 年第 8 期。

田昆儒、韩飞：《内部控制、机构投资者与真实盈余管理》，《华东经济理》
2017 年第 6 期。

万红波、龙晓亮：《浅析我国会计学术研究热点——基于核心学术期刊论
文关键词的词频分析》，《财会通讯》2010 年第 4 期。

王保辉：《互联网金融行业内部控制问题研究》，《财会通讯》2017 年第
35 期。

王德礼：《会计信息失真的利益机制分析》，《经济问题探索》2001 年第
9 期。

王东升、韩玉、王毓颖：《企业价值主驱：成长还是回报》，《会计之友》
2018 年第 11 期。

王福胜：《产权性质、CFO 背景特征与内部控制质量》，《财经理论与实践》
2018 年第 5 期。

王福胜、王摄琰：《CEO 网络嵌入性与企业价值》，《南开管理评论》2012
年第 1 期。

王高峰：《美国政府综合财务报告制度的经验借鉴及启示》，《财务与金融》
2016 年第 5 期。

王桂军、卢潇潇：《"一带一路"倡议与中国企业省级》，《中国工业经济》
2019 年第 3 期。

王海林、陈森林：《企业内部控制缺陷研究的知识图谱分析》，《研究与探
索》2017 年第 5 期。

王虎超、麦志坚、陈汉文：《美林财务危机与公司治理缺陷》，《财会通讯》
2009 年第 10 期。

王化成、李志华、卿小权：《中国财务管理理论研究的历史沿革与未来展
望》，《会计研究》2010 年第 2 期。

王怀伟：《对后安然时代我国会计准则制定模式的探讨》，《生产力研究》
2005 年第 93 期。

王建成、胡振国：《我国公允价值计量研究的现状及相关问题探析》，《会
计研究》2007 年第 6 期。

王君彩：《论我国会计准则和会计制度的关系》，《中央财经大学学报》
2001 年第 8 期。

王君、卢章平:《近 5 年我国会计学研究热点可视化分析》,《会计之友》2014 年第 10 期。

王李:《对商业银行小额信贷业务内部控制有效性的探讨》,《税务与经济》2013 年第 3 期。

王丽娟、段魏婷:《媒体关注和内部控制对真实盈余管理治理的替代效应研究》,《工业技术经济》2018 年第 6 期。

王玲玉:《国内共引研究的现状分析》,《情报杂志》2011 年第 8 期。

王鲁平、陈羿:《管理舞弊的形成机理及治理对策研究》,《管理工程学报》2018 年第 1 期。

王满、黄波、于浩洋:《经济政策不确定性环境下企业会计稳健性与商业信用融资》,《商业研究》2017 年第 6 期。

王茂林、黄京菁:《内部控制质量与企业税收策略调整》,《审计研究》2018 年第 3 期。

王萌:《我国会计准则执行的文献回顾与述评——基于 2007 年到 2012 年国内会计学术界主要十种核心期刊的分析》,《中国证券期货》2013 年第 5 期。

王鹏:《公允价值在应用中存在的问题及对策》,《经济师》2013 年第 7 期。

王沙飞、唐松、李增泉、姜蕾:《盈余管理、事务所客户资源控制权的归属与审计质量——来自中国证券市场的经验证据》,《审计研究》2010 年第 1 期。

王松年:《协调会计准则满足国际证券市场需要——国际会计准则委员会核心准则的完成》,《上海会计》1999 年第 6 期。

王文华:《中美会计准则制定机制比较研究》,《上海大学学报》（社会科学版）2003 年第 4 期。

王晓珂、黄世忠:《衍生工具、公司治理和盈余质量》,《会计研究》2017 年第 3 期。

王艳、刘小英、翟秋玲:《其他综合收益披露会抑制上市公司的盈余管理吗?——基于会计准则变迁的视角》,《广东财经大学学报》2018 年第 5 期。

王艳艳、陈汉文:《审计质量与会计信息透明度——来自中国上市公司的经验数据》,《会计研究》2006 年第 4 期。

王艳艳、陈汉文、于李胜:《代理冲突与高质量审计需求——来自中国上
市公司的经验数据》,《经济科学》2006 年第 2 期。

王燕:《信息不对称下会计信息披露问题研究——基于代理理论视角》,
《中国管理信息化》2018 年第 12 期。

王曰芬:《文献计量法与内容分析法的综合研究》,博士学位论文,南京理
工大学,2007 年。

王跃堂:《经济后果学说对会计准则制定理论的影响》,《财经研究》2000
年第 8 期。

王跃堂、张祖国:《财务报告质量评价观及信息披露监管》,《会计研究》
2001 年第 10 期。

王跃堂、周雪、张莉:《长期资产减值:公允价值的体现还是盈余管理行
为》,《会计研究》2005 年第 8 期。

王舟浩、张园:《国外公司治理经验及对我国的启示》,《西安交通大学学
报》2014 年第 1 期。

魏刚、陈工孟:《IPO 公司盈余预测精确性之实证研究》,《财经研究》
2001 年第 3 期。

魏志华、赵悦如、吴育辉:《"双刃剑"的哪一面:关联交易如何影响公司
价值》,《世界经济》2017 年第 1 期。

吴昊旻、吴春贤、杨兴全:《惩戒风险、事务所规模与审计质量——来自
中国审计市场的经验证据》,《审计研究》2015 年第 1 期。

吴杰、孙秀娟:《美国石油天然气会计准则的发展历史及启示》,《会计研
究》2000 年第 7 期。

吴景泰、杨丽霞:《会计稳健性、融资约束与企业价值》,《财会通讯》
2018 年第 15 期。

吴沁红、刘林:《杨纪琬教授会计改革思想与实践——纪念杨纪琬教授百
年诞辰》,《会计研究》2017 年第 10 期。

吴世农、黄志功:《上市公司盈利信息报告、股价变动与股市效率的实证
研究》,《会计研究》1997 年第 4 期。

吴世农、卢贤义:《我国上市公司财务困境的预测模型研究》,《经济研究》
2001 年第 6 期。

吴水澎、陈汉文、邵贤弟：《论改进我国企业内部控制——由"亚细亚"失败引发的思考》，《会计研究》2000 年第 9 期。

吴水澎、陈汉文、邵贤弟：《企业内部控制理论的发展与启示》，《会计研究》2000 年第 5 期。

伍燕然、江婕、谢楠、王凯：《公司治理、信息披露、投资者情绪与分析师盈利预测偏差》，《审计与经济研究》2016 年第 4 期。

夏斌、王兆群、李丙祥、吴祖光：《新时代经济高质量发展下的会计创新》，《会计研究》2018 年第 11 期。

夏立军、陈信元：《审计任期与审计质量：来自中国证券市场的经验证据》，《会计研究》2006 年第 1 期。

夏阳、张荣武：《内部控制信息披露对股价同步性影响的实证研究》，《广东行政学院学报》2018 年第 5 期。

夏智灵：《税收风险管理的理论和实践》，《税务研究》2017 年第 1 期。

肖露璐、洪荭、胡华夏：《管理层权力、盈余管理与投资效率》，《财会月刊》2017 年第 24 期。

肖伟、魏庆琦：《学术论文共词分析系统的设计与实现》，《情报理论与实践》2009 年第 3 期。

谢获宝、石佳、惠丽丽：《战略差异、信息透明度与财务分析师盈余预测质量》，《南京审计大学学报》2018 年第 7 期。

谢诗芬：《现值会计计量属性的理论基础及其启示》，《财经研究》2002 年第 4 期。

谢志华：《出资者财务论》，《会计研究》1997 年第 5 期。

谢志华、崔学刚：《会计的投资者保护功能及评价》，《会计研究》2014 年第 4 期。

谢志华：《关于公司治理的若干问题》，《会计研究》2008 年第 12 期。

谢志华：《会计控制方法体系试探——控制论在会计中的运用》，《会计研究》1986 年第 4 期。

谢志华：《会计制度的系统构想》，《会计研究》1987 年第 3 期。

谢志华：《货币商品论》，《会计研究》1995 年第 9 期。

谢志华：《论会计公开政策》，《会计研究》1994 年第 4 期。

谢志华：《论所有权监督与管理权监督——兼论与审计的关系》，《审计研究》1993 年第 2 期。

谢志华：《内部控制：本质与结构》，《会计研究》2009 年第 12 期。

谢志华：《试论复合财务系数在我国的应用》，《会计研究》1989 年第
　5 期。

谢志华：《试论市场经济条件下财务的微观性》，《会计研究》1993 年第
　6 期。

谢志华：《现代企业制度与审计运行模式》，《审计理论与实践》1994 年第
　4 期。

谢志华、杨超：《财务管理改革四十年：历史逻辑与经验启示》，《财务研
　究》2019 年第 2 期。

辛琳、张萌：《企业吸收能力、资本结构与企业价值》，《会计研究》2018
　年第 9 期。

辛清泉、黄曼丽：《上市公司虚假陈述与独立董事监管处罚——基于独立
　董事个体视角的分析》，《管理世界》2013 年第 5 期。

熊玉莲：《基于公允价值计量视角的会计司法鉴定质量提升策略》，《企业
　经济》2018 年第 3 期。

徐鑫：《新收入准则对企业所得税处理的影响与思考》，《税务研究》2018
　年第 4 期。

徐宗宇：《上市公司盈利预测可靠性的实证研究》，上海三联书店 2000
　年版。

许浩然、张雯、杨宜玮：《分析师跟踪、审计任期与审计质量》，《现代管
　理科学》2016 年第 7 期。

许金叶、朱莺莺：《区块链信息技术对会计监督的影响研究》，《会计之友》
　2018 年第 1 期。

许娟娟：《股权激励、盈余管理与公司绩效》，《财务与会计》2016 年第
　3 期。

许文静、王君彩：《应计盈余管理动机、方向与公司未来业绩——来自沪
　市 A 股经验证据》，《中央财经大学学报》2018 年第 1 期。

许宪春、任雪、常子豪：《大数据与绿色发展》，《中国工业经济》2019 年
　第 4 期。

薛云奎、陈汉文、李树华：《中国会计准则制定的"双目标"论》，《会计

研究》1997 年第 2 期。

薛云奎:《论会计准则的统一性》,《上海财经大学》1998 年第 2 期。

薛祖云、陈靖、陈汉文:《审计需求:传统解释与保险假说》,《审计研究》2004 年第 5 期。

严春燕:《高校校办产业财务管理问题探析》,《北京工商大学学报》2009 年第 9 期。

阳晓伟、魏家富、房汉国:《互联网金融的风险管理研究》,《现代管理科学》2016 年第 4 期。

杨国立、李品、刘竟:《科学知识图谱——科学计量学的新领域》,《科普研究》2010 年第 4 期。

杨海燕、韦德洪、孙健:《机构投资者持股能提高上市公司会计信息质量吗?——兼论不同类型机构投资者的差异》,《会计研究》2012 年第 9 期。

杨敏:《推动我国会计管理工作再上新台阶》,《财务与会计》2014 年第 7 期。

杨书怀:《公允价值分层计量、环境不确定性与审计质量》,《审计研究》2018 年第 3 期。

杨微微、吕娜:《基于文献计量学的科技监测理论研究》,《情报杂志》2011 年第 10 期。

杨雪、张俊民:《审计市场集中度对审计定价的影响研究》,《价格理论与实践》2016 年第 3 期。

姚曦、杨兴全:《产品市场竞争、财务报告质量与投资现金流敏感性》,《经济与管理研究》2012 年第 8 期。

姚瑶、张雅曼、刘启亮、陈汉文:《内部控制有助于提升公司价值吗》,《科学决策》2015 年第 1 期。

叶陈刚、武剑锋、谈兆迪:《公司治理结构、审计费用与审计质量——基于中国上市公司的经验数据分析》,《当代经济管理》2015 年第 5 期。

叶康涛、陆正飞:《独立董事能否抑制大股东的"掏空"?》,《经济研究》2007 年第 4 期。

叶晓文:《试论会计委派制》,《山西财经大学学报》2011 年第 4 期。

叶栩闻、张芷:《基于 CiteSpace 的我国法务会计研究演进路径分析》,《财会通讯》2017 年第 34 期。

由晓琴:《低碳经济视阈下企业环境会计信息披露模型设计》,《财会通讯》2018 年第 16 期。

于东智、王化成:《独立董事与公司治理:理论、经验与实践》,《会计研究》2003 年第 8 期。

于军华:《企业绿色发展——环境会计与环境审计同进退》,《中国乡镇企业会计》2018 年第 7 期。

于李胜:《盈余管理动机、信息质量与政府监管》,《会计研究》2007 年第 9 期。

于鹏:《IPO 公司预测盈利的价值相关性》,《会计研究》2007 年第 6 期。

于晓红、武文静:《公司治理、社会责任与企业价值研究》,《当代经济研究》2014 年第 5 期。

于永生:《金融危机背景下的公允价值》,《会计研究》2009 年第 8 期。

于玉林:《会计学发展 60 年的回顾与展望》,《会计之友》2009 年第 10 期。

余起莺:《基于文献计量的高校财务管理研究论文分析》,《技术与创新管理》2011 年第 5 期。

余绪缨:《认识、研究管理与管理会计的新视野:由技入道论》,《会计之友》2006 年第 5 期。

袁红、麻晓艳、刘峰:《会计准则制订程序研究——兼论会计准则的性质与国际化》,《会计研究》2019 年第 5 期。

袁建国、蒋瑜峰、蔡艳芳:《会计信息质量与过度投资的关系研究》,《管理学报》2009 年第 3 期。

袁知柱、王泽燊、吴粒、张一帆:《国际"四大"与高审计质量——基于股价波动同步性视角的考察》,《财经理论与实践》2014 年第 4 期。

岳世忠:《现代公司治理下内部控制的建立与完善》,《兰州学刊》2014 年第 6 期。

曾诗韵、蔡贵龙、程敏英:《非国有股东能改善会计信息质量吗?》,《会计与经济研究》2017 年第 7 期。

詹健梅:《上市公司会计信息披露质量问题研究》,《中外企业家》2017 年第 19 期。

詹伟:《公司治理与企业价值关系研究》,《中外企业家》2014 年第 28 期。

张爱民、吕慧莹:《中国管理会计研究的统计分析: 2001—2007 年》,《郑州航空工业管理学院学报》2009 年第 2 期。

张洪辉、章琳一:《融券制度与审计质量》,《经济管理》2018 年第 1 期。

张健、汤涛:《上市公司是否自愿聘用独立董事?》,《商业研究》2015 年第 462 期。

张俊瑞、苏洋、王海洋:《转型经济背景下杨纪琬先生中国会计改革思想:继承与发展》,《会计研究》2017 年第 7 期。

张蕾蕾:《公司治理与会计信息披露关系研究述评》,《现代经济信息》2015 年第 13 期。

张蕾:《中美会计研究热点的比较分析——基于 2008—2011 年两大权威期刊的文献计量》,《中南财经政法大学研究生学报》2015 年第 5 期。

张勤、马费成:《国外知识管理研究范式——以共词分析为方法》,《管理科学学报》2007 年第 6 期。

张荣武、伍中信:《产权保护、公允价值与会计稳健性》,《会计研究》2010 年第 8 期。

张维芳:《审计风险、审计师个人的经验与审计质量》,《审计与经济研究》2017 年第 3 期。

张先治、石芯瑜:《会计对国家治理的影响机理及改革思路——基于"五位一体"视角的探索》,《会计研究》2018 年第 11 期。

张新民:《关于企业会计准则改革的若干思考》,《北京工商大学学报》2019 年第 1 期。

张烨、胡倩:《资产公允价值的信息含量及其计量——来自香港金融类上市公司的经验数据》,《证券市场导报》2007 年第 2 期。

张兆侠:《政治关联、环境会计信息披露质量与企业价值》,《财会通讯》2018 年第 36 期。

张正勇:《会计稳健性、公司治理与社会责任报告印象管理》,《财经理论与实践》2017 年第 38 期。

张志红、宋艺、王楠:《信息披露频率对非专业投资者盈利预测影响的实验研究》,《会计研究》2018 年第 2 期。

张宗新、杨飞、袁庆海:《上市公司信息披露质量提升能否改进公司绩效》,《会计研究》2007 年第 10 期。

赵春光：《现金流量价值相关性的实证研究》，《会计研究》2004 年第 2 期。

赵党志：《共引分析——研究学科及其文献结构和特点的一种有效方法》，《情报杂志》1993 年第 2 期。

赵海燕、张山：《环境会计理论发展进程与研究展望》，《财会月刊》2017 年第 10 期。

赵洁：《多元化、内部控制与企业价值》，《会计之友》2018 年第 8 期。

赵宇龙：《会计盈余披露的信息含量——来自上海股市的经验证据》，《经济研究》1998 年第 7 期。

郑长德：《投资者保护、公司治理与企业价值》，《西南民族学院学报》2002 年第 8 期。

郑志刚：《国企公司治理与混合所有制改革的逻辑和路径》，《证券市场导报》2015 年第 6 期。

周冬、方瑄、黄文德：《境外投资者与高质量审计需求——来自沪港通政策实施的证据》，《审计研究》2018 年第 6 期

周华、莫彩华、吴晶晶、戴德明：《信息真实性与证券市场会计监管——基于股权投资信息披露规则的研究》，《中国软科学》2017 年第 7 期。

周建、王顺昊：《董秘信息提供、独立董事履职有效性与公司绩效》，《管理科学》2018 年第 5 期。

周建、张双鹏：《分离 CEO 两职合一：代理问题缓和与战略继任的开始》，《管理科学》2015 年第 3 期。

周开国、闫润宇、杨海生：《供给侧结构性改革下企业的退出与进入：政府与市场的作用》，《经济研究》2018 年第 11 期。

周兰、耀友福：《媒体负面报道、审计师变更与审计质量》，《审计研究》2015 年第 3 期。

周龙、乔引华、韦佳：《中、美证监会的会计角色比较》，《当代经济科学》2001 年第 4 期。

周龙、王鹏、张俊瑞、孟祥展：《股权结构对现金持有价值的影响研究——来自中国上市公司的证据》，《西安交通大学学报》2013 年第 3 期。

周中胜、陈汉文：《大股东资金占用与外部审计监督》，《审计研究》2006

年第 3 期。

朱国宪:《浅谈内地和香港会计准则的差异》,《中央财经大学学报》1999
    年第 12 期。

朱红军、何贤杰、陶林:《中国的证券分析师能够提高资本市场的效率
    吗?》,《金融研究》2007 年第 2 期。

朱琳:《文化价值观对会计职业判断的影响文献综述》,《合作经济与科技》
    2014 年第 4 期。

朱元午:《会计信息质量:相关性和可靠性的两难选择》,《会计研究》
    1999 年第 5 期。

二　英文文献

Garfield, E., "Citation Indexes for Science: A New Dimension in Documenta-
    tion through Association of Ideas", *Science*, 1955, 122 (3): 108 – 111.

McCain, K. W., "Mapping Authors in Intellectual Space: A Technical Over-
    view", *Journal of the American Society for Information Science*, 1990, 41
    (6): 433 – 443.

Small H., "A SCI – MAP Case Study: Building a Map of AIDS Research",
    Seientometrics, 1994, 30 (1): 229 – 241.

White, H. D., Griffith, B. C., "Author Co – citation: A Literature Measure
    of Intellectual Structure", *Journal of the American Society for Information Sci-
    ence*, 1981, 32 (3): 163 – 171.